U0839611

珍藏本
纪念版

汉译世界学术名著丛书

英国宪法

〔英〕沃尔特·白芝浩 著

夏彦才 译

商务印书馆
SINCE 1897 The Commercial Press

2017年·北京

Walter Bagehot
THE ENGLISH CONSTITUTION,
AND OTHER POLITICAL ESSAYS

NEW YORK:D. APPLETON & COMPANY
72 FIFTH AVENUE
1898
根据纽约埃普顿公司 1898 年版译出

汉译世界学术名著丛书
（120年纪念版·珍藏本）
出 版 说 明

2017年2月11日，商务印书馆迎来120岁的生日。120年前，商务印书馆前贤怀揣文化救国的理想，抱持"昌明教育，开启民智"的使命，立足本土，放眼寰宇，以出版为津梁，沟通中西，为中国、为世界提供最富智慧的思想文化成果。无论世事白云苍狗，潮流左右激荡，甚至战火硝烟弥漫，始终践行学术报国之志，无改初心。

迻译世界各国学术名著，即其一端。早在20世纪初年便出版《原富》《天演论》等影响至今的代表性著作，1950年代后更致力于外国哲学和社会科学经典的译介，及至1980年代，辑为"汉译世界学术名著丛书"，汇涓为流，蔚为大观。丛书自1981年开始出版，历时三十余年，迄今已推出七百种，是我国现代出版史上规模最大、最为重要的学术翻译工程。

丛书所选之书，立场观点不囿于一派，学科领域不限于一门，皆为文明开启以来，各时代、各国家、各民族的思想与文化精粹，代表着人类已经到达过的精神境界。丛书系统译介世界学术经典，引领时代思想，为本土原创学术的发展提供丰富的文化滋养，为推动中国现代学术和现代化进程做出了突出的贡献。

为纪念商务印书馆成立120周年，我们整体推出“汉译世界学术名著丛书”120年纪念版的珍藏本，寄望既利于文化积累，又便于研读查考，同时向长期支持丛书出版的译者、编者和读者致以敬意。

两甲子后的今天，商务印书馆又站在了一个新的历史时间节点上。我们不仅要铭记先辈的身影和足迹，更须让我们的步伐充满新的时代精神。这是商务人代代相传的事业，更是与国家和民族的命运始终紧密相连的事业。我们责无旁贷，必须做好我们这代人的传承与创造，让我们的努力和成果不仅凝聚成民族文化的记忆，还能成为后来人可以接续的事业。唯此，才能不负前贤，无愧来者。

商务印书馆编辑部

2017年10月

美国版序言

沃尔特·白芝浩先生所著《英国宪法》一书已经在我们这个 3
国家引起一些关注，但这是一部值得更加广为人们知悉的著作。不过，该书书名对书中所含精义暗示甚少，且肯定不合美国读者胃口并会造成误读，因此，此时出版该书的一个新的、更廉价的版本，为免误读，几句序文或许不无裨益。

众所周知，政治意义上的“宪法”一词在英美两国含义迥然不同。对我们来说，它意味着在某个特定时刻颁布的作为国家最高法律的成文的法律文件。因而，当一本关于美国宪法的书出版时，如果不采取一种历史的方法，它就可能是有关宪法含义的评论。也就是说，它形同某种对某个法律文件进行技术解释的法律论文。而英国人是没有这种书面文件的。国家宪法对他们来说意味着其实际的社会政治秩序——一整套从前代继承下来的且规范当下政府操作行为的法律、习惯和先例。因此，一部关于英国宪法的著作自然使我们联想到它事关英国政治机构和社会生活的结构及其实际运行。

美国宪法经由一次会议“制定”；英国宪法则经由数个世纪渐
积而成。因此有关这两种宪法的书籍可能大异其趣。宛如一本木 4
匠手册和一本生理学手册不同一样：前者殆属建造艺术领域，而后者则属自然科学领域。在研究美国宪法时，为了弄清一段印刷文字的含义，我们常忙于探究“制宪者们的意图”、“建造的规则”和习律者的学识。而对英国法的研究则使我们更直接地面对事实和现象，或者说直面政治活动的规则、社会的变迁和国家的成长。显而易见，这些研究对象适宜于使用科学的处理方法，其目的是探求自然原因和内在法则的运演，因而易使所有学习政治哲学的学生感兴趣。白芝浩先生此书实际上（如果不是形式上）就是本此而写的。书中充满了科学精神，尽管从技术上讲并没有采用科学说明的形式。

许多读者业已通过他那部具有启发意义的名为《物理学与政治学》的巨著知悉作者从科学层面关注公共问题的倾向和能力。《英国宪法》一书同属此类著作，其主题多涉人性的原则和人类社会的自然法则。它是一次对英国政治经验的自由探究；一次对英国政治制度敏锐的、批判性的和非情绪化的讨论，其目的旨在说明这些制度的运行方式，并指明其优长缺失。作者与其说是一位党派活动家和鼓动家，毋宁说是一位冷静的、睿智的探索者。他学识渊博，洞察力强，观点独到，且远免于他所说的那种“以爱国主义为名的地域狭隘主义”的偏见。他对英国制度缺失的批评深刻而犀利，对其优长的肯定真诚、不偏党而明智。由于科学心态的主宰，他对古老传统和现代创新、贵族特权和民主倾向的讨论不带任
5 何偏见。内阁、君主、上院、下院，在一个接一个地论及这些东西时，他是从可称之为其相互间能动反映的角度加以考虑的，且与英国人的习惯、传统、文化和性格相联系。书中无疑充满了诸多富有教益的事件、对人性中行为动机富于洞察力的反思、个体或政治实

体权力的行使、社会制度对生活于其中的不同阶层的生存质量和环境的适应以及不计其数的无往而不适且让所有政治学和社会事务的学生甚感兴趣的政治哲学观念。

白芝浩先生此书内容对我们这个国家的状况多有启发性的关涉。他在诸多地方对内阁制政府和总统制政府所进行的比较提出了一些与我们自己的制度相关联的问题。这些问题的重要性随着我们这个民族阅历的增加而与时俱增。不过，美国人阅读此书不仅应该是因为其中所含的有趣信息及其对一个伟大民族内部政体的精到揭示（我们自己的制度多以这种政体为渊源），而且因为它将对我们这个国家的心智施以不断扩大的、自由化的影响。我们这个国家是极易带着一种偏执的轻蔑审视所有其他国家的政府的。我们的政治学，由于主要纠缠于一些自私和肮脏的利益和苦涩的个体竞争，倾向于将所有科学的东西和对政治原则的广泛和自由的研究排斥在这个思想领域之外。狭隘的观念导致了对所有与我们自己制度和实践不同的外国事物的轻视。我们一所著名大学的一位知名教授说，当学生们在其最后学年好不容易学得一些 6
政治科学方面的理念时，他们由于其自己国家的局限而造成的所有相关知识的缺乏——对比较政治学之类的东西无知——是极其损人颜面的。这种狭隘性的唯一纠正途径是从事旅行和进行视野更加开阔的观察，或进行相关研究和阅读相关书籍，只要这些研究和书籍给出有关其他主要国家政治的清晰而公正的概念。白芝浩先生对英国宪法的分析将有助于我们达此目的。而且我们怀疑，国人在游历英国之前是否有比这本书更有用的书籍可供阅读。它将有助于美国人理解许多发生在一个古老国家的、起初使他们感

到困惑和不快的事情。在这个有着古老历史的国度,所有给人印象最深的东西与我们这边所习见的东西又如此不同。

需要进一步说明的是,白芝浩先生此书具有引人入胜的可读性,这一点从其书名及其主题看来即不容置疑。此书以一种自然的生动笔调写就,加上一种轻快的机智和恰当的文体,这些足以使它跻身于高品位的美文之列。

附录于现版且此前未曾在我国见到的关于布鲁汉姆和皮尔两人个性的研究文章谅会被人们热读,因为它们不仅足以给予现代英国政治以进一步的阐明,而且足以就在过去一代公共生活中身名显赫的两个杰出人物的智识生活向我们提供有趣的见解。

E. L. Y.

1877 年 2 月于纽约

一、再版导言

一个著者要想试图素描一部活生生的宪法——一部处于实际 1
运行和效力中的宪法——殊非易事。难处在于，所要描画的对象一直变动不居。一个历史著者则不会遇到此种困难：他只与过去打交道；他可以明确地说，该宪法在他动笔之年以如是如是方式运行，在他搁笔之年其运行方式又在如是如是方面有所不同。他在一个确定的时间开始，又在一个确定的时间结束。但是一个当代著者要想试图描画他眼前的东西则会感到迷茫和困惑：他所看到的东西每天都在变。他必须按照事物在某个时刻的实际情状加以描述，否则就会在其表述中将那些实际上绝不会同时发生的东西拼凑在一起。如果一个著者在论及一个现时的政府时自然地将它与其他一些很重要的现时政府进行比较的话，这种难度就更大。因为这些政府也在变。他所揭示的东西以某种方式被改变，这些
被揭示的东西的本源可能会以一种不同的方式被改变。在准备推 2
出本书的第二版时，我就一直面临这种困境。本书论述的宪法是1865—1866 年间的宪法。大致上说，它论述的是帕麦斯顿勋爵[①]

① 帕麦斯顿勋爵(Lord Palmerston 1784—1865)，辉格党活动家，曾两任外交大臣和两任首相(1855—1858、1859—1865)。在其首相任内，正值英国处于工业革命完成以后成为“世界工场”的经济繁荣期。但在政治法律上，业已成为英国社会一股强大社

时代宪法的运行情况。而自那以后发生了许多变化。有的涉及精神,有的涉及细节。在如此短的时间内很少发生如此多的变化。如果我按现时的情景描绘帕麦斯顿时代的情景,此种素描就会在诸多方面是不真实的;如果我将七年前的情景改换成现时的情景,则不免会使这幅画图变得模糊不清,且会画出某种使二者同样不相仿佛的东西。

在这种情形下,最好的做法便是将原画原封不动地予以保留,恰如其初写成时一样。然后将那些要么是宪法自身的变化,要么是与之相比较的宪法变化作为外在素材简要地加以描述。本书中,诸多笔墨涉及一些它初版时尚活着的人和尚在发生的事;而现在我仍刻意地将它们保留了下来。它们或许可以提醒读者他所阅
3 读的是哪个时代,因而可以防止其在描画日期的问题上造成误解。接着我讲述了发生在宪法自身中以及在阐释宪法的其他制度中的变化。

不过,试图评估 1867 年改革法的效果目前为时尚早。依此法案获得选举权的人们尚不知道他们所拥有的权力:仅仅一次选举不仅远远未能让我们得知他们将如何行使其权力,甚至不足以向他们解释其所拥有的权力。1832 年的改革法在数年间竟没能展示其真正的结果。一位 1836 年的著者,无论他对这些结果持赞成还是否定态度,也无论他是忽视还是夸大了这些结果,都肯定会在

会力量的工人阶级政治上仍无选举权,而他们发起的高潮迭起的宪章运动的主要目标之一就是要求获得选举权。帕麦斯顿勋爵力主将英国全部注意力集中于对外扩张,而不热衷于进行议会改革。但此时英国社会主流的政治要求是进行进一步的议会改革,让工人阶级获得选举权。两年后,这种政治要求由于 1867 年第二次议会改革法的出台而得到了满足,英国议会民主制从此开始有了一个“普选”的基础。——译者

有关这些结果的问题上出错。一部新宪法，只要它辖下的公民在旧宪法环境中长大，只要其辖下的政治家受过该旧宪法的训导，就不会展示其全部的效果。只有当它被没有受到不同经验训导的政治家和民众付诸操作时，它才会受到真正的检验。

从一个侧面上讲，对上次的改革法的效果我们的确特别容易作出错误的判断。不容置疑的是，我们的政治生活中近年发生了巨变。人们常说，“帕麦斯顿大厦片瓦无存”。1865 年以来的这种变化不是一个点上的变化，而是成千上万个点上的变化；不是某个特别细节上的变化，而是无所不在的精神变化。如今，我们在就一 4
部教育法[1]的微小细节进行争论；而在帕麦斯顿勋爵时代，根本不会有这种法律通过。在帕麦斯顿勋爵时代，乔治·格雷爵士曾声称，取缔爱尔兰教会是一种“革命行动”[2]，而现在，该教会经绝大多数人同意已经被取缔，乔治·格雷爵士本人也予以首肯。一个与旧世界不同的新世界已经出现；我们自然将这个变化归功于改革法。只是，这完全是一种误解。如果没有改革法，英国政治也会发生巨变。已经发生的变化属于这样一类：它尤其引起其他的变化——一种时代的变化。一般来说，一代政治中人几乎默默地继承了另一代；而在任何时候，30 岁到 70 岁这个年龄段的人都有相当大的影响。每年都有许多老者逝去，所有其他的人变老，又有许多新人诞生。代际过渡是如此缓慢，以致人们对它难以察觉。政治公司的董事们每年都有些许微小的变化，因此，其股票持有者们

① 指 1870 年的福斯特教育法。——译者

② 在近代英国政治法律文化语境中，“革命”一词往往意味着超乎常规破坏传统甚至不合法的极端行为。——译者

感觉不到突变。但有时确有突变。不时会出现这样的情形：几个年龄相当的执行董事活了好多年，且经年经营着公司，继而几乎同
5 时从舞台上消失。在这种情形下，公司事务容易发生较大变化。变化有好有坏：有时公司会变得更红火，有时会变得一团糟，但不会停留于以前的状态之中。1865 年以前就发生过这种事。在 1832 年至 1865 年这一整段时间内，“32 年前”[①]的那些政治家们——如果我可以这样称呼他们的话——德比勋爵、罗素勋爵和帕麦斯顿勋爵都手握重权。帕麦斯顿勋爵自始握有极大的令行禁止的权力。虽则从某种程度上说他从不显老，但他对年轻一代没有丝毫的同情心。他没有带出任何年轻人。年轻人所希冀的任何东西他都予以阻挠。结果是，当他辞世时，一个新生代突然涌入了生活，“32 年前的人”则突然消失了。大多数政坛新人完全可以说是属于帕麦斯顿勋爵的孙辈。帕麦斯顿勋爵于 1806 年进入议会，而他们进入议会的时间则是 1856 年后。操作者年龄的这种巨变必然引起试图操作的类型的巨变，从而也引起操作方式的巨变。可以更肯定地说，我们所谓政治“精神”的变化是由人的换代所引致，而不是由任何其他类型的变化所引致。即便没有改革法，这个单一的原因也会引起巨变。

单单对改革问题的解决也会引起巨变。如果问题可由其他变化加以解决，或不由任何变化来解决，那么解决的眼前效果仍会是
6 显著的。新的问题会立即出现。一个政治国家恰如一片美洲森林：只需砍倒老树，新树就会立即长出来取而代之；种子在地下蓄

① 指 1832 年第一次议会改革法出台以前。——译者

势待发,并随着老树被清除后阳光和空气的进入而开始破土成长。这些新问题会营造一种新的氛围、新的政党和新的论辩。

当然我无意争辩说像1867年改革法这样一次如此重要的制度创新不会产生非常重大的效果。它极有可能产生奇效。我只是说,就眼前而论其效果不为我们所知。[①] 1865年以来有目共睹的巨变从严格意义上说肯定不是由它引起的。即便从一般意义上讲,可能也不是由它引起。我们还得猜测它将要引起的后果以及它所不能引起的后果。

主要的问题很自然地从这些论文的主旨中产生。我已说过,内阁制政府在英国之所以成功可能是因为英国是一个谦恭的国度。我的意思是,名义上的选民并不是真正的选民;广大的"十镑"房户[②]并不能形成自己的观点,也不能强迫他们的代表听从这种观点;他们作出判断时实际上受到了比他们更有教养的阶层的引导;他们倾心的是来自这些阶层的代表,给予他们更多的信任。7
如果一百个小店主奇迹般地走进了1832年代的议会,他们在那里就会有异类之感。没有什么东西会比由选民中的一般群众充斥其间的议会更加不伦不类。我当然不是说这些十镑房户十分崇尚知

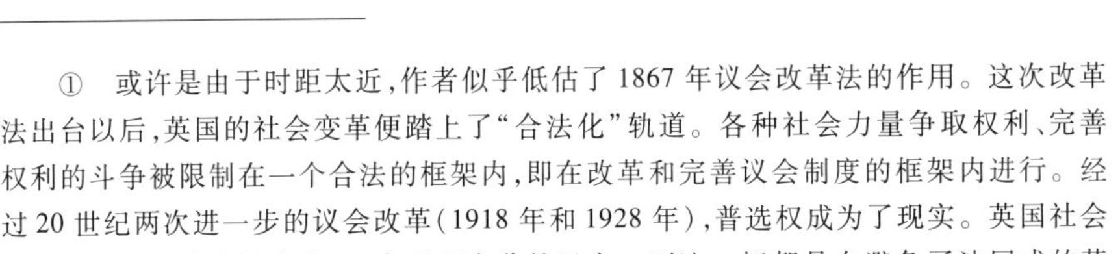
① 或许是由于时距太近,作者似乎低估了1867年议会改革法的作用。这次改革法出台以后,英国的社会变革便踏上了"合法化"轨道。各种社会力量争取权利、完善权利的斗争被限制在一个合法的框架内,即在改革和完善议会制度的框架内进行。经过20世纪两次进一步的议会改革(1918年和1928年),普选权成为了现实。英国社会因此既保存了传统的自由,又实现了充分的民主。而这一切都是在避免了法国式的革命的前提下取得的。——译者

② 根据1867年改革法,每年支付租金不少于十镑的城市房客有选举权。——译者

识或欣赏品位。众所周知，大体而论，他们根本不具备这种素质：具备这种素质的英国人寥寥无几。他们不受观念的影响，而受事实的影响；不受看得见的东西影响，而受看不见的东西影响。说句不中听的话，他们受身份和财富的影响。他们中间较好的一部分无疑相信，那些在不容争辩的诸方面比他们强的人在不可感知的观念和知识方面也会比他们强。但是，老的选民群体并不多加思索：他们喜欢让一个“高贵者”来代表他们；如果他富有，就会得到他们的尊重；而如果他是一位勋爵，就更会得到他们的垂青。摆在这些选举人面前的问题是：两位富人中你将选择哪一位？这些富人中的每一个都由大党推出，而这些政党的见解就是富人们的见解——其规划就是富人们的规划。选民们不过是选出了一两个富人来执行一两个富有党团的计划罢了。

不仅如此，就国家税收的征收而言，广大十镑房户群体所属的
8 阶层——下中阶层——在所有社会阶层中却成了税负最重的一个。一个小店主或小职员，收入刚够或勉强刚够缴纳所得税，或许是这个国家惟一被课以重税的人。除所得税外，他们还得交地方税、茶税、糖税、烟草税和啤酒税。而他们的财产少得可怜。奇怪的是，这个理论上拥有无上权威的阶层竟成了经济上的唯一受虐者。在我们以前国会的全部历史中，被国会所采纳的那些政策从未曾出自选民之手，就像太阳系未曾出自他们之手一样。

正如我在本书中力求说明的那样，老选民们对比他们高贵者的崇敬是我们旧体制所赖以维持的唯一途径。无疑，可以设想出这样一些国家：其选民完全能够形成健全的见解。与此相近的情形如今是存在的，这是令人欣慰的。但那些英国小店主们的情形

却不是如此。他们只能在两套高贵的观念中作出选择；或者说在两个对立的党派中作出选择，其中每个党派都在宣讲由这些观念构成的信条。小店主们所能做的只有这些。他们自己的观念，如
果我们就此对他们发问的话，总会显得混乱不堪和愚不可及。他 9
们能够就高贵阶层所选择的问题作出决定，此外他们一无所能。

现在面临的一个严重问题是：这个独特的旧体制能走多远？什么时候才会发生变化？我想我得马上打消这样一个念头：它将脱胎换骨，且朝着好的方向变化。我不能指望那些新阶层的选举人会真的比老选举人更能在复杂的问题上形成健全的见解。[①] 的确曾有这样一种观点——本书初版发行时非常流行的一种观点——当时存在着一个未被代表的熟练艺工阶层，他们能够就国是形成高深的见解，而且应该拥有发表这些见解的渠道。为使他们得到这种渠道，我们制定过精细的计划。但 1867 年的改革法施惠所及并不止于技工；它还让非技工获得了选举权。没有人会争辩说，一个没有特殊技能且仅因拥有一套房子才交税的普通劳工能够就诸多知识事项作出判断。一个办公室信差并不比一个职员拥有更多知识，其所受教育不是更好而是更差。但这个信差也许是新获得选举权阶层的一个理想的标本。一般人只能靠干粗活挣得微薄的薪水。他们没有时间改善自身的条件，因为他们整天都在劳作。他们早年所受的教育微不足道，人们不禁可以怀疑，即使有充
裕的时间，他们是否能够用之于正途。新获得选举权的阶层并不比 10
旧有的阶层更少需要贤达者引导。相反，新阶层更需要引导。真正

① 本书作者有一种贵族倾向，这种倾向在本书中是随处可见的。——译者

的问题是，他们会听从这种引导吗？他们会以同样的方式敬重财富和身份以及作为财富和身份粗略象征和通常伴生物的高贵品质吗？

回答这个问题特别困难。一般来说，通过一项法案时所进行的辩论中包含着不少关于人们可对它作何期许的有益启示。但是人们关于 1867 年改革法的辩论几乎没有告诉人们什么。国人不知道当时在干些什么。其时我碰巧在造访一个纯农业的保守郡，当我问当地的托利党人，“你们理解这个改革法案吗？你知道你们的保守党政府提出的是一个比以前任何法案都更激进的法案，而且它还极有可能得到通过吗？”我得到的答复是：“你说什么呀！它怎么可能是一个激进的改革法案呢？布莱特①为什么要反对它？”要想用一种让一个“普通陪审团”能够理解的方式来回答他们的问题是不可能的。该法案受到了《泰晤士报》的支持，而受到了布莱特先生的反对；因此保守党人们以及普通持温和态度的人们，不论他们持何党见，对该法案的实质都一无所知。如果有人试
11 图对他们进行解释，他们会说这是“伦敦废话”。国人的确通常指望议会中的论辩能让他们明白该法案的实质。然而就此而论，没有任何一个党派能说得明白。很多人，也许包括多数有头脑的保守党人，对该提案的效果心存疑惧；但由于提案系由其本党领袖们提出，因此他们无心反对，且其党纪也迫使他们拥护它。另一方面，包括多数有头脑的自由党人在内的很多人对该法案的内容感到惊愕；提出改革法案是他们多年的习惯；他们知道每个法案之间

① 参与制定 1867 年改革法案的政治活动家之一。布莱特主张将选举权扩大到那些经济上能够自立的“体面工人”身上，而反对给予那些不能自立的“社会渣滓”选举权。——译者

的不同点,并意识到这个法案比此前任何一届内阁提出的法案都更富冲击力。但是,他们几乎都不愿意这么说。如果他们因为托利党人提出的一项法案太过民主而加以反对的话,他们将得罪他们的大部分选民。极端的民主党人会说:“人民的敌人尚且对人民有着足够的信任以赋予他们此项权力,而你,一个自由党人,一个声称是人民的朋友的人,竟没有此种信任;既如此,我们将再也不会投你的票了”。许多经年要求一户一票的激进成员面对极有可能即将取得这种权力的局面时所表现出来的不是惊喜而是惊讶。他们一直要求这个东西,就像讨价还价的商人要求尽可能高的价格一样,但他们从未料到会得到它。总体来说,自由党人,或者说至少那些极端的自由党人们,就像一个人一直使劲推着一扇 12
推不开的门,而当这扇门突然间开了,阻力消失了,他就会重重地向前摔一跤。陷入此种令人心烦的窘境的人很少能提出有效的批评,而自由党人们当然也提不出这样的批评。

我们先前没有进行能够引导我们对改革法案进行预期的讨论,在通常情况下我们也不会进行这种讨论。上届选举的经验也没能给我们提供多少帮助。当时的情况太不同寻常。首先,格拉斯顿[①]先生的个人声望之高是自皮特[②]先生时代以来所仅见的,而

① 格拉斯顿(William Edward Gladstone,1809—1898),著名自由党领袖,曾三任首相(1868—1874,1886,1892—1894),实行了一系列的改革,如国民教育改革(1870年),设立政府资助、非宗教的初等学校;实行文官考试制度(1870年);颁布新的工会法,承认工会的合法地位(1871年);改革陆军军制,取消捐官,推行短期兵役制(1871年)等。——译者

② 皮特(William Pit,1759—1806),托利党领袖,两任首相(1783—1801,1804—1806),任内改组了东印度公司,加强了对印度的控制;1800 年实现了爱尔兰的合并;拿破仑战争中是反法同盟的重要组织者。——译者

且可能后无来者。这种声望的确是罕见的。据说有一个不善言辞
的演讲者,当被人们问及作为候选人有何感受时,他说:“哦,当我
不知说什么好时,我就说格拉斯顿,然后他们就肯定会欢呼雀跃,
于是我就有了思考的时间”。事实上,这种声望不仅对选民们而
且对议员们都构成一种引导。候选人只说他们将跟随格拉斯顿投
票,而选民们则只选择那些如此表态的人。即使是少数派也只能
被说成是反对格拉斯顿的人,恰如多数派只能被说成是拥护格拉
斯顿的人一样。旧有选举机构的遗存也具有超强的影响力;老选
13 民们按照人们所要求的方式投票,新选举人多数跟着老者走。在
极少情形下才会出现新的对立机构。在上届选举中,新制度的实
验几乎没有开始,而当它真的开始时,它又受到了特别的指引。

同时,我们的政治家们碰到了好多年来未能碰到的最好机会,
也承担着最大的责任。他们不得不引导新的选举人行使其选举
权,还得静悄悄地予以引导,不留痕迹。一个自由国家的主要政治
家们一时拥有巨大的权力。他们为人类的对话定调。是他们通过
一两次演讲决定很长一段时间以后将说些什么和写些什么。他们
连同他们的顾问们制定他们党的纲领——美国人称之为“平台”,
在这个平台上,他们和与他们相关联的人将在政治角逐中表明他
们的立场。正是通过这种纲领以及通过由不同政治家们提出的各
种纲领的比较,世界才形成它的判断。普通人的心智很难自行定
位它要关注哪些政治问题;它充其量只能就人们向它提出的问题
进行像样的判断;它几乎从不确定其主题。在确定这些问题将事
关何种东西的问题上,政治家们承担着特别重大的责任。如果他
14 们提出的问题使处于人类低层的人们情绪化;如果这些问题有可

能被那些低层人弄错；如果这些问题使这些低层人的利益与整个国家的利益不一致或者相冲突，他们将贻害无穷。这个国家的前途有赖于一项精巧实验的正常运行，而他们可能使出浑身解数去败坏这场实验。就在那些对政治感到陌生的无知人们渴求摆到他们面前的问题是有益的也只能是有益的问题时，政客们提出的却是些有害的问题。他们可能提出一些将穷人作为一个阶级捆绑在一起的论题；提出一些可能煽动穷人揭竿而起反对富人的论题。对这些论题的讨论将使穷人们以为某个新法会使他们过上舒适的生活——是现行法使他们过得不舒服——以为政府手里控制着一笔用不完的资金，它可以将这笔钱发给那些现在需要钱的人，而不致在他处造成另外的更大短缺。如果穷困的选民们的首要事务是力图建立起一个“穷人的天堂”——他们倾向于幻想这种天堂，而且他们倾向于认定他们能够建立这个天堂——那么现在刚开始的这场政治实验将注定要失败。广为配发的选举权礼物对于整个国 15
家来说将是一场巨大的灾难，对于那些得到礼物的人来说同样是巨大的灾难。

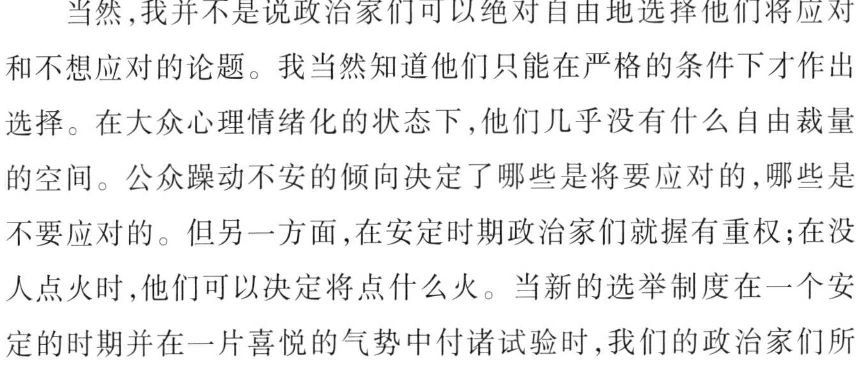

当然，我并不是说政治家们可以绝对自由地选择他们将应对和不想应对的论题。我当然知道他们只能在严格的条件下才作出选择。在大众心理情绪化的状态下，他们几乎没有什么自由裁量的空间。公众躁动不安的倾向决定了哪些是将要应对的，哪些是不要应对的。但另一方面，在安定时期政治家们就握有重权；在没人点火时，他们可以决定将点什么火。当新的选举制度在一个安定的时期并在一片喜悦的气势中付诸试验时，我们的政治家们所负的责任就重大了，因为他们手中的权力也大。

所要解决的问题的讨论方式几乎同这些问题的选择一样重要。要紧的是由我们的政要领着公众走，而不是由公众领着政要走。毫无疑问，在政治家的政治生命决定于公众支持——就像我们的政治家们那样——时，这个说法是难以成立的，而需要给予审慎的限定。我不是说我们的政治家们要对英国人民摆出一种学究式的腔调；如果有什么东西是英国人讨厌透顶的话，那正是这种腔调。而且他们有理由讨厌它。如果一个人不向他的听众说“我比
16 你强；我研究过这个，而你没有”之类的话就不能正式地进行指导或传递指令的话，那么他就不配做一个引导者或发号施令者。政治家常以为，粗言拙行是缺乏想像力和交际能力的表现，而这种表现对其职业是有妨碍的。但是，对公众进行引导并不需要很多的论辩，更不需要将这种论辩作一种一本正经的表达。引导公众最需要的是将明晰的结论作一番干脆的表述。如果一个政治家以一种恰当的方式（如以一种轻松的、风趣的方式）表述了明晰的结论，他就不辱使命了。只要他说个大概，各报纸的记者们就会写出布道式的文字来。政治家应显示出自己的个性，并以一种浅显易懂的方式谈论那些他认为是重要真理的东西。这样他就会既引导国家，又便利国家。但是，如果在一个极度的愚昧无知在公共事务中有着不同寻常的影响力的时代，他选择了认同和重申一些在这种愚昧无知的氛围中作出的决定，那他只是成了这个国家的佣工，除了伤害它，此外将一无所成。

也许有人会说这个道理很浅显，任何人都知道二加二等于四，没有必要进行这种计算。但是我要说，事实上我要讲的道理并没有人听懂。人们并不这样做他们的政治算术题。在我们国家所面

临的所有政治危险中，我觉得最大的危险就在于人们会忽视这个
道理。用简单的英语来说，我担心的是我们的两大政党会竞相求
得劳工们的支持；①他们会许诺做劳工们所喜欢的事，只要他告诉 17
他们他所喜欢的是什么。由于他手中现在握着政治事务中决定性的选票，因此两个政党都会乞求他将选票投向他们。两班富有教养和财富的人马竟然竞相向一群穷困的无知人不断地表明要尊重他们的决定并为得到将这些决定付诸实施所需的任期而展开角逐，我觉得没有什么东西比这种现象更具腐蚀性和败坏性了。“民众的声音”会成为“魔鬼的声音”。

而另一方面，我还会想像到另一种危险。我觉得那些被提出的问题经过不断的鼓噪可能使劳工们作为一个阶级联合起来，而社会的上层也会不得不考虑他们是否将在用以解决这些问题的措施方面作出让步，或者他们将甘冒让劳工们得以联合起来的风险。

这个问题无疑难以简单、抽象地予以讨论。很多东西必须取决于每个具体情形下解决问题的措施的性质；在让步的情况下就取决于这些措施所可能造成的恶果；在不让步时就取决于他们的想法对劳工阶级的吸引力。但在任何情形下都要记住，下层阶级的政治联合，就其作为一种联合及其联合的目的而言，可谓恶莫大焉；这些阶级的永久联合将使它们成为这个国家至高无上的力量（既然它们中间如此众多的人已经拥有了选举权）；而其至高无上
性，就其现状而言，意味着无知者对引导者的优势和数量对教养的
优势。幸而他们还没有学会联合行动，因此尚有机会避免让这种 18

① 而事实上，维多利亚时代的英国两大政党正是这么做的。——译者

现象出现。只有上层阶级的睿智和远见卓识才能避免让这种现象出现。他们必须不仅要避免每一种恶行,而且要避免恶行的每一次出现。他们不仅必须在他们尚有能力的时候消除每一种实际的不满,而且在可能时也要消除每一次可能的不满。对于他们可以作出不惹是非的让步要求,他们必须心甘情愿地作出让步,目的是为了他们不至于在某个会危及这个国家的安全要求上不得不作出心有不甘的让步。

有人会说,这个忠告也是人所共知的。但是我最担心的是,时候一到,人们会把它当成耳边风,视之为畏缩和胆怯。人性中强烈的好斗倾向决定了一个人宁愿打一场败仗而不愿根本不打仗。打仗会增强敌人的力量,而我们这里的情况即是如此,因为一场败仗——特别是一场持久的消耗仗——会让下层社会完全学会了如何进行联合并使上层社会不得不面对一个情绪激动的、有组织的且处于优势地位的选举力量——要想说服人们相信这一点殊非易事。那种只会增强敌人的力量,因而不仅会导致当前战役的失败,而且会导致今后许多战役的失败的鼓动无论是对于国家还是对于人类来说,都是值得深深诅咒的。

我认为在某个细小的方面我们能够清楚地看到 1867 年改革法的效果。
19 我认为它完成了由 1832 年改革法开始的某种转变——关于上议院和下议院之间的关系的转变。正如我试图在本书中要解释的那样,英国宪法关于这一点的书面理论照例是错的。根据这种理论,上下两院是立法机构的两个分支,彼此完全平等且完全不同。而在 1832 年法案出台之前,它们之间的区别并不如此明显,而是有着一个很大的、很显著的共同点。通过在许多市郡施

加影响，上院任命了下院的相当一部分议员；另一部分议员中的大多数是富裕的中上层绅士——他们很多方面像贵族，且同情贵族。按照当时的宪法，两院没有什么本质的不同。他们本质上是相同的；大致上说他们是两个渊源相同而非不同的议院。两院中的主要成员来自同一个阶级——有封号和没有封号的英国士绅阶层。1832 年法案改变了这种局面。贵族和士绅丧失了其在下院的控制权，而这种控制权又落到了中产阶级的手里。于是两院真的有差异了，并且再也不相互平等了。威灵顿公爵[①]曾在一篇写得极好的文章中解释，为了劝说上院议员们适应其新的地位以及一而 20
再再而三地让他们的意志屈从于下院的意志，他费了多大的劲。

我认为，1867 年的改革法毫无疑问地完成了 1832 年改革法开始的那种转变，但并没有完结这种转变。中产阶级在第二次转变中获益良多，而贵族阶级则所失甚大。如果对上下两院成员名单分别作一番仔细的考量，就不难发现，这些名字中已没有通常的贵族称谓。考虑到有衔贵族的实力和地位，人们也许会对他们在我们现在的立法机构中所起到的微不足道的作用感到吃惊。我们现今的下院灵魂是富豪而不是贵族。它的主要政治家不是一些有着旧的渊源或巨额继承财产的人，而多是一些有着巨额的财富的人，但这些财富与新型的贸易财富或多或少有着紧密的联系。两院的灵魂呈现出某种以前从未有过的差别。

1832 年改革法的整体效果由于我刚提到的原因确实受到了

---

① 威灵顿公爵(Duke of Wellington，1769—1852)，英国名帅和名相。历任陆军总司令、首相和外交大臣。指挥了滑铁卢战役；曾反对 1832 年改革法案，并镇压了 1848 年的宪章运动。——译者

影响。将刚建立的制度付诸实施的政治家们自身是在被废除的制度下接受教育的。极其奇怪的是,他们所进行的引导持续的时间跟他们创立的体制时间一样长。帕麦斯顿勋爵、罗素勋爵和德比
21 勋爵在1867年前后一两年的时间内要么去世要么失势。1832年改革法对上院的全部影响效果在下院还在接受这种贵族性的引导时尚不能显现出来。人们所期望的1832年改革法所能引致的变化很大程度上被虚悬起来,直到在另一次同样的且更具威力的变局中人们采取了那种措施以后才重新开始出现。

因此,威灵顿公爵曾部分从事的工作现在也必须完成。他曾经面对的是半个难局,而我们现在得跨越整个难局。我们得形成一些默示的规则,确立一些有拘束力但不成文的习惯,以便当我们的新宪法要求上院屈从于下院时,迫使上院能够这么做。人们或许会问,这种情况会经常出现吗?如何判断何时该使上院屈从下院呢?①

我的回答是:每当下院的意见也是整个国家的意见,且整个国家显然已经下定决心时,上院必须服从下院。至于如何判断整个国家是否决心已定,那要依所有相关的情况而定,并且以一种用以决定所有实际问题的方式予以判定。有人定下了一个机械的测定方法:对下院通过的某个措施,上院可以随意地拒绝一两次;但是
22 如果下院一次又一次地提交,那就可以推定整个国家决心已定。但是现实生活中没有什么实际问题会如此以一种固定的形式规则

① 英国上下院之间的权力关系到1911年《国会法》出台时始得理顺。依据该法,一切财政法案经下院通过后即便上院不予通过亦得送交国王批准公布;上院对非财政法案的否决也只限两次。——译者

来统一解决的。依此规则,1832 年改革法就不会得到通过。任何时候当这个国家既情绪激动又决心已定时,这个规则会成为一种极端危险的政治毒素。它将致使上院对实际生活中所有的事实都视而不见,而仅仅依据一个抽象的公式行事。如果上院在 1832 年是这么做的话,就会引起革命。毫无疑问,这个规则中含有某种真理:一项议案只提出了一次还是多次是据以判断这个国家是否有意制定该措施的一个重要事实;它表明了一种迹象,但只是多种迹象中的一种。其他的迹象同样具有决定性意义。民众的一致呼声有可能如此强烈,又可能通过如此多的机构予以表达,以致足以让人们认为它会持久不衰。

英国人是形形色色的,某个东西如果真的现时说服了其中的绝大多数,就完全有可能会被推定为将继续持久地保持对他们的说服力。某类人可能易于陷入一种暂时的错误狂躁状态,但所有类型的人同时陷入此种状态则是极不可能的。

至此我该斗胆设下一条相近的规则:对于至关重要的问题,上
院在拒绝由下院绝大多数通过哪怕只有一次的议案时要缓缓而 23
行——非常缓慢地进行。[①] 当然我并不想将这一点作为一项不可改变的规则设定下来;我已说过,就为解决实际问题而言,我从不相信所谓的不可改变的规则。“多数”既可以是真实的,也可以是虚幻的。如果他们并不真实,如果他们并不能体现选民和代议人的意志,那么没有人会愿意他们引起人们的关注。但是,如果民众

① 这又是一种贵族式的一厢情愿。根据 1911 年《国会法》,上院对非财政法案也只能使其缓期生效两年。到 1949 年,这个期限又缩短为一年。——译者

的意志强烈而一致，如果它既反映了国会议员们的意志又反映了选民们的意志，那么在我看来，上院应立即作出让步，而不应予以反对。

我的主要理由是没有什么人提出过的。作为一个理论著者我敢说一句国会中的任何经选举产生的议员——无论是保守派议员还是自由派议员——都不敢说的话：我极其害怕新选民中的那个无知的大多数。我希望有一种尽可能大而集中的力量来阻抗它。但是上下院之间的纷争分离了这种阻抗力。正如我曾解释过的，下院仍然主要代表着富有者，而上院代表着贵族。这两个阶级的主要利益如今是相同的，这足以防止和减弱未受教育者的统治。

24 但要想有效地防止它，他们彼此之间不得争吵，不得为了得到他们共同的对手支持而相互较劲。而这恰是上下院分立的效果。两个大团体的受过教育的富人们走向选民让他们在其间作出抉择，而选民中的多数是由未受教育的穷人组成的。这种局面不可能给任何人带来好处。

此外，这种做法使贵族丧失了其所处自然的地位——在这个地位上他们本可获得相当的权力并做相当多的好事。他们应该成为富商们的头领。在所有的国家，新富总是乐于崇拜旧富的，如果旧富愿意这么做的话。而我要说，在英国，新富是渴望此种崇拜的。不断有讽刺作家告诉我们说，那些新近发财的富人们是多么迅速、甘愿和急切地将他们与旧时代的富人们联系在一起。社会地位在当今的英国也许比在其他任何国家都有更大的“市场”价值。当然有很多这样的国家，在那里，一些古老的家族，不论贫富，被所有的人以一种高度的充满诗意的景仰之心崇拜着；但是我怀

疑是否存在这样一个国家，在那里，所有古老的和有封号的家族都
受到了人们如此心甘情愿的尊敬，而这些示敬者从财富上看与他
们相当甚至更胜一筹，文化上也相当，只是在出身和地位上逊一
筹。生活中“物质上”的富有者——如一位政治经济学家所归类
的那样——趋之若鹜地崇拜那些“非物质上”的富有者。从政治 25
上讲，没有什么东西比这种崇敬更有益处，如果这种崇敬是被巧妙
地施与的话；也没有什么东西会比排斥和拒绝这种崇敬更愚蠢、更
盲目。

从政治上讲，这种崇敬更为重要，因为它是政治上处于优势地
位者施与政治上处于劣势地位者的。在选举中，没有爵位者比有
爵位者势力更大。某些单个的贵族因其显赫的地位拥有巨大的选
举影响力，但作为一个整体，贵族院并不构成主要的竞选力量。如
此众多的穷人充斥其中，而如此众多的富人被排斥在外，它的竞选
价值就打了折扣。此外，爵位对人的影响有一种奇怪的天性，即它
对单个人的影响比对集体人的影响更大。多数人——特别是多数
英国人——对这种影响颇有感触，但多数英国人对此又感到有些
不齿。因此，当任何一群人集合在一起时，尽管其中每一个单个的
人内心里对爵位怀着敬意，但作为一个群体他们会耐心地听
取——在许多情形下还会欢呼和赞许——一些对爵位激烈的非难
之辞。每个人都有点担心他“对贵族的那点不敢声张的好
感”——如格拉斯顿先生所言——被他人发现；也不能肯定他的
这种好感多大程度上被他周围的人所拥有。于是，英国人容易认
同一些反贵族意识，而这种意识与他们的真实感觉又是绝然相反
的。他们的集体行为同样可能对爵位极其充满敌意，尽管每个个 26

体对爵位的内心感受是特别和善的。1832 年,那些多由贵族控制、且被人们设想为在更大程度上由贵族控制的衰败选区在一片欢呼雀跃的喧嚣中被取消了,而在另一个同样异常激荡的时刻,贵族们自身也难保了。民主情绪靠煽起普遍的激动和聚合民众获益;贵族情绪靠平心静气获益。贵族们的公开选举力量与其实际的社会力量一点也不相匹配。英国富豪集团“可催不可推”,就像说及某种更粗俗的东西那样。他们可能动辄与贵族发生对抗,尽管他们非常尊重贵族。而且由于其力量要比贵族强大,因此,如果他们被激怒的话,他们甚至可以摧毁贵族,尽管要做到这一点,他们必须借助于在无知穷人中煽起一种疯狂的激动情绪。这种激动情绪一旦被煽起,就不易平静下来,而且其致命的效果要比其煽动者所意料的严重得多。

这是对那个使许多精明的贵族感到迷惑不解的奇怪现象的解释。他们想的是——如果他们不是如此说的——“我们为什么要被困在这里呢?我们为什么不能进入下院,在那里我们可能拥有更大的权力?为什么我们得到的是名义上的爵位,而我们失去的
27 却是实际的影响?如果我们喜欢真实的分量胜过虚假的声望,为什么我们不能拥有这种分量?”答案是,当贵族院还存在时,贵族们作为一个整体比贵族院被废除时拥有更大的,难以估量的社会影响力。而且,尽管一两个年轻的贵族在平民院可能会有出色的表现,但就整个贵族阶层而言,无论长幼智愚,呆在贵族院要好得多。在这一点上,贵族群体的自私本能要比其中一两个人的精巧智慧更能对现实世界形成敏锐、精确的判断。

如果贵族院在某一时刻走到尽头,那么它将会在一场风暴中

灭亡,而这场风暴将不会使所有其他的东西保持现在的原样。它不会在毁掉贵族院的同时将拥有财富和爵位的年轻贵族留坐在平民院中。它也许会扫除掉所有的爵位——至少是所有法律上的爵位——因而神不知鬼不觉地打破那种大家族的财产据此全部归于长子的奇怪制度。这种制度完全是人为的,你可以对它进行精巧的辩护,但你不能进行大声的辩护,一种让大多数人听到并口服心服的辩护。这种东西看起来欠公道,因而在公众情绪激动的时候难以站住脚。人们可能设定严格的条款以阻止这样大规模的财产集中,就像拿破仑法典所规定的对财产的强制性平分一样,很少有 28
什么东西能比这样一场风暴更能摧毁巨大的继承性财产,也很少有什么东西会比这样一场风暴更能摧毁贵族院——我的意思是,这样的灾难不会在提升一个东西的同时对另一个东西留下情面。

因此我以为,贵族院的巨大权力应非常惶恐和谨慎地予以行使。为了保持对富豪集团的领导以及对全国的领导,他们不应得罪富豪集团。他们可以让步的问题大多是一些非常微不足道的问题,而且应该在许多大问题上作出让步,而不应拿他们的权力根基去冒险。他们应该从其收入中拿出一部分以进行巨额的捐赠,如果这样可以——应该可以——使他们的资产不受影响。威灵顿公爵当年就是以这种方式对贵族院作了数年的引导。无论是对他们还是对国家来说,没有什么东西比这种方式更能获益。贵族们如今只需回到威灵顿公爵曾走过的那条正途上。

1870 年发生的一些事件导致了不少有关终身贵族的讨论。迈开这一大步,我们已经获益良多。尽管贵族院中托利党的前任领袖林德赫斯特勋爵(Lord Lyndhurst)否决了设定终身贵族的最

后一个提案，但当德比勋爵成为该党的领袖时却希望册封这一爵位。由于在本书中我已说明那些在我看来构成册封这一爵位的充
29 足理由，因此我不必在这里重复这些理由。我只需说明我现在是如何看待这个问题的。

我不能以某些终身贵族的极力倡导者看待这一爵位的方式来看待这个问题。贵族院和平民院之间存在的一种持久的对立和对比需要得到补救，但我觉得终身爵位之事并不属于这种需要补救的东西。要想名副其实，终身贵族的数量必定会不计其数。而贵族院如果允许不计其数的终身贵族的存在，则绝无可能不招致一场风暴。他们这样做必定会充满恐惧感，否则他们做不了。而如果这场风暴来势太猛，它能够促成某些事的同时，也极有可能促成更多的事。如果旨在造就大量的终身贵族的革命是如此有力且如此充满渴望，那么它有可能将整个上院的世袭原则扫除殆尽。当然人们可以设想另一种结果：一场政治风暴以确立终身贵族制度为限度，然后戛然而止。但在政治中我们不应用极端例外的情形来庸人自扰：很难倚靠和设定明晰且规则的盖然性。用数学的语言说，如果我们只想着政治曲线的共切点和合缀点的话，我们就容易忽视这条曲线的恒定轨道。

另一方面，对于一些自由党人所持的对终身贵族的反对意见，我也不能持同情态度。他们认为这种制度会增强贵族的力量，并
30 因而使他们更有能力与平民院抗衡。他们认为，尽管他们没有这么说，“贵族院是我们以及所有自由主义者的敌人；幸而他们作为一个整体并不具有智识性；几个聪明人生而成为贵族，对此我们无力阻止，但是我们不会为它接种天才育苗；我们不会让一群聪明人

终身拥有爵位,因为他们极有可能最终与我们作对”。这种反对意见认为,聪明的贵族就像愚蠢的贵族一样会反对平民院。但这点我不敢苟同。多数身处像贵族院这么一个优越地位的聪明人在一般情况下是极不愿意丧失这种地位的。在一种伟大责任的清晰感召下,他们可能会失去它,但只有在这种感召下他们才会失去它。而一个平常人就可以明白,对平民院的系统对抗是惟一能够危及贵族的事情,或者说这种对抗会使单个的贵族不成其为贵族。你对贵族的精义理解得越透彻,他们就会越清楚地明白一种做法对他们明显的有利性:与富豪集团交朋友,并成为其首领,且不对受该富豪集团支配的平民院心存对抗之心。

诚然,一个主要由有能力的人组成的全新贵族院——这些人之所以当选是因为他们有能力——极有可能试图将能力认定为国家的主导力量,以抗衡——如果不是征服——平民院,因为在平民院,智力标准不比普通英国人的平均水准高多少。但是在当下的
英国,这样一个贵族院会很快失去任何影响。人们会说:“由一半 31
人说了算未免聪明过头了吧”。而这句话出自一个英国人之口,那就意味着严厉的指责。对英国人来说,如果经他们选举产生的由富人组成的国会团体受挫于经任命产生的由空谈家和作家组成的国会团体,那么他们就会认为是极不正常的。拥有巨额财富的理智人是人们所希望的统治者,而一个天才的贵族在权力方面是无法与这种人相比的。

诚然,时下一些最聪明的贵族也不像其他一些贵族那样乐于苟同于平民院。出身于高位且拥有过人本领的人不愿意向出身低微且没什么本事的人低头,这并不是什么不自然的事。一些这样的贵族（这样的人寥若晨星）会说："与其以屈尊的代价买下贵族爵位，我们不如不要这种爵位"。但是一个经过苦心经营才好不容易挤进贵族行列的终身贵族绝不会这么想。生而成为贵族的年轻人可能会冒这个险，那些辛苦挣得爵位的中年人和老年人则不会。相当数量的终身贵族几乎总会要求贵族们采取中庸克制的态度，而他们的此种要求几乎总是不会错的。

近来的一些讨论使宪法的另一部分变得异常突出。在本书中我已说过，只要告诉人们有多少事情是女王不经与国会协商就可
32 能做的，他们就会大吃一惊。这一点已经得到了证明，因为当女王通过一项特权令废除了军内采购权（在贵族院已经拒绝了这个议案以后）时，人们普遍地感到大吃一惊。

但是与女王现在依照法律无须与国会商议便能做到的诸多事情相比，这还不足挂齿。不说别的，她可以解散军队（依照法律她只能雇佣一定数量的人）；可以将总司令以下所有的军官予以解职；也可以解散所有的海军；可以将我们所有的战舰和海军储备卖掉；可以为媾和而牺牲康华里[①]；为征服布列塔尼而发动一场战争；她可以将每一个英国公民——无论男女——变成贵族；可以使每个教区变成"大学"；可以解雇大多数公务员；可以赦免所有的罪犯。一言以蔽之，通过行使特权，女王可以搅乱所有政府的内务行为，可以通过发动不明智的战争或缔结屈辱的和约而使整个国家蒙羞，还可以通过解散我们所有的海陆军队而使我们对外国势

① 美国独立战争时英军负责南方战场军务的大将。他于1778年10月率英军向美法联军投降，美国独立战争因而基本结束。——译者

力毫无防备。为什么我们不担心她会如此行事呢?

因为存在着两种制约——一种是古老而粗糙的,另一种是现代而精致的。第一种就是弹劾的制约。任何大臣,如果他竟敢建议女王用一种会危及王国安全的方式使用她的特权,那么就会因 33
叛国罪而遭到弹劾。从法律技术层面上讲,这样一位大臣就会被认为是发动了或协助发动了"反对女王的战争"。这种行为会被法官认定为针对女王本人的暴力行为,就此而言,冒犯者可以被判刑并处死。这种机制足以防止所有对特权的粗暴滥用。但是,它不足以防止人们犯小错。任何出于善意的判断错误,其结果只是有的人可能说好,有的人说坏,因此不能受到惩罚。任何大臣如果解散了女王的军队,就有可能受到弹劾,且肯定会受到弹劾。但是,如果一位大臣只是想将陆军和海军的力量削减到原定的水平以下——设想他只是想将国会已批准他使用的军费额度开支其三分之一——设想一位按照帕麦斯顿勋爵的原则行事的大臣突然在其任期内改而遵循布莱特先生和科布登先生的原则行事,他是不能被弹劾的。叛国法不能也不应该适用于一种判断失误而非故意的行为——因为这种行为是善意的,即它旨在促进和增进国家的福利,而不是要削弱它。针对这种特权的滥用,我们的补救机制是更换内阁。总的来说这种机制的效果相当不错。每一位大臣在招 34
致这种惩罚之前都会谨慎从事,且不会任意地遭受这种惩罚。只是,这种机制有两个缺陷。一是它有可能根本不是一种补救,而只是一种惩罚。某位大臣可能甘冒被解职之险;他可能做出某种不能不做的行为,而剩下的事情就是将他解职和对他进行谴责。二是国会两院中只有一院有权使用这种机制。实际情况是:只有众

议院能够通过不信任投票更换内阁大臣。大多数内阁在长达三十年的时间内从未得到过贵族院的信任,而在此情形下,贵族院的不信任投票就没有什么分量。它只构成某种一般的不同政治见解的特别表达,就像由卡尔顿对自由党政府,或者由改革俱乐部对一个托利党政府进行不信任投票。而在任何情况下,贵族院的不利投票从来不具有与平民院的投票同等的决定性效果。下院是具有决定权和选择权的议院。如果一届政府取得了下院的信任,它就完全得到了它所需要的十分之九的东西。贵族院的支持是一种辅助和奢侈,平民院的支持才是严格的不可或缺的必需品。

这些难题在很大程度上因对外政策问题而起。就大多数国内
35 事务而言,习惯和制定法已经限制了特权的使用。依据既存的法律,国家的治理方式已被编织进一套惯例之中,而多数政府依此惯例行事,因为这样做比依任何其他东西行事都更容易些。多数政治危机——那些决定政府命运的决定性的投票表决——一般都事关对外政策或事关新法问题。而对外政策问题浮出水面的一般方式是,政府已经实施了某种行为,只是由立法机关这边的一部分——平民院而不是贵族院——表态:通过已经签订的条约,政府是否失职了?

我想每个人都承认这不是一种表面上看来显得正当的安排。条约的重要性与多数法律毫无二致,如果一项法律的制定需要精心求得代议机构对它的每一个字的同意,而一项条约的签订却无须与这些机构进行协商,那么即使从表面上看也是荒唐的。在英国宪法较早的形式中,这种做法可能是相当正常的。因为那时权力实际上掌握在国王手中,且议会很少开会,加上其他原因,以致当时的国王有必要在大多数问题上拥有比今天更充足的权力。而现在,实际权力不在君主而在首相和内阁手中——即是说在一个由议会任命的委员会以及该委员会主席的手中。现在没有人会试 36
图建议议会的对外关系委员会应当有权不经与议会和国民协商而让国家承担极大的国际义务。没有其他精选的委员会拥有可资比拟的权力。再想想我们对所有其他隶属性委员会的权力进行了多么仔细的羁束和限制,那么我们让一个秘密委员会在单独负责处理一些特别危险且特别复杂的事情时拥有如此大的自由裁量权的做法就显得格外奇怪了。无疑,这种做法可能有些益处;所有看起来不正常的东西都是这样。但初看起来,这种做法的确显得欠当。

我承认,如果我们国会两院有足够的相似性和协调性,那么我就不应当看到这种做法的优点。相反,如果两院之间的关系处于一种应然状态,我会认为这种做法是大有缺陷的。如果政府在两院中都拥有多数——不是一种倾向于接受任何东西的机械多数,而是一种公平而合理的多数。这种多数可能倾向于认定政府行为的正当性,但并不愿意在事实面前或者在任何可能出现的反对意见面前仍然认定这种正当性。如果一个良好的政府处于这样一种位置,我会认为政府与外国签订的协议应提交议会讨论的做法绝对要好些。它们于是会接受所有事务安排中最好的东西,某种理解性、同情性的批评,但依然是一种批评。由于立法机构中的多数 37
对政府心存一种预设性的认同感,因此,除非政府真的犯下了某种重大或显著的错误,否则就不会作出对政府不利的“认定”。不过如果政府的确犯下了这种错误,立法机构当然会作出对它不利的认定。在一个适合于议会制政体的国家,立法成员从不因派性而

公然反对国民们显见的利益；如果它们反对，经常关注公共事务的
国民们（就像所有有能力实行议会制政制国家的国民那样）就会
在下一次以及日后许多次议会选举时对它们施加最大限度的议会
制裁。这样会毁掉他们的职业。英国没有任何一个多数派胆敢投
票赞同一个格外糟糕的条约；它宁愿抛弃掉自己的领袖也不愿自
寻毁灭。同时，一个英国多数派，由于拥有长期的议会事务经验，
也不会格外倾向于动辄拒绝一项与外国政府签订的条约。英国反
对派领袖熟谙那句小学生格言："游戏要两个人玩"。他们知道，
下次他们上任后同样难缠的做法会用来对付他们。因此现在他们
不愿意使用这种法子。这种倾向性是如此强烈，以致不久前有一
位反对派议员声称，议会两派的"前排席位"——即政府的领袖和
38 反对党领袖们——为了压制独立派议员的反对意见经常达成默契
的联盟。他说的是实话。经常出现一些表面上的反对意见，即一
些并非真正的反对意见，至少在某些具体情形下，是互谅多于对
抗。而那些独立派议员们由于不承担任何实际责任，且不可能因
犯错而自毁前程，因此总喜欢大放厥词和率意而行。而一个政党
的负责任的领袖们如果不得不就类似甚至相同的事情作出他们自
己的决定，否则是不会这样做的。既出于爱国主义情怀，也出于利
益的考虑，他们不会为使自己及其党派取得某种暂时的国内利益
而使国家陷入一种没完没了的对外争夺之中。政府在就一项条约
进行谈判时也会相应地感到，该条约肯定会受到仔细审查，一种诚
心、善意的审查。该条约会受到法官们的审查，而对这些法官，这
个多数是持赞同态度的；而对于这些法官中过激的对抗情绪，这个
多数中最有影响的那部分人在这种情形下是持激烈反对意见的。

这似乎是那些条约的谈判者们所可能被放置的最佳位置。也就是说，他们肯定应该对持同情心和公平心的人负责，而不必对那些不体谅人的褊狭人负责。

现在的政府在就一项条约进行谈判时几乎不能说是向任何人负责。它当然会经受模糊的信任投票表决。本杰明·富兰克林说过，“我还没发现一项已经签订的条约——哪怕是最有利的条 39
约——不被指责为不适当，而订约者不被指责为不合法和腐化堕落。‘缔结和约者受到神佑’这句话只能在其他世界才能得到理解，因为在这个世界，他们通常是受到诅咒的”。而这就是现在英国人对条约签订问题常持的观点。由于其反对意见中不存在任何实际东西——没有任何此后可能妨碍他们的东西，因此反对派领袖们几乎肯定会提出各种反对意见。事情就是这样，而不可能不是这样。反对派领袖们最自然的愿望是想证明如果他们上台，因而事情由他们来做，他们会做得更好。另一方面，很有可能出现这样一种情形：人们或许根本没有对条约提出真正的批评；或者说条约已由政府签订，由于任何人都不可能不签订这种条约，因此反对派也许觉得就此说三道四不值得。政府因此感受不到任何批评的压力；相反它拥有了难得的逃避批评的机会。不过如果有人的确提出了批评，那么政府就得期望它是不留情面、尖锐且吹毛求疵的——恰如一位不负责任的反对者可能提出的那种，而不是像一位负责任的政治家提出的那种，因为这种政治家一旦提出这种意见就会遇到麻烦，因而会谨言慎行，以免别人提出反对意见。

这是通常情形下发生的事情。在非同寻常的情形——一百种情形中的第九十九种——下，反对派意欲将政府撵下台，原因是人

40 们认为政府所签订的条约一无是处。这时的批评肯定属于人们最不愿听到的极富攻击性的那种。所有训练有素的反政府作家的全部聪明智慧都会用来证明已有人将意志强加于英国——正如一种情形下人们所云:“道义和理智的品性泾渭分明:我方的谈判是道义性的,他方的谈判是理智性的”。如此等等,不一而足。党派恶意的全部腔调于是被用到极致,因为不存在任何对反对党的制约机制。条约已经签订,尽管它有可能受到非难,且签订它的政党可能出局,但人们想避免的麻烦已经避免,如果反对党上台,他就不会再碰到这种麻烦。

从抽象的理论上讲,目前我们的政治实践中这些缺陷可能显得格外严重,但实际上并非如此。毫不夸张地说,英国政治家和政党具有极大的爱国主义热情。即便在激情和利益的驱动下,他们也很少会作出任何有损国家真实利益的事情来,或作出任何在外国人看来会降低英国国格的事情来。如果他们这样做,他们自己就会感受到深痛巨创。不过这些真实的倾向的确存在于我们目前

41 的实践中,而且这些倾向只有依赖我们国民和政治家们素质的提高才能得以避免。而如果我们改变我们的实践,这种素质依然存在。

改变我们的实践肯定会在某些方面是有益的。如果我们要求此类条约的缔结须经国会的某种同意,那么我们就会在条约签订之前进行真实的讨论。如果我们赞成该条约,就会明白地陈述赞成的理由;如果反对,也会陈述反对的理由。而目前,正如我们所知道的,相关的讨论是不真实的。木已成舟而无可奈何;所说的通常是不当说的,因为这种言说是吹毛求疵的;没说的通常又是该说

的，因为这种言说是恰中鹄的的。如果大臣们有义务在他们签订的涉外合同生效之前就这些合同进行明白无误的解释——就像他们必须在他们所提出的有关国内问题的建议成为法律之前就这些建议进行解释一样——，那么我们在处理对外政策方面就会有一种更富男子汉气和更明白晓畅的方法。

就我所知，反对这样做的意见有三种，且只有三种。

第一种意见认为，让大臣们明白无误地陈述其同意涉外契约的动机并不会总是人们所想要的。“条约，”有人会说，“在很大程度上与法律不同。它们不仅涉及签订它们的政府和因此受到约束的国家，而且还涉及一个第三方——一个外国国家——而这个国家的感受如同我们自己国家的感受一样必须予以考虑。而就当今的世界格局而言，这个外国国家可能是一个专制国家。在那里，讨论不时兴，不被理解，不同发言人的表述不会得到准确的权衡，且 42
容易动辄得咎”。这种反对意见可以用这么一种方式轻易地予以避免：要求国会对条约的讨论应该像美国参议院的相关讨论那样秘密地进行，且不得就此进行公开的报道。不过就我本人而言，我倒倾向于主张进行公开辩论。专制国家不能理解英国，对它们来说，英国是“上帝特许”的奇怪国家；自远古以来，它们一直对英国的制度感到迷惑不解，对其政治家感到恼怒，对其报纸感到愤慨。在我看来，再添一些这样的迷惑和恼怒似乎构不成什么大恶。如果有人认为，有关条约的全部真话是不能尽说的，那么我倒以为，有关法律的全部真话也不能尽说。所有重要的法律都影响到众多的“既得利益”；它们涉及巨大的政治力量资源，而这些巨大利益同样像任何外国的感受那样要求予以精心的对待和微妙的语言运

用。一个议会制下的大臣是一个受过精心训练的人，他不会冲口说出那些不该说的东西。而英国议会是这样一个机构，它特别讨厌所有粗俗而不得体的事情。如果事情不仅对发言人而且对他们自身和国家会造成伤害的话，他们就会更加讨厌它。

我还倾向于全然否定这样一种说法，即存在着这样一种条约，签订这种条约的适当理由难以向英国人民讲清，尽管英国人民想
43 知道这些理由。我想历史已经证明，大量的外交秘密还是说出来为好。最糟糕的家庭是那些其成员间从不透露真情的家庭；他们维持着某种不真实的气氛，因而所有的人都生活在一种压抑的不良氛围之中。国家也是如此。相关的党派如果能听取那些促使谈判者签订一项条约的实质性理由总会是件好事，而谈判者也会因此把他们的工作做得更好。因为条约含义的含糊不清一半是由这样一个因素造成的，即谈判者并不热衷于条约中规定的事实，或者不愿费心在他们自己内心里将这些事实的含义清楚地表述出来。如果他们不得不为条约进行辩解并在大庭广众之下就条约进行辩论，他们就不得不把它表述清楚。

第二种意见认为，国会并不是总在开会，如果条约的签订须经它同意，有时它就不得不临时召集会议，否则条约的签订就会被拖延。应该说这个意见有其正当性，但我并不认为这种理由无懈可击。绝大部分条约延迟一段时间是无妨的。至于极少数情况下有条约需要紧急处理，那么由于事态紧急而关键，国会在秋季开一次会也是完全合理的。

第三种意见认为，或许有人说如果我们要求对外条约的签订
44 须经国会两院同意才能生效，那么我们就应该加大贵族院的权力。

我觉得这种说法在某种意义上也是有道理的。由于不能因内阁签订条约而改换它，贵族院在任何情况下在对外政策方面都没有决定性的分量，尽管它就这些问题进行的辩论通常是精彩的，且当下赋予它此种分量也存在实际危险。他们不受与平民院相同的引导。在平民院，内阁拥有当然的多数，而这个多数会同意内阁领袖们已经签订的条约。但贵族院中的多数可能总是、近来也一直是一种反对性多数，因此，条约可能被提交给恰好持反对意见的批评者审议。恰如将一项以信奉“中世纪原则”而周知的建筑设计图提交一个拘泥“古典原则”的委员会讨论一样。

还有，总的来说，我以为我们可以尝试加大贵族院的权力，而不必真正担心会造成严重的危害。如已经解释的那样，我们目前的实践之所以得以操作，只是由于操作者有着良好的素质。新的实践将不得不依赖一种同样的良好素质和可操作性。贵族院在处理有关条约的审议事宜时必须像对待法律的审议一样。他们必须尊重百姓的声音和平民院的权威，即便是在他们自己的判断可能 45
引导他们另样做的情形下也是一样。在对待非常重要的条约时，作为英国人，他们应该持与其他英国人相同的心态。在这些情形下，如果他们显得不愿按照人民的意志行事，他们就会领受在国内立法中关键而引人注目的问题上所领受的同样教训。这种情形并不太可能发生，因为在这些国内问题上，人们常认为贵族的利益和感受与其他阶级的利益和感受是相反的——他们可能渴望保留那些其他阶级恰恰渴望得到的权力。而在外交政策中并没有类似的利益之争——贵族与非贵族在这个问题上庶几拥有相同的利益和愿望。

让国会对外交政策问题实行更直接的控制,如果这一点被认为是人们所希求的话,那么,更好的途径也许是不要求对条约进行逐条的正式表决。这样也许要花费过多的时间,也会导致对较小细节的不必要的改动。将条约放在两院的桌子上,比如说放个十四天,这样就够了。除非条约在这个期限届满之前遭到了两院中的某院反对,否则就要求生效。

我觉得,关于这本书写成以来一些促使英国宪法发生变化或
46 者意味着要发生变化的国内事件我要讲的就是这些。但是也有些发生于国外的事件说明了这种变化。就此我得说上几句。

自然,这些具有阐释意义的变化中,最显著的来自法国。自1789年以来,法国一直处于政治试验的尝试之中。其他的国家从这些试验中可能获益匪浅,但她自己到目前为止尚未得到什么好处。她现在正在进行的一场试验对英国宪法特别具有说明意义。当本书第一版刚出版时,我费了很大的劲以说服很多人,让他们相信在一个非君主国里真正的、实际意义上的最高行政长官——我们称之为首相——有可能通过国民议会的投票予以任免。美国以及与美国样板相同的国家是现今唯一的人所熟知的共和国。在这些国家,体制是恰恰相反的。在那里,行政首脑像立法机构一样由民众选任。其时不存在任何其他类型的共和国的明显样板。而现在,法国已经提供了一个样板——梯也尔先生就是我在本书中不止一次地试图描画的“行政首脑”。他是由议会来任免的。他像
47 我们的首相一样来一回演讲;像我们的首相一样负有监理议会之责。现在不再会有人怀疑这样一种共和国存在的可能性,在那里,行政和立法机构是结合在一起的并且是固定的;再也不会有人认

为这种结合是君主立宪制的不可言传的特征。

但不幸的是,从这种实验中我们可以推知这种制度是可能的,尽管它是好是坏我们尚不得而知。情况非常特殊,其特殊之处有以下三个方面。

首先,一场议会共和国的特别实验——在这个共和国里,总理是由议会任命的——是在这样一个国家进行的,这个国家可以说并不特别适合实行议会政府制度;相反它可能特别不适合于实行这种制度。在本书倒数第二篇文章中,我已试图讲述实行议会制政府的精神条件,即我称之为“理性”的东西。我赋予这个词的含义并不是推理的能力,而是指听取他人道理,将他人的道理与自己的推理进行平心静气的比较,然后接受这种比较结果引导的能力。但是,一个法国议会是不容易在里面讲道理的。每个议会分成了不同的党派,每个党派又分成了不同的派别,而每个党派的几乎每个派别一听到它特别不喜欢的任何事情时一开口就不是在提出要求而是在大声叫喊——以一种法国人特有的方式叫喊。一个议会有着这样的脾气,真正的讨论是不可能的,议会制政府也是不可能 48
的,因为议会既无法选择人也无法选择措施。复辟王朝时期的法国议会似乎要安静点,其原因可能是,由于议员们是从一个数量有限的选民群体中选出的,因此他们中间没有那么多的派别之见,没有那么多易于发怒的人和恼人的事。但 1848 年的议会又是极端混乱的。我目睹过最后一次议会议事的情况,我敢断定,在里面就一个关键问题进行稳定的讨论是不可能的。没有一个听众是愿意听别人讲话的。现在在凡尔赛议事的议会有时也无疑是极其混乱的,它所支配的议会制政府必定举步维艰,因为作为一个权力主体

它是动荡、多变和难以控制的。

由于法国国民对其议会没有或很少有制约措施,因此这种困难就变得更大。作为一个民族体的法国人并不在乎或欣赏议会制政府。我已经试图解释过要让一个没有经验的社群去适应这种政府有多难;而未受教育的人们效忠于君主是多么自然,或者说是多么容易。一个不指望从其议会得到好处的国家是不会制约或惩罚议会的。我觉得法国人期望从他们的议会得到的东西少得可怜,
49 以致他们应该得到的东西也没得到。由于选举权的普及,选民群体的平均知识文化水准极其低下。而且现实中的这些知识文化还长期处于权威的奴役之中。法国农民对他们生活现状的关心超过了他们对任何其他事情的关心。他们太过愚昧,以致不能对议会进行制约和监督;同时也太怯懦,以致不敢想像对议会进行制约或监督,如果离他们最近的行政权威不喜欢这种制约和监督的话。一种严格的议会制共和国——在这种共和国里,行政权是向议会负责的——实验现在正在以一种极无助益的方式在法国进行着,因为在法国,议会极有可能表现不良,也极有可能有足够的自由表现它的不良之处。

其次,法国的现行政体不是英国宪法全部有效部分的复制品,而只是模仿了它的一部分。依据我们的宪法,有权解散议会的名义上是女王,而实际上是首相。但是梯也尔先生却没有这个权力。因此,在现在的情形下,我认为政局很快就会变得不可控制。就像我曾试图解释的那样,结果会是这样的:议会总在改换内阁,而且由于没有理由担心这种改换会招致像在英国所经常招致的不利后果,因此它们可能乐于每月改换一次。多变是各种议会的典型弊

病,因而如果缺乏某种制约,它们的选举便会连续地表现出多变 50
性。不过,法国现行宪法中蕴藏的这种特别的危险由于其所处的特殊情景而没有出现。议会并不倾向于撤换梯也尔先生,因为在他们可悲的现状中,他们不能没有梯也尔。他独具所需的声望。是那个帝国——他一直反对的那个帝国——帮了他的忙。在法国,二十年内没有任何人能够形成巨大的政治声望。皇帝治理着国家,其他的任何人都无法展示其治理国家的才能。卢埃(Rouher)先生尽管能力超群,但在公众看来不过是皇帝的代理人。即便不是,作为帝国时代不二伟人的卢埃先生在一个帝国遭到激烈反对的时刻也不可能被推选为政府首脑。在二十年沉默之前出现的首脑中,在所有公认为有能力控制和支配议会的杰出人物中,梯也尔先生是唯一的一个尚有精力重新开始这么做的人。不可思议的是,74 岁高龄的他依然精力充沛。由于议会制下的其他巨头们不复存在,因此硕果仅存的梯也尔先生不仅是最佳的选择,也是惟一的选择。如果他被撤换,再作其他选择会难上加难,而这种难处使他能够保住他的位子。在每一次危机中,议会的感觉是:“梯也尔
以后洪水滔天”。而他就靠着这个感觉过日子。尽管从法律上 51
讲,撤换总统并不难,但实际上几乎不可能,因为谁都知道这种改换不仅意味着总统的改换,而且意味着更多东西的改换:极有可能他会意味着政体的改换——它可能带来一个君主或一个帝国。

最后,作为其特有地位的自然结果,梯也尔先生并不像议会制下的首相那样行使治权。他不是,他自己也声称不是,某个党派的首领。相反,作为一个对所有的党派来说都离不开的人,他从所有党派中挑选内阁部长;他组建的内阁中没有一位部长会在任何事

情上赞同任何其他部长的意见,而且他自己经常与作为一个由所有成员组成的这个整体产生龃龉。对内阁成员的挑选权是控制在他手中的。议会制下的总理通常是不能选择的;他的地位取决于一个党派,他能否持续任职也取决于一个党派。而且这个党派会对他提出这样的要求:既然它帮了他,他也应该帮它;既然它把这个国家最美好的东西给了他,那么他也应该将次等好的东西给予它。但是梯也尔先生不受这种制约。他可以按自己的意愿挑选,他也的确是这样进行挑选的。无论是在对阁员的挑选还是对议会的控制,梯也尔先生都不像通常情形下一个同类人那样受到引导。他是个一时的例外,而不是一个永久性的例证。

由于上述原因,尽管我们可以将法国现行宪法当作一种对我
52 们的想像——构思一种纯粹的议会制共和国,一种没有君主的君主制——有所助益的东西加以利用,但我们不得将它视为更多的东西。它有太独特的性质和太特殊的偶然性,因此它除了对自身有指导意义外,不能指导任何其他的东西。

在这篇文章中我多处论及了美国宪法,拿它与英国宪法进行比较。就美国宪法而言,自我的文章写成以来,已经积累了大量的经验。我的大方向是将作为行政首脑的美国总统职位与英国首相职位进行比较。我用了相当的篇幅来论证的一点是,在一个主要的方面,英国的制度远胜于美国。由议会选举产生并可由这个立法性机构中占多数席位的党派撤换的英国首相肯定依凭于这个议会。如果他想让立法机关支持他的政策,他就能够得到这种支持,并进而推行他的政策。但美国总统得不到这种保证。总统是某个时候用某种方式产生的,而国会(无论是哪一院)是在另外某个时

候用另一种方式产生的。二者之间没有什么东西将其捆绑在一起，且从事实上讲，二者之间不断地产生冲突。

我的文章初写成时，恰值林肯先生在位。其时，国会、总统和整个北方团结如一人进行对南方的战争。这时没有出现明显的不和谐的情形。但是当这些文章在《双周刊》初发表，并紧接着被编 53
成了一本书时，林肯先生已被暗杀，而副总统约翰逊先生成为了总统，任职四年。此时，总统制的典型弊端已显露无遗。此前一直保持紧密协调关系（这种关系对于良好的政府来说是必需的，从这个意义上说，他们应该如此）的总统和国会之间已难以保持通常的情面关系。他们不仅远远未能建立一种持续协调的合作关系，而且一方总是在试图使另一方受挫。总统有一个让南方恢复平静的计划，而国会有另一个计划；它们不同意他的计划，而当他在宪法允许的限度内否决了它们的计划时，尽管有他的阻挠，这些计划仍被付诸实施，此时他又不遗余力地使实施中的计划遭受尴尬（而这就非常过分）。在多数国家中，这种争吵往往会以法外的方式予以解决，而导致争斗。即使在美国这样一个最崇尚法律的国家，这种争吵也在法律的范围内走到了很远。约翰逊先生将立法机构中最普通的那个分支——众议院——说成是一个“走近政府边缘”的实体；而众议院则对他进行了刑事弹劾，指望用这种方法摆脱他。没有什么东西比这次事件更能够使人们得出对作为一部 54
宪法的美国宪法的不利结论。一个充满敌意的立法机关和一个充满敌意的行政机关如此纠缠在一起，立法机关试图——徒劳地试图——通过指控行政机关的非法行为的方式摆脱行政机关。立法机关对行政机关的法定权力感到害怕，于是不正当地指控它作出

了违法行为。因此而导致的人们对美国宪法的责难构成了人们对美国政治个性的高度赞许。很少有国家,或许几乎没有其他任何国家会如此轻易而完美地进行这种实验。

这是总统和国会之间已经出现或者说将会出现的不协调的最明显的例证。也许在很长一段时间内,美国将会有足够的理由痛苦地记住这一点:在其全部历史中的一个关键时刻,当集中其全部力量和智慧以实施绥靖南方的政策成为他们至关重要的事情时,这个政策的施行遭受到了由一种极不体面和令人汗颜的冲突所带来的意见分歧。不过精确而详尽地探讨这个问题将是日后有能力的历史学家的事情,时代靠得太近,我不能说我具备足够的学识以进行这种探讨。我不能自不量力的从这些事件中总结全部的经验教训。我只能预言说,当这些教训被总结出来后,它们会是至关重要和耐人寻味的。

不过,内战爆发以来以及我的这些论文初发表以来发生在美
55 国的一系列事件中,有一类是我想详加说明的——我指的是财政事件。这些事件在我的专门研究领域内,而且对它们进行判断比较而言要容易一些,因为不管精巧的统计推理的情形如何,财政事项的巨大影响是全人类都想明了和感兴趣的。而美国财政史这一部分中的每一个事件都构成议会制政府和总统制政府之间对比的例证。

议会制政府的典型特征是:公共交易的每一个阶段都伴随着讨论;公众参与这种讨论;行政部门所作所为不受议会欢迎的,议会可以将这个部门换掉,并代之以一个其所作所为受它欢迎的班子。而总统制政府的特征则是:在多数情况下,不存在这种讨论;

即便有这种讨论，政府的命运也不取决于这种讨论，因而人民也不参与这种讨论；行政部门自身总的来说大可为所欲为——它只受一种约束：它不能过多地得罪全国的民众。民众通常并不参与，但是如果你铸成大错因而迫使他们参与的话，他们就会记住这一点，时机一到便将你撵下台。他们会让你明白你的权力是短暂的，并 56
立即削弱这种权力。他们会用一个自由的民族所能使用的成百上千种办法使你现在任期内的生活变得无法忍受和极不舒适。这些办法他们可以用在他们昨天选择的统治者身上，这些统治者他们明天又可以予以拒绝或再选。

美国财政方面最显著的效果乍看起来是不错的。它使政府能够获得并保持收入相对支出的巨额盈余。这一点早在内战之前就做到了——从1837—1857年间就做到了。威尔士(Wells)先生告诉我们，看起来奇怪的是：“没有哪一年年终国库中的盈余——源于各种渠道——不是超过上一年度的总支出的；而在不少年度中，这种盈余额是绝对大于前十二月的总支出额的”。不过战前的这种历史相比战后以来情形还算不了什么。下面是内战结束以来财政收入相对财政支出的盈余情况：

财政年度(年尾：当年6月30日)	盈余额(英镑)
1866	5,593,000
1867	21,586,000
1868	4,242,000
1869	7,418,000
1870	18,627,000
1871	16,712,000

稍知议会制政府运作情形的人都不敢想像,任何一届议会能
57 允许任何行政班子保持如此巨额的财政盈余。在英国,在对法国的战争结束以后,当时的政府尽管已经体面地让战争走到了尽头并拥有滑铁卢战役的光荣,并因此而变得格外强大;其对各选区和财政部的影响无疑是自那以来没有任何一届政府所能比拟的,也是在那以前没有任何一届政府所能企及的。但是当这届政府提出形成某种适度的财政盈余用以缩减债务的建议时,还是不能为英国国会所忍受。行政当局尽管拥有来自正邪两种渊源的权力,但还是得妥协;所得税取消了,同它一起逝去的是财政盈余,与财政盈余一起逝去的是所有的大规模缩减当时债务的机会。事实上,税收是令人痛苦的,在一个拥有强力的表达和行动机构的敏感社会里,维持一种巨额的财政盈余是极端困难的。反对派总会说这是没有必要的,不急需的,欠慎重考虑的;而他们的这种声音又会在每一个选区回荡;接着就是大城市一系列的大规模的集会,即便在较小的选区也多半会有较小规模的集会;于是每一位国会议员就会感受到来自其选举人的压力。这时已没有城乡的区别,因为
58 乡绅和农夫们与城里人一样讨厌高额的税收。通过加收重税形成某种巨额的财政盈余以偿还债务的做法到目前为止在这个国家尚未行得通,而形成美国那样巨额盈余则显然是不可能的。

英美两国之间的某些差别无疑是由经济上的原因而非政治上的原因引起的。美国是一个对税收不敏感的国度。也许没有任何其他大国像她那样在这方面如此迟钝。她肯定要比英国迟钝得多。实际上美国太富裕,其日常产业寻常可见,技术含量高,生产率也极高,因此她不太在乎财政负担。她利用所有的科学技术资

源和训练有素的劳动力——这些东西是一些古老的国家经过世世代代的辛苦劳作所得——高速开发一些新国家最肥沃的土地和最丰富的矿藏。结果是她得到了惊人的财富。即便在议会制政府下,这样一个社会比英国社会能更轻松地担起税负。

不过,这方面的物质形态上的差别与政治结构方面的差异相比,还微不足道。如果美国也处于议会制政府下,她很快就会被说服:保持巨额的财政盈余并征收高额的税收会给她造成极大的伤害;这样做她不是在履行一项伟大的职责,而是在造成极大的不公;通过削弱和置换产业是在贻害子孙,而远不是在通过减少他们 59
不得不交纳的税收方式帮助他们。首先,现有高税收的维持迫使人们保留很多税种,而这样做有悖于自由贸易的信条。巨额的关税将成为必需,而设定等额的国产税几乎是不可能的,即便美国人愿意这么做。结果是,美国人除了向政府交税以外,还要向他们自己的一些同胞付出很多,并因而培植一系列本来根本不该存在的产业。这种做法在目前是一种恶性的投机行为,因为其他的产业会有更好的回报,而且,当债务已经还完,培植性税收被取消以后,这种做法还会造成国人腰包的巨大损失。然后,产业或许会回到自然的轨道上,人为的贸易会初步消歇,进而停止,致使投入到贸易中的固定资本贬值以及其中大部分一文不值。其次,所有贸易税和生产税都会对他们造成诸多方面的侵害。广泛征收一系列的此种税收不可能不以各种方式致使贸易萎缩并导致生产率的大幅度下降。美国正在带着沉重的枷锁前行,因而对她来说,松开这些枷锁或许更好,哪怕一两代人因此不得不交纳更高的赋税。这两代人实际上会是受益者,因为他们将会富裕的多,以致对略有增加 60

的政府费用根本不会有所察觉。不管怎么说,在议会制政府下,会不断地向人们灌输这种观念。一个政党会整体地将宣讲这种教条当作它的正事来做。它会就此不停地向议会提出建议,因为这种做法就是宣传普及它的观点法门。而且我不怀疑他们最终会成功。然后他们不得不给人们上课,这些课程欢快而真实,并很快就会被人们学会。因此,总的来说,比较的结果是,在总统制政府下比在议会制政府下更能形成一种收入相对支出的巨额盈余。但是在总统制下,要想检验形成一种盈余是好事还是坏事并不同样容易,因此这种制度是在盲目地运作——通过形成财政盈余它有时造就极大的福祉,有时也造成了极大的伤害。

就此而言,总统制与议会制政府之间的对比结果是互有利弊的。议会制政府的一个可能弊端是它难以形成财政盈余以偿还债务,而总统制政府避免了这种弊端,但它付出的代价是不管有益无益它都倾向于形成这种盈余。在财政金融问题的所有其他方面,议会制政府因其重大决策均须经过连续的讨论才能作出,因此拥
61 有较总统制政府明显的优越性。尽管就某个单独的事情而言它产生的效果有好有坏,但在大多数情况下,它只产生好的效果。而近期的美国经验也提供了三个这样的例证。

首先,恰如高德文·史密斯(Goldwin Smith)先生——一个绝不会对任何美国问题作出不利于美国判断的人——几年来所言,美国政府所犯的一个主要的错误是它颁布了所谓的《法定货币法》(Legal Tender Act),据此法案,财政部可以发行不可兑换成硬币的纸钞作为全国流通的惟一货币。这种做法有着极大的诱惑力,因为它可以在需要的时候立即筹足巨额的战争款项而不致给

任何人造成痛苦。如果一个政府所发行的纸币替代硬通货达到八千万美圆,那就等于让政府得到了八千万美圆的贷款以在该国境内达成任何目的。只要贵重的硬通货不被需要,而在这种情形下用于国内用途它不会被需要,这种纸币就可以购买到政府所需的东西,而且其购买量就等于其纸币的发行量。只是,就像一个巨大的困境中所能想到的所有简单的权宜办法一样,这种做法伴随着巨大的弊端;如果不是这样,它就会早已成为这些情形下常规的手段,因而困难也就根本不成其为困难:走出这种困境的简单办法早已尽人皆知。众所周知,政府发行的不可兑换成硬通货的纸币肯
定会被大量地发行(不久美国的货币发行情况就是如此);与硬通 62
货相比它肯定会贬值;它肯定会搅乱价格并扰乱市场;它必定会对贷方构成欺诈,并使借方得到的东西比它该得到的东西多得多。就美国而言,还存在着一个弊端。作为一个新国家,在其经济困难时期她应该向老国借款;但老国因害怕可能的不可兑换的纸币漫无限制的发行而一个子也不愿给。美国因此而丧失的不仅仅是商业信用。英国的大商家们会最自然、最有效地将他们从其他国家得到的情报传递给欧洲。如果他们出于商业上的考虑有兴趣就战争的进展情况提供一份无懈可击的报告的话,我们手头应当拥有这样一份报告。但是由于北部诸州不能从伦巴第街(Lombard Street)①筹集到任何款项(其原因是它们发行了恶意的纸币),伦巴第街对它们不感兴趣,因而英国只得到了关于内战进展情况极

① 伦敦中心城区的一条街道,是与美国纽约华尔街齐名的世界金融中心之一。——译者

不完整的信息,因而在整个问题上——问题在当时既新颖又非常复杂——英国不得不在失去了它通常赖以作出判断的材料并且还没有意识到失去了这些材料的情况下做出判断。

当然,在代议制政府下,人们可能也会犯这种错误,也许已经
63 犯下了这种错误。但是即便出现了这种错误,其效果很快就会得到彻底的调查,并最终会得到有效的制止。人们会动用目前世界上所知的最强大的调查机器和最强大的辩论机器的全部力量来应付这种事件。这样在一两年内,美国公众就会以各种形式了解和认识到这种错误的存在。但在总统制下,由于辩论的力量较弱,美国人得到的信息极不全面。结果是,在有了近十年的痛苦经历之后,他们至今仍不明白他们因不可兑换的货币而遭受了多大的痛苦。

美国总统制政府在内战中管理其税收的方式是更明显的表明其弊端的例证。威尔士先生告诉我们说:

“起初,国会方面显然有着这样一种担心:由于人们从未适应过国内直接税的征收,且全然缺乏对这种税收进行评估和征收的机制,因此这种法律的通过可能会造成不和,并因此给已经存在的强烈敌对情绪火上加油。鉴于此,所有的直接税或国内税都被免征了。因而国会起先的举动只限于采取措施通过增加进口的间接
64 税以期财政收入的增加;只是直到实际敌对行动开始四个月以后,一笔每年 2000 万的直接税才摊到了各州的头上,并且对所有收入超过 800 美圆的部分征收百分之三的所得税得到了规定。第一个法案实际上是从其颁布之日起八个月后才生效,第二个是在十个月以后才生效。当然这些法律只在那些忠于联邦政府的诸州内生

效并立即施行,因而只得到了较少的收入。尽管征税范围不久就扩大了,但政府在战争的第二年从各种税源包括消费税、所得税、印花税及所有其他国内税所得不到4200万美圆,而这时政府每月的开支超过6000万美圆,或者说每年开支超过7亿美圆。有一件事耐人寻味,它足以表明整个直接税和国内税的问题对美国人来说是多么新鲜,且政府官员在这个方面的经验是多么的欠缺。财政部长在1863年的报告中说,为了确定他的税收资源,他雇用了一位非常能干的人在几个有实际经验的人帮助下对上一个年度从每一个国内税收部门收得的可能收入额进行评估。评估的数额是 65
8500万美圆,但实际收得的只有3700万美圆。”

无疑,这种情况在议会制政府下也会发生。但话说回来,许多议员加上议会中全部的反对派会积极地解决这个问题。他们会提出并阐释所有的财政原则。亮光将从上照下来,而不是从下往上照——它会从议会照到民众那里,而不是从民众照到议会。但发生在美国的情形则恰恰相反。威尔士先生接着说:

“然而,那些忠于联邦的人们在税收的问题上比他们的统治者更坚决和诚恳。对事情现状的普遍不满不久就公开地表现了出来。各地表达的意见是,应当立即且最大限度地使各种可能形式的税收变得有效且富有强制性。国会因此受到激励,正好利用公意来促成其行动,最终坚决而诚恳地设计且开始形成了这样一种国内直接税体系:其普遍程度和特色程度也许无论是到那时为止的文明史上所记载的还是此后人们所可能经历的任何事情都无法与它相比拟的。当时需要的是收入,而通过税收迅速而大量地获 66
得这种收入所依据的惟一公认的原则——如果它可以被称为原则

的话——有些类似传统上爱尔兰人在逛‘多尼布鲁克集市’(Donnybrook Fair)[①]时所遵循的原则:‘看见人头就打’。无论何地,一个物件、一种产品、一次交易、一种行业或一种收入来源被发现,征税!于是一项大旨如此的法令颁布了,且被民众欣然接受。收入低于5000美圆的,课税百分之五,其中的600美圆以及实付的房租免税。这个免税基点反映了当时一个小家庭为获得起码的生活必需品所需的一个额度。收入超过5000而不超过1万美圆的课税百分之二点五;超过1万美圆的课税百分之五,不得有任何形式的滞纳或减免。”

可以说,这种做法与议会制政府下所可能发生的情形相悖,其效果也没有那么好。在议会制下,延迟课税的事是不会发生的:为征得税收而由国家发起一场运动在这种体制下是没有必要的。由此而进行的过度课税是不会被允许的。最后一点我觉得无须详
67 论。恶税的弊端在任何时候都可能传到议会的耳朵里,那些不得不交税的人也肯定会对这种弊端有所风闻。美国施行的那种税制——对所有的东西都征税,就看这些东西能有什么产出——在一个对公共舆论能作出灵敏的快速敏感反应的政府下是不可能试行的。

对这些问题作了如此详尽的评述,我不想因此表示歉意。因为这个课题有着异乎寻常的重要性。一流国家对政府形式的实际选择就在总统制和议会制之间。如果不存在一个通过协商产生的

① 13世纪早期至19世纪中期,在爱尔兰多尼布鲁克举行的一种一年一度的集市,以酒色喧闹打斗著称。——译者

政府,那么任何国家都不可能成为一个一流的国家。而现存的政府类型只有这两个。一个不得不选择其政府形式的国家必须在这两个类型之间进行选择。因此,对二者进行比较,并依据事实和经验证据评判二者孰优孰劣就是至关重要的事情了。

1872 年 6 月 29 日

注:1876 年的总统选举结果更有力地印证了前述对美国宪法运行情况的批评。白芝浩先生在讨论最近进行的选举时,讲到我们总统产生方式的缺陷。其大意是:仅仅为达到选举总统的目的而使选举依赖于一次大规模的民众投票的做法是错误的。毫无疑问,这种大选的初衷是,选举团应是一个评议性的团体。但现在它已不再是一个这样的团体,而这是不可避免的。因为
将一个单一的问题付诸公众表决就会致使那些就该问题作出决定的代表们 68
不得不忠于选民的意志。能够使一个由民众选举产生的团体成为真正的评议性团体的惟一办法是,将一些重要程度不同的各种类型的问题交由它讨论,并让它自由地依其就其中任何一个问题进行讨论后所作出的决定作出选择。就进行这种类型的选举而言,由各州立法机构选举产生的参议院总能表现得更加慎重,且更具影响力。如果总统的选择由国会两院用通常的方式开会议决,依常例毫无疑问会选出更好的总统。这种方式还可以避免所有因一些偏远州的地方选举团体可能出现的暴力或腐败所导致的致使一场重要的选举无效的风险。——参看伦敦 1876 年 11 月 25 日《经济学家》。——美国版原注

二、内阁

69 穆勒先生说,“在所有重大的课题上,还有很多东西需要研究”。对英国宪法这个课题来说尤其如此。这方面积累起来的文献已汗牛充栋,但一个直面活生生的现实的观察者会对现实与书面描述之间的反差感到惊愕。他会在生活中看到很多书本上没有的东西。他还会发现,许多书本理论中雅致的东西在粗陋的实践中根本找不到。

因此,围绕英国宪法生长出一丛不相关观念的低矮树林就是自然的——也许是不可避免的。语言是各民族的传统,每一代人将他们所见到的东西记述下来,但他们所使用的语词是从过去传承下来的。像英国宪法这样一个巨大的实体虽然历经许多世代而保持着表面上的不变性,却隐含着内在的变化,而每一代人继承的
70 是一系列不适宜的文字——其中一些曾经是真实的格言,但其真实性正在消逝或已经消逝。就像一个人所属的家庭在他成年时仍不停地讲述一些基于他早年真确的观察所衍生的语汇,同样,在一部历史性宪法的全部实际活动中,它的一些课题仍然重复着一些由他们的父辈灌输的且在他们父辈时代是真实的语汇,而这些语汇现在已不再真实。或者说,如果我可以这么说的话,一部古老而处于不断变化中的宪法就像一位出于执着的钟情而仍然穿着他青

年时代流行的衣服的老汉：你在他身上所看到的没有什么不同，而你所没能看到的东西已经完全变了。

有两种关于英国宪法的说法已经产生了巨大的影响，但本身又是不能成立的。一种说法认为，英国宪法确立了这样一项英国政治制度原则，即在这种政制中，立法、行政和司法三权是截然分立的——其中每一种权力都被分别赋予一个或一群单独的个人——且其中每一种权力根本无法干预其他两种权力的运作。人们费了大量辩才以解释何以英国人即便在特别草昧的中世纪也能够用他们天然的禀赋将哲学家们对国家职能的精细划分带到生活和实践中，而这种职能的划分原本属于哲学家们纸上设计的东西，而且除了在纸上以外，他们几乎不奢望在别的地方看到这种东西。

其次，人们坚持认为，英国宪法独特的精妙之处在于其中所含的三权之间平衡的统一。人们说，君主制因素、贵族制因素和民主制因素分别享有最高主权中的一份，而这种主权的任何行动都必须经过所有这三者的同意。依据这种理论，国王、贵族和百姓不仅
构成宪法外在的形式，而且构成其内在的动因和生命力。在汗牛 71
充栋的政治文献中，一个被称为“制衡”的伟大理论无处不在，而这种理论的大部分来源于英国实践，或者说得到了英国实践的支持。人们说，君主制有某些毛病，某些不良倾向；贵族制有其他的一些毛病和不良倾向，民主制又有另外的毛病和不良倾向。但是英国的实践则表明可以建立这样一种政府，在这种政府中，这些不良倾向恰恰能够相互制约、平衡和抵消——在这种政府中，一个良好的整体不仅仅是建立在不回避三个组成部分抵消的缺陷基础上的，而且是建立在利用这些相互抵消的缺陷基础之上的。

相应地，人们相信英国宪法的主要特征并不适用于那些君主制和贵族制的质料并不具备的国家。英国宪法被认为是建立在对诸多政治因素所可能想像的最佳利用基础上的，这些政治因素是绝大多数现代欧洲国家从中世纪继承下来的。人们认为，从这些质料中不可能制造出比英国宪法更好的东西。不过人们也相信，英国宪法的基本部分也只能由这些质料构造而成。而这些因素只是特定时期和地区内偶然的产物；他们只属于人类历史上一两个世纪，且只属于一部分国家。美国不可能成为一个君主制国家，即便制宪会议规定了这种体制以及各州批准了这种体制。那种神秘
72 的崇敬之心，那种宗教般的忠诚之心，是构成地道的君主制的基础。这些理念层面的情感不是任何立法机构都能够在它辖下的民众中制造出来的。政治中的这些“半子女”式的情感承继方式恰如日常生活中真实的子女情感一样。不妨将日常生活中的父亲比做君主，属于君主的那种特殊情感就像属于父亲的特殊亲情那样，是不可能自愿“制造”出来的。如果英国宪法的实质性部分只能从奇妙的中世纪质料的积累中诞生，那么它所带来的利益一半将是历史性的，因而其可模仿性是有限的。

历经数世纪的发展，英国政制对各种各样的人群都有着广泛的影响。除非将这些政制分成两个类型，否则任何人都无法理解它们。这些政制包括两个部分（二者之间并不存在显微镜下精确的可分性，因为处理一些伟大事物的天才是不喜欢精确的区分的）：一部分具有激发和保留人们的崇敬之心的功能——即**富于尊严**的部分（the *dignified* part），如果我可以这样说的话；另一部分则是**富于效率**的部分（the *efficient* part）。每部宪法都有两个必须

达成的目标:先获得权威,然后运用权威。它必须先赢得人们的忠心和信心,然后在政治操作中利用这种崇敬之心。

的确有这么一些务实的人,他们拒不承认政制中富于尊严的方面。他们说,我们只想得到结果,只想做实事:宪法是一个为了
达到政治目的而采取的政治手段的汇聚物,如果你承认宪法的某 73
个部分不起作用,或者说它所能做的事情一个更简单的机器也能够做得同样好,那么你实际上是在承认宪法的这一部分不管它可能多么富于尊严或多么令人生厌,实际上是没有什么用的。其他争论者则不相信这种朴素的哲学。他们提出了一些精致的论点以证明政制中富于尊严的部分是基本制度中主要的组成部分,是具有重大价值的中枢。于是他们提出了一些谬论,而这些谬论已经被那些浅显的说理者完全揭穿。然而这两种说法都是不对的。政制中富于尊严的部分给予政府力量——使它获得了动力。政制中富于效率的那部分只是使用了这种力量。政府中体面的部分是必须的,因为其主要力量就建立在这部分的基础之上。就做某件确定的事情而言,它们不一定比一个更简单的政体做得更好;但是它们却是所有工作赖以完成的必要前提。它们养兵,尽管它们不一定打胜仗。

无疑,如果同一个政府的各个部分只考虑那些对它们有益的东西,且它们都认为某个同样的东西有益,且都认为这个东西可以用同一方式获得,那么,有了政体中有效率的那部分就足够了,而无须其他任何显眼的附属物。但是,我们生活于其中的这个世界的组织方式远远不是这样的。

最奇怪的尽管也是本质上最肯定的事实是,人类的发展是不

平衡的。如果我们回溯人类历史的早期时代，正如我们似乎从荒
74 漠的远古所看到的那些景象——那些居住在湖畔或海畔村庄中的可怜部落，它们连最基本的物质必需品都得不到，用石器工具缓慢而费劲地砍树，无力抵御巨大凶猛野兽的袭击——没有文化，没有休闲，没有诗艺，几乎没有思想，没有道德，只有某种宗教迷幻。如果我们拿现在欧洲的实际生活与之比较的话，我们会在巨大的反差面前不知所措——我们几乎难以想像我们和这些远古人类竟属同一个种类。过去曾有这样一个观念——这个观念与其说是被人们广泛地主张着，不如说是深深地根植在人们的内心里；与其说是显见于通常的政治哲学中，不如说是潜存于大众的心理中——即在不久以后，或许十年左右以后，所有人类可能会走到同一个水平上。然而，当我们从人类痛苦的历史中明白我们于何处起步，如何通过缓慢的劳作，利用有利的条件和一些不断积累的成就，文明人才在某种程度上可堪称其为人——当我们意识到历史过程的枯燥和历史结果的艰辛——那么我们关于人类漫长和积渐进步步伐的观念就会得到加强。在英国这样的一个大社群中，我们还有成群的人并不比两千年前的多数人更开化；我们还有其他的一些数量更多的人群，他们就像两千年以来最开化的人们那样。那些中下层人，如果用那些受过教育的“万把人”的标准来衡量的话，仍然不过是些心胸狭窄、愚昧无知和俗不可耐的人。堆砌一些抽象的
75 辞藻是无益的。那些持怀疑态度的人应该走进他们的厨房。让一个有成就的人尝试一下——将一些在他自己看来是最明显的、最确定的和最显见的知识事项在仆人的身上考问一下，他会发现他所说的东西似乎是不可理解、混乱不堪和错误百出的——当他说

出自己思想领域里的最单调的陈词滥调时，他的听众却觉得他是发疯了。大社群就像大山一样——其中包含着人类进步的初级、二级和第三级的级层；低层的特点就像历史早期的生活，而不像高层的现代生活。而一种哲学如果经常忘记或不断地回避不同部分之间存在的显而易见的区别，就会成为一种极端错误的理论，因为它忽略了一个主要的现实。这种理论会造成一种根本的误导，因为它会引导人们期望一些并不存在的东西，又不期望他们将会发现的东西。

所有的人都明白这些浅显的事实，但并不是每一个人都追踪了它们的政治重要性。当一个国家采用了这种政制时，并不是所有低层的人都会沉溺于体制中有益的那部分。相反，他们不喜欢任何如此贫乏的东西。任何演讲者都不会因为迎合人们简单的物质需求而给人留下印象，除非他声称这些需求是由某个人的专制造成的。但是成千上万的人通过鼓吹某种朦胧的光荣梦想而给人留下了极为深刻的印象。比较粗俗的那类人宁可牺牲掉他们自身
所有的东西以追求某种叫做理念的东西　　以追求某种似乎能超 76
越现实的有吸引力的东西，这种东西旨在通过形成一种比日常生活中的利益更高雅、更深厚和更广泛的利益方式拔高人类。这一阶层的人对政府所提出的那些显而易见的目标不感兴趣，他们不看重这些目标，丝毫不在乎这些目标是如何达到的。因此，政府结构中最有益的部分自然决不是能够引起人们最深敬意的那些部分。最容易引起人们敬意的因素是那些“理论”因素——那些能够取悦于人们的感官，且声称构成人类最伟大理想的象征因素；那些在有些情形下鼓吹一些远远超越人类经验的东西的因素。任何

主张神乎其神的东西,或其行为方式是超自然的东西,或耀眼的东西,或一时栩栩如生但转瞬便无影无踪的东西,或隐或现、似是而非的东西,但在表面上又有趣、可见的东西,且声称其结果更是触目可见的东西——所有这些东西,不管其形式如何千变万化,不管我们如何加以界定和描述,就是普通大众所亲近的东西。因此,我们说,一部宪法中富于尊严的部分远远不一定是最有用的部分。据外在的推论,它们极难能成为最有用的部分,因为它们有可能迎合社会底层的愿望——那些对有用的东西极不在乎且极易产生怨愤的阶层的愿望。

对于像英国宪法这样一部古老的宪法而言,还有一个理由同
77 样重要。那些最有知识的人常常受到他们所熟悉环境的促动,就像他们常受到他们自己意志的促动一样。人的积极自发的一面是非常有限的,而且如果这一面不被一种昏昏欲睡的习惯所取代的话,其结果将等于零。我们不可能在每天做我们不得不做的所有事情时都动自己的脑筋。那样我们就会一无所成,因为为取得寸尺之功而进行的区区尝试将会耗费掉我们全部的精力。还有,一个人会沿着一个正常的轨道朝一个方向走,而另一个人沿着另一个轨道走。于是,当危机来临,因而要求一种群体的合力时,没有任何两个人会靠得够近,以便协同行动。引导多数人行事的是那种波澜不惊的人类传统习惯。这种习惯也是每一个新艺术家必须勾画他所要描画的图景的稳定框架。而人类本性中全部传统的这一面最终又最容易受到那些从历史上传承下来的东西的影响。在同等条件下,昨天的制度远远是最适合于今天的——它们最现成、最有影响、最易于受到人们的遵从、最可能获得人们的尊敬,这种

尊敬是他们单独继承的,且是所有其他制度都必须获得的。人类最堂皇的制度是那些最古老的制度。现代世界是如此多变,其需求是如此波动,其最佳工具在保持外在的力量同时又是如此容易丧失内在的力量,以致我们不能期望那些最古老的制度在今天是最有效验的。我们必须期望那种值得尊敬的东西因其内在的尊严而获得的影响力;但我们不能指望它会如此有效地发挥这种影响力,以致能够像新建的制度那样适合于现代世界,充满着现代精神,贴近现代生活。 78

对英国宪法典型优点的简单描述是,它的富于尊严的部分是非常复杂且有点堂皇的,是非常古老且颇受尊重的;而它的富于效率的部分是绝对简单而颇为现代的,至少在盛大场合和关键时候是如此。我们已经制定了或者说已经撞上了一部宪法。这部宪法尽管充满着各种各样的附带缺陷,尽管就其对世界上任何一部宪法所涉及的一些异常事项的规定而言,其做工是最粗糙的,但是它有两个主要优点:它包含一个简单有效的部分,这个部分有时候,以及在需要的时候,操作起来能够比迄今为止人们已经尝试过的任何政治工具都更简单、更容易和更有效;它同时包含着历史的、复杂的、庄严的和理论的部分,这部分是它从悠久的历史中继承下来的——这部分征服了普通大众——它通过施加一种缓慢但无处不在的影响的方式引导着其辖下臣民的行动。它的本质因其拥有现代式的简单性所带来的力量而显得孔武有力;它的外观则因其拥有一个更堂皇的时代所显示的哥特式的庄严性而显得富丽堂皇。它的简单本质可以在不拘细节(***mutatis mutandis***)的条件下被移植到许多不同的国家,而能够接受它的庄严外表——多数人

认为这种庄严是外在的——却严格限于那些拥有相同历史和类似政治资源的国家。

英国宪法的有效秘密可以说是在于行政权和立法权之间的紧密联合,一种几乎完全的融合。无疑,存在于所有书本上的传统理论认为,我们的宪法好处在于立法权和行政权的彻底分离。但事实上,它的优点恰在于二者之间的奇妙结合。其连接点就是“内
79 阁”。这是一个新词汇,意即一个被立法机构选以充任行政机构的委员会。立法机构设有许多委员会,而这个委员会是最强大的。它为这个主要的委员会挑选了它最信任的人。诚然,它并不是直接地选出了这些人,但在间接选举这些人时,它几乎是全能的。一个世纪以前,王室真实地行使了选择大臣的权力,尽管它不再拥有选择政策的权力。在 R. 沃尔波爵士[①]的长期统治期间,他不仅要管理议会,而且要管理王室。他不得不小心谨慎,以免某个宫廷阴谋将其逐出宫外。那时,国民们选择着英国的政策,而王室选择着英国大臣。这些大臣不仅名义上(如现在的情形),而且实际上就是女王的仆人。这项巨大特权的遗存现象——重要的遗存——依然存在。威廉四世[②]的偏爱使墨尔本勋爵(Lord Melbourne)成为了辉格党党魁,而此时他不过是几个政治对手中的一个。当帕麦斯顿勋爵辞世时,当时的女王很可能有机会从两个(如果说不是三个的话)政治家中作出选择。但是,作为一个惯例,名义上的首

① 沃尔波爵士(Robert Walpole,1676—1745),辉格党领袖,历任陆军大臣和财政大臣(1715—1717,1721—1742)。从 1721 年起,他成了政府的实际领导人。英国的内阁制在他任内正式形成。——译者

② 1830—1837 年在位的英国国王。——译者

相是由立法机构选出的，且真正的首相——下院领袖——几乎毫无例外地都是由立法机构产生的。几乎总有某个人是明白无误地由立法机构中主要议院中的主要政党选任以充当该党领袖，并最 80
终治理整个国家的。在英国，我们有一个经选举产生的第一执政官，恰如美国有这样一个执政官一样。女王不过是处于宪法中富于尊严部分的首位，首相则处于其富于效率部分的首位。俗话说，国王是“荣誉的源泉”，而财政是商务之源泉。不过，我们的第一执政有别于美国第一执政。他不是由民众直接选举产生的，而只是由民众选出的代表选举产生的。他是典型的“双选”的结果。本来立法机构在名义上是选出来进行立法的，而事实上它却发现它的主要事务是选任并保任一个行政长官。

如此选定的首相得选择他的同僚。不过他只是在一个特定的圈子中进行选择。议会中多数人的职位本身决定了他们不能应邀入阁，而另外一些人的职位则决定他们注定会受到邀请。在他必须邀请入阁的强制性名单和他不得邀请入阁的不可能名单之间，首相在组阁方面的独立选择空间不是很大的。这种选择空间可延伸到内阁职位的划分，而不是内阁大臣的选择。关于谁将占据首要职位的问题，国会和民众早已安排妥当，但是他们却不能以同样的精确性分辨出哪个人将占据那个位置。当然，首相的官职授予权是一项很大的权力，尽管这种权力的行使要受到严格而强制的限制——尽管从理论上说或者从远距离看它远不如它看起来那么 81
大。

总而言之，内阁是一个由立法机构从它信任和熟悉的人中选定的控制委员会，其任务是治理国家。英国大臣选任的特别方式，在任何政治意义上他们是女王的仆人的说法以及在立法机构中选定内阁成员的限制性规则,这些都是对内阁的定义不起决定作用的偶然事物——可与它的本质相分离的历史偶然事件的产物。它的本质特征是,它应该由立法机构从它熟识和信任的人中选定。自然,这些人主要是立法机构自己的成员——但不必绝对如此。一个包含不属于立法机构成员的内阁也可能履行所有有益的职责。的确,那些构成现代内阁重要成分的贵族们如今不过是一个次要议院的成员。贵族院现在仍然行使着几种有益的职权,但其决定性影响力——决定性职权——已经转移到了我们仍按旧时的说法称之为下院的手里。下院尽管在富于尊严的制度层面上是低一级的,但在有效率的制度层面上却是处于优越地位的。在现时代,贵族院的一个主要优势当然在于它扮演了一个内阁成员储备地的角色。除非下院的组成结构得到改善,或者说除非要求内阁成员必须是议会议员的规则出现了松动,否则的话,如果没有贵
82 族,人们就难以找到充足的内阁主要大臣的来源。不过,内阁构成的具体细节及其精确的选任方法不是我们现在讨论的主题。首先和主要需要考虑的是给内阁下一个定义。我们无须让那些不可分割的偶然事物把自己弄得稀里糊涂以后才明白事情的必然本质。内阁是一个混合的委员会——一个起连接作用的"连字号",一个起紧扣作用的"扣子",而被连接和紧扣的是国家的立法部分和行政部分。从它的起源上讲,它属于这一部分;而从其所起的作用上讲,它又属于另一部分。

内阁最不可琢磨的一点是,关于它人们所知极少。内阁会议不仅在理论上而且在实际上都是秘密进行的。当今的实践表明,

所有通常举行的会议都没有官方记录。甚至私下的记录也不被提倡和认可。下议院即便在其最喜欢追问和最动荡的时刻，通常也很少允许人们当庭阅读内阁会议笔录。任何尊重政治实践中基本惯例的大臣都不会试图阅读这种笔录。这个连接立法权与执法权的委员会——由于此种连接，只要它持续运作且连成一体，它就是国家最强力的机构——竟是完全秘密的委员会。从来没有人对它进行过既生动又真实的记录。有时人们说它像一个颇有些嘈杂的董事会，里面说者多而听者少——尽管没有人知道究竟说了些什么。①

但是，尽管内阁是一个立法机构的委员会，它却拥有这样一种
权力，这种权力人们是不会劝说以赋予其他任何委员会的——除 83
非出于历史的偶然且在经历了令人愉悦的经验以后。它是一个可以将产生它的议会予以解散的委员会，是一个拥有搁置性否决权的委员会——一个拥有申诉权的委员会。尽管它是由一个议院任命的，但如果它愿意的话它可以向另一个议院申诉。诚然，从理论上讲，解散议会的权力只有国王才能行使；而且，有迹象使人们怀疑，当内阁请求国王解散议会时，国王是否在所有情形下都必须解散它。但是，忽略这些微小而可疑的例外情形不计，我们可以说，由一届下院选出的内阁有向下一届下院申诉的权利。立法机构的

① 据说在一次内阁会议——这次会议同意对谷物征收一种固定税——快开完时，墨尔本勋爵背靠着门说：“现在说清楚，到底是降低谷物价格，还是提高它？我们怎么说并不重要，不过请注意，我们必须众口一词”。这是我所听到的关于内阁的最生动的故事。但我不能肯定其真实性。墨尔本勋爵是一个人们喜欢编他的故事的人物。——原注

这个主要委员会有权解散该机构的主要部分——在危机时刻作为最高立法者的那部分。因此可以说,英国的体制不属于立法机构对行政机构的吸收,而是二者的融合。要么内阁立法和行政,否则的话它可以行使解散权。它是一个被创造物,但是它有权毁掉它的创造者。它既是一个由立法机构任命的行政体,又是一个可以消灭立法机构的行政体。它是被造的,但它可以破坏;从起源上讲
84 它是派生的,但在行动中它却具有毁灭性。

在那些思考不深入的人看来,立法和行政功能的这种融合要想成为英国宪法潜藏本质和有效秘密似乎不过是一件单调和微不足道的事情。但是,只要我们看一看它的一些主要效果,并将它径直与它的强力对手比较,这个对手在世界历史演进过程中似乎有可能胜过它,除非人们小心对待此事。这个对手就是总统制。其特征是,总统由民众通过一个程序选出,而众议院又是通过另一个程序选出的。总统制的特性是立法权和行政权相互间的独立,恰如二者的融合构成内阁制政府的精确原则一样。

首先比较二者在和平时期的情况。开化时代的实质是,行政部门需要立法部门给予不断的立法协助。一个主要且必要类型的立法即税收征管法。开化时代的政府开支是在不断变化的。只要政府行使它的职能,它的开支就会是多种多样的。英国政府的各种预算包括各种不可避免的不断变化的条目。教育、狱政、艺术、科学以及成百上千的内务应急事项在某个年度需要更多的钱,而在另一个年度则需要较少。国防开支——海军和军事预算——在受到攻击的危险似乎或多或少比较迫近时,或者当抵挡这种危险

的手段变得或多或少比较昂贵时，就会出现更大的变化。如果那些不得不履行这些职责的人同时不是不得不进行立法的人，那么 85
两班人马之间必定会发生争吵。征税者必定和需税者争吵。行政机构因得不到它所需要的立法而瘫痪，而立法机构则因无须对自己的行为担负责任而在道义上被败坏；行政机构由于不能执行它已决定的事项而变得名不副实，立法机构则因自行其是、作出让他人（而不是它自身）承担责任的决定而变得缺乏道义感。

在美国，人们普遍感受到了这种难处。因此，在其立法和行政机构之间已形成了某种半牵连的关系。当联邦政府的财政部长需要征收某种税收时，他会就此与国会财经委员会主席进行协商。他自己不能走进国会提出他所需要的东西，而只能写信并将信寄出。不过他会设法找到财经委员会中某个认同他所需要的税收的主席；通过这位主席他会设法劝说该委员会推荐此种税收；通过该委员会他会促使国会通过该税案。只是这种交流的链条容易被经常打断。它可能在一个幸运的场合足以促成某个单个税种的征收，但要想促成一次复杂的预算它就无能为力了——我们还不说在战时或发生叛乱时，我们目前只比较内阁制和总统制在和平时期的情景，充其量在财政困难时的情景。两个精明人在编制预算时从不会意见完全一致。在当今的实践中，我们常看到这样的情形：一位印度财政大臣在加尔各答讲谈英国财政问题，而一位英国财政大臣在英国讲谈印度财政问题，他们讲谈的数目从来不一致，
关于财政政策的观点也鲜有相同。由此引起的一场怒气冲天的争 86
吵已经使世界忍俊不禁，而其他同样有趣的争吵也许就隐藏在汗

牛充栋的我们英印交往关系档案库中。

不过像这样的某种关系必须存在于立法机构中财政委员会首领和行政机构中财政大臣之间。① 他们肯定会争吵,而其结果却不能使任何一方满意。当税则没像人们期望的那样出台时,责任由谁承担呢?极有可能财政部长不能说服委员会主席,委员会主席又说服不了他的委员会,而委员会又说服不了立法机构。然后你将追究谁的责任呢?当你的税款已用完的时候,你将取缔谁呢?除了立法机构以外,你找不到其他的任何人。而立法机构是一个庞大的由各种各样的人组成的机构——一个难以进行惩罚,但又恰恰是实施惩罚的机构。

在文明时代,并不仅仅是行政机构中的财政部门需要便利性立法的恒久支持和伴随。所有的行政机关都是如此。在英国,内阁在重要的场合可以以内阁辞职或解散议会相要挟,以迫使议会通过立法。但在总统制国家,这两种办法一个也不能用。在这种国家,立法机构不能由作为行政机构的政府予以解散,辞职也不对
87 它构成压力,因为它无须寻找继任者。于是,当出现意见分歧时,立法机构被迫与行政机构争斗;反过来也一样,行政机构被迫与立法机构争斗。极有可能他们各执一词,互不相让。② 诚然,存在着这样一种状态,在这种状态中,上述描画尽管仍然接近于真实,但

① 值得注意的是,即便是在短暂的邦联政府时期,这些弊端已经清晰地凸显出来了。里士满议会的几乎最后一件事就是有人向杰斐逊·戴维斯发出了一封怒气冲天的有关财政问题的邮件。——原注

② 我将这一段文字原封不动地予以保留,其后林肯先生被暗杀,而人们都说约翰逊先生将会对南方充满敌意。——原注

并不一定完全真实。这种状态是:不存在值得争斗的东西。在内乱爆发前的美国,由于与其他国家相距甚远,以及美国有着优越的经济条件,值得争论的大话题是非常少的。但是如果美国政府让过去三十年内的立法机构来进行检验的话,立法和行政两种权力——二者之间的持续合作构成善政的基础——之间行动的不协调性就会更清楚地显露出来。

这还不是最糟糕的。内阁制政府教育着国家,总统制政府则不,而且还有可能使国家腐化。已有人说,英国人发明了"女王陛下的反对派"这个短语;还说这样一种政制——它使人们对政府的批评就像政府本身一样成为了这种政制的一部分——是具有首创性的。这种批评的反对派是内阁制政府的结果。立法机构就意味着盛大的辩论场景、强力的民众指引和政治争论的机器。显要政治家在那里所做的演讲和重要政治联盟在那里掀起的政党运动 88
是迄今为止人们所知道的唤起民众、启蒙民众和教育民众的最佳方式。内阁制确保了此种辩论,因为它使此种辩论成为了政治家们为了将来而宣传自己以及在现政府中证明自己的途径。它使渴望发言的人走到前台,并给予他们发言的机会。内阁制的决定性结局是,经过精彩辩论以后形成重要的政治分野。一切值得言说的东西,一切应该说出的东西,肯定都会被人们说出。有责任感的人认为他们应该说服他人,自私的人认为他们可以将自己的意志强加于他人。国民们被迫听取两个方面(或许所有方面)关于他们所关心的那些事情的意见。而且他们是喜欢听取意见的,因为他们渴望了解国事。人的天性蔑视那种毫无结果的冗长论说——那种对于显而易见的事情不揭示其内涵的抽象言说。但所有的人

都关注重大的结果，而政府的更换就是一种重大的结果。这种更换能衍生多种后果，它影响着社会——它给许多人希望，也使很多人失望。它是一种引人关注的事件，这种事件因其重要性和情节剧式的效果而给人留下极深的印象。这种辩论以及辩论过后所形成的这种结果——或者说可能有这种结果——肯定会被人们听取，且深深嵌入国民们的心中。

即便在那些最大、最好的实行总统制的北美诸州游历过的人也已经发现，这个国家“并不特别热衷于政治”，其国民并未像英
89 国人那样形成一种公共舆论。许多急切的作家都将这个缺陷归因于“扬基种族”(Yankee race)，即英美民族的个性。但是就英国人而言，如果他们没有关注政治的动机，他们当然不会关注政治。目前，他们的确有理由予以关注。在决定性的危机面前，他们不袖手旁观。政府的去留是通过辩论以及国会中党派分野来决定的。而议会外面的舆论，社会中无处不在的无声倾向对这种分野有着极大的影响。国民们感到他们的判断是重要的，因而他们就努力形成自己的判断。他们成功地作出决策，因为那些辩论和讨论为他们提供了事实和论据。而在总统制政府下面，国民们除了在大选时刻以外，不能形成任何影响；他们面前没有投票箱，他们的德行已经失去，只得等待专制的时刻重新来临。没有人激励他们形成一种舆论，像内阁制政府下国民的情形那样。他们也不像后者那样受到了教育。诚然在立法机构中存在着辩论，但它们只是序幕而没有剧情。它们是没有结果的——它们不能让政府出局。权力的奖赏不在立法机构的馈赠之中，且没有人把立法机构当回事。行政机关作为权力和地位的中心是不可动摇的，它不可能以任何

方式被更换。[1] 已经启迪我们国民。心智的教育机器——它为我们的政治决议提供了准备，为我们的舆论提供了雏形——在这里并不存在。没有任何总统制国家需要形成日常的精微舆论，也没 90
有任何东西帮助它们形成这种舆论。

也许有人会说，报纸上的讨论将会弥补政制上的缺失；特别是对于一个喜欢阅读的民族来说，总统制下的政府行为会受到内阁制政府一样仔细的监视，而国民关于这个问题的意见也会一样经常不断和精确，并被认真考虑。但是，让立法机构陷入窘境的难局同样会让报界陷入窘境。它无法施展拳脚。它不能改换行政当局。行政机构被选定以后是有多少年多少年任期的，因此它就必须任期多少年多少年。人们不禁要问，像美国人这样一个富有文化素养的民族——一个比迄今为止世界上生存过的任何其他民族都阅读得更多且阅读了这么多报纸的民族——阅读的竟然是如此低劣的报纸。这些报纸比不上英国报纸，因为它们不具备与英国报纸同样好的动机。在我们所说的政治“危机”期间，即当一个行政当局的命运摇摆不定时，当它依赖一些票数却仍悬而未决时，依赖一种犹豫不决且欲改变方向的舆论时，各大报刊上发表的有影响的文章就变得极有分量。《泰晤士报》就炮制了许多内阁。当

① 本书作者这里对总统制政府下美国国情和民情的言述似乎带有一些偏见。事实上，美国宪法规定，美国总统、副总统因叛国、收受贿赂或其他重罪被弹劾而判罪者，均应免职。实践中也不乏总统被弹劾的先例。1974 年“水门事件”中，尼克松就因畏惧已经启动的对他的弹劾程序而主动去职。美国政制的特点是国家立法、行政和司法三权之间存在着一种在分立基础之上的相互制衡，而英国政制的特点是“议会至上”，而不存在三权之间的制衡。两种政制是否存在一个孰优孰劣的问题似乎难有定论，但白芝浩这里显然在厚此而薄彼。——译者

议会中出现了长期持续的分裂，政府缺少“粗野无文的投票权”，因而倚赖智识的力量时（就像近来发生的事情一样），最有影响的
91 英国舆论机关的支持就是至关重要的了。如果一家华盛顿报纸可以将林肯先生赶下台，那么华盛顿其他报纸上就会出现耐人寻味的文章和评论。但华盛顿的报纸不能撤换处于任期内的总统，就像《泰晤士报》不能撤换一位任期内的贵族市长一样。没有人会关注议会中那些“不会有任何结果的辩论”，也没有人阅读那些对事件没有影响的冗长文章。美国人瞟一眼新闻头条，就把报纸扔了。他们并不进行讨论，他们并不想进行一场没有用处的讨论。

总统制下立法和行政机构之间的分离会导致立法权的削弱，在讲明这一点以后又说这种分离也削弱了行政权似乎就有些自相矛盾了。但这不是自相矛盾。这种分离削弱了全部的政府力量——全部的指挥权力。因此，它削弱它的两个部分。行政机构的削弱是显而易见的。在英国，一个强大的内阁在所有有利于其行政的行为方面都能得到立法机构的赞同。可以说，他自身就是立法机构。但总统会受制于国会。每一个立法机构的成员的自然倾向是表明他们的立场。他们希望让那些值得称赞或者值得谴责的愿望得到满足；希望提出一些他们认为最有利于公共福利的措施；希望在重大事件中人们都能感受到他们的意志。所有这些混合的动机使他们对行政机构持反对态度。如果他们给予支持的话，他们具体表达的是他人的目的；如果他们进行攻击的话，他们就是
92 在提出自己的意愿。击败对手，他们就是老大；支持对手，他们就成了从属物。美国行政机构的弱点在同盟叛乱之前曾是众多文章的主题。在没有强制性舆论进行制约时，国会以及国会中的诸委员会

当然会对行政机构造成妨碍。总统制不仅使立法权成了行政权的对手,从而削弱了行政权,而且通过破坏它的内在质料的方式削弱了它。内阁是由立法机构选举产生的,而当立法机构由合适的人选组成时,这种选举行政机构的模式是最理想的。这是一种二次性选举的情形,只有在这种条件下,二次选举比初次选举更有意义。一般来说,在一个实行竞选的国家(我指的是一个充满政治生机,且习惯于使用公共机构的国家),选出一批候选人以便再让他们选出一批候选人,这种选举是一种滑稽剧。美国的选举团[1]就是这样。设立选举团的本意是使集合在一起的代表们行使起真正的决定权,并通过独立的选择选举产生总统。但是初次选举人兴趣太浓,他们只选出那些将给林肯先生或者布列肯尼奇先生投票的代表,而被选出的代表则只拿一张选票,把它投到投票箱里。他从不挑选或考虑挑选。他不过是一个送信人——一个传递者——真正的挑选者是那些选出他的人,因为他们知道他将做些什么。

诚然,英国下院也会受到同样的影响。下院议员的当选与其说是出于纯粹的立法目的,不如说是因为他们将会给某个特定的
内阁投票。不过还是存在着重要的区别:下院的职能是重要的且 93
是经常履行的。它不像美国的选举团那样在选出它的统治者以后就与他分离开来,而是不时地进行监督、立法、选择或改换内阁。于是它就成了一个真正的选举团体。1857 年的议会比近年任何其他几届议会更像一个为了支持某个特定的首相而被选出的议

① 美国选举团(Electorial College)是选举产生美国总统的团体,其成员由选民直接选出,其名额与各州应选出的两院议员总名额相等。由选举团选举产生总统就是"二次性选举"。——译者

会——用美国人可能的话说，是用“帕麦斯顿选票”选出的。这届议会成立不到两年就把帕麦斯顿赶下了台。虽然是为了维护某个特定内阁的利益而被选出，但事实上它最终毁了那届内阁。

一个良好的议会也是一个首要的选择机构。如果它适合于为一个国家制定法律，那么它的大多数应该代表该国一般的平均知识水平。它的各色成员应该代表该国社会中各种特别利益、特别观点和特别偏见。每一个特定的阶层都应该有其代表，以及一个庞大的不代表任何阶层的中立团体（同质而公正的团体，如国民本身）。这样一个团体，如果可能出现的话，是所有可以想像的东西中最好的行政机构选择者。它充满政治活力，贴近政治生活；对于那些按原样带到它门口的诸多事务，它感受得到它的责任；它所拥有的智慧恰好与该社会碰巧包含的智慧一样多。它就是美国由被挑选出来的人组成的选举团——当年华盛顿和汉密尔顿所设法创建的东西。

欣赏这个团体优势的最好办法就是看一看它的替代物。竞争
94 中的全体选民就是国民本身。从理论和经验上说，除了在罕见的情形下以外，他们都是不好的。林肯先生在进行第二次总统竞选时，由于是在所有联邦诸州都同心同德地走向一个目标时当选的，因此结果又被一个实际上行使着选择权的全体国民自动地再次选出。他体现的是所有的人都热衷的一个目标。不过这几乎是惟一的一次可以说得很多的总统选举。在几乎所有其他情形下，总统是由政党秘密选举会议机制（a machinery of caucuses）以及复杂得难以让人全然知晓的混合机制选出来的。而这种选举方式人们又很熟悉，因此无须赘述。他不是国民选择的结果，而是幕后操纵者

选择的结果。在和平时期，一个数量非常庞大的选民群体是选举管理制度的必要的、几乎是合法的主体：一个人除非他作为某个庞大组织的一部分而进行投票，否则的话，他不可能意识到他不是在乱投选票；而如果他是作为这个组织的一部分在投票，那么他就放弃了他自身的选举功能以支持该组织的管理者。全体国民即便是按自己的意愿进行选择，在某种程度上也是一个非熟练的团体；然而当它不按照自己的意愿进行选择，而只是按照一些潜在的鼓动家所希望的那样进行选择，那么它就像一个有着巨大的身躯却有着一个狭隘、邪恶心胸的懒汉——它迈着沉重的步伐缓慢地往前走，但它是在一个邪恶意愿的驱使下向前行进的。“它没有什么分量，但它所有的那点分量却是邪恶的分量”。

而且，由于整个国家的选择能力比不上议会的选择能力，因此前者所能选出的人就要差劲些。上个世纪的美国立法者一直因未能允许总统下面的各部部长成为立法机构的成员而广受责备。但是，就他们目前所要达到的特定目标而言，他们是看得清清楚楚的，且是明智决断的。他们希望将“立法部门和行政部门绝对分 95
离开来”；他们相信这种分立是一部良好宪法的基础；他们认为这种分立存在于英国宪法中，而他们中最富有智慧的人就认为英国宪法是最好的宪法。因而，为了有效地保持这种分立，将总统辖下的各部部长排斥在立法机构之外就是必要的。如果不是如此，他们就会架空总统本人。立法机构是贪婪而觊觎成性的。它要尽可能多地攫取，而尽可能少地让步。其成员的情欲就是它的统治者。它的立法功能——最全面的帝国功能——是它的工具；如果可能的话，他们会将行政机构据为己有。用其自己的目标来检验的话，

美国的开国者们将行政部长与国会分开的制度设计是明智的。

不过，尽管这种排斥在总统制政府下是必须的，但它并不因此而构成小恶。它导致了公共生活的堕落。除非一个立法成员对某种超越言语的东西感到肯定，除非他受到行动的希望的驱动，并受到承担责任的机会的锤炼，否则，一个一流的人才不会愿意占据这个位置，即便占了这个位置也不愿意有太多的作为。归属于一个依附行政机构的辩论性社会（而这是对总统制政制下的国会的完
96 全合适的表述）不是一个能够激起崇高抱负的目标，而是一种鼓励怠惰的立场。那些被机关排除在外的国会议员永远不能与那些没有被机关排除在外的国会议员相比拟，更遑论相同埒。总统制政府从本性上讲将政治生活分成了两个部分，即行政部分和立法部分。此种区分使其中任何一部分都不值得一个人去追求——值得他将它当作一种长久的职业，值得人们像内阁制政府那样全身心投入其中。总统制下可供国民挑选的政治家远逊于内阁制下的那些候选人，同时总统制下的选举机器也远不像内阁制下的那样明察秋毫。

所有这些差别在关键时刻就显得更加重要，因为此时政府本身更重要。一种已经形成的舆论，一个受尊重、有能力和守纪律的立法机构，一个精选出来的行政机构，一个互相合作而不是互相拆台的议会和政府，在重大事情来临时就显得更加重要——此时有更多的事情要做。此外，议会制或内阁制政体在非常危急时刻能够体现出某种额外和特别的优势。它具有我们可称之为适合于处理极端紧急事件的权力储备。

大众政府的原则是，最高权力即政治事项的决定性权力掌握

在人民手里——不一定在全体人民手里，或者多数人手里，而是在一批被选定的人手里，即一些经过挑选的人手里。英国的情形是如此，所有自由国家都是如此。在内阁制下，当面临突然的紧急情况时，这些人为了应付时局可以选择一个统治者。很有可能这个被选出的人事前不是当政者。这时，应付深重危机所需的高贵品质、超强魄力、过人精力和敢为人先的性格在平时并不被人强求——反而是障碍。利物浦勋爵在日常政治生活中要比查顿好；路易·菲利普比拿破仑好。在我们所处的世界格局中，我们在面临突然出现的严重社会风潮时经常想变换掌舵人——用驾驭风浪的领航人代替风平浪静时的领航人。在英国，自从我们的宪政趋于成熟以来，很少出现这样的社会灾难，以致我们很难体会到我们这种潜在优势。我们无须用一个加富尔[①]来主宰一场革命——让一个高居所有人之上，能应付大场面的代表性人物，用自然的合法方式走上前台行使治权。不过，即便在英国，在我们近些年经历过的某个可以称之为最接近于重大突发事变——克里米亚危局——中，我们使用了这种内在的权力。我们赶走了阿伯丁内阁，而这个内阁也许是自我们实施《改革法》以来所见到的最有能力的一届内阁——除了它不得不面对的那个事件外，其他任何类型的危局它都可以应付裕如。它富于冷静的审慎，惟一缺少的就是某种“魔鬼的品质”。于是我们就选择了一个具有当时所需要的那种优点的政治家，当他感到背后有稳定的英国政权为他撑腰时，他可 97

① 加富尔(Camillo Benso Cavour,1810—1861),1861 年意大利统一后意大利王国首相,是意大利统一的功臣。——译者

98 以义无反顾的向前迈进,并毫不拘束的进行反击。就像当时人们所说的,"我们赶走了贵格派(the Quakers)①,而换上了拳击师"。

但在总统制下,人们就不能作出这样的事情来。美国政府自称为享有最高主权的人民政府,但是在突发性危机面前,即在一个最需要主权决断的时候,人们找不到拥有主权的人们。国会一经选举产生便有一个固定的任期,人们无法对它快速推进或予以延迟;总统一经选定也有固定的任期,而在他任期内,人们是无法动他的。所有的安排都有铁定的时间性,一切都是严格的、特定的、有天数的,而缺乏某种弹性因素。无论发生什么事,你既不能加快也不能延缓它的进程。你事先已经预定了政府,不管它是不是适合你,不管它干得好还是干得坏,不管它是不是你想要的,在法律上你都得保留它。在一个有着复杂的外交关系的国家,多半会发生这样的事:每一场战争的头一年和最关键的一年是在一个平和的行政首脑领导下度过的,而和平年代的头几年和最关键的几年又是在一个战时行政首脑的领导下度过的。在每一种情形下,过渡时期将会不可避免地由这样一个人治理:人们选他不是因为他将要采用什么,而是因为他将要改变什么——因为他将要放弃的政策,而不是因为他将要执行的政策。

美国内战的全部历史——这段历史在政府成为某种最重要的东西的时候给总统制政府的运行作了充分的说明——不过是对这
99 些反思所作的一种广泛而持续的述评。诚然,硬要把总统制政府

① 即基督教会中的"教友派信徒","Quaker"意为"颤抖者",即临事胆怯慌神的人。——译者

说成是这样一种政府，因这种政府独特的缺陷，副总统约翰逊才当上了总统，一个当选为闲职的人却被固定在了一个在时下政治世界里最为重要的行政职位上——这样说是荒唐的。这种缺陷尽管构成美国宪法制定者诸多期望[1]的特征，也不过是总统制政府实践中一个偶然出现的个案，并不构成此种政府本身的必要成分。不过林肯先生的初次当选不会遭受此种质疑。它是总统制政府在一个伟大的历史时刻自然运作的典型例证。那是一种什么样的运作呢？可以概括地说，这种政府是由一个难以预料的人执政的政府，林肯先生是什么模样，没几个美国人知道，他会干些什么，也没有人确切地知道。内阁制政府下的政要们不仅是家喻户晓的名字，而且是家喻户晓的想法。一种概念，一种也许不一定在各方面都真实但却是极其生动的概念，如同格拉斯顿勋爵那样，如同帕麦斯顿勋爵那样，流传于社会。我们简直难以想像，如果我们将看得见的主权放置于一个我们并不知悉的人手中，那将会是什么情形。在一场深重程度未知的危机中使用一个其渺小程度未知的人去应对的念头在我们看来简直是荒诞不经的。的确，林肯先生碰巧是一个如果说不上有着过人的才能却是有着过人的正义感的人。在 100
他身上，有着一种从艰苦磨炼中得来的清教徒式的内心深沉，而这一点是极具魅力的。然而，一次博彩的成功并不构成多次博彩的依据。有着林肯一样阅历的人当选以后能够向世人证明他的为人，这样的几率有多大呢？

[1] 制宪者们期望副总统将作为国家第二聪明人由选举团选出。副总统职位是个闲职，被幕后操纵者们看好的一个第二流的人总会被人偷运进来。继任为总统的机会太渺茫，以致人们对此不予挂怀。——原注

然而这类事情在总统制政府下是自然发生的。除非在特别的紧要关头以及当舆论被调动起来且充满霸气的时候,否则选举总统的程序使人们难以选出他们所熟悉的人。结果是,如果这个人当选不久危机就降临在我们头上,那我们就不可避免的拥有一个我们不知其底细的政府——由一个我们最伟大的讽刺家所称的“某某政客”的人来董理这次危机。即便是在和平时期,由于以上我们已经陈述的原因,由总统来治理国家不如由内阁来治理国家;而治世所面临的难局相比乱世则微不足道。总统制政府的规范和通常运行的相对缺失远小于其在突然灾难降临时表现出来的缺失——缺乏灵活性、不能形成某种专政以及完全缺乏一种革命性保留。

这种对比足以解释何以内阁制的典型特征——行政权与立法权的融合——具有如此首要的重要性。我将进一步说明,在英国它以何种形式存在以及与何种事物相辅相成。

三、君主

从富于尊严的层面上说，女王的作用是不可限量的。在英国， 101
如果没有女王，现行英国政制就有缺失并难以存在。当人们从报纸上得知女王曾在温莎王宫坡道上散步，或者威尔士亲王去了德比郡的消息时，多数人认为人们是过多地关注了一些区区小事。但是他们错了。因此，探询一下一位赋闲的孀居老妪和一位尚未入主王宫的后生的行为是如何变得如此重要的就是一件耐人寻味的事情了。

为什么君主会成为一种强大的治国力量？最好的理由是：它是一种可以理解的治国力量。人类众生理解它，而难以理解世界上任何地方的其他任何东西。人们常说，众生是由他们的想像统治着的。但更为正确的说法是，他们是由他们想像力中的弱点统治着的。宪法的性质、议会的行为、党派的活动以及看不见的舆论的形成，这些都是了解起来困难而误解起来容易的复杂事实。但是，某个单个意志的行踪和单个心灵发出的命令是容易理解的东西：任何人都明白这些东西，并记得这些东西。如果你向人类众生提出这样一个问题："你是愿意由国王来统治，还是由宪法来统 102
治？"换句话说，"你愿意以一种你能理解的方式被统治，还是以一种你不能理解的方式被统治？"如果这个问题是向法国人提出的，那么问句就会是:“你是要由路易·拿破仑来统治,还是由议会来统治?”法国人会说:“我们将由那个我们可以想像的人来统治,而不由我们难以想像的许多人来统治”。

要想理解这两种政府的性质,最好的办法是看一看这样一个国家:在这个国家里,两种体制在一个相对较短的时段内交替地被实行过。

格罗特先生[①]说:“希腊神话向我们全面展示的政治状况在其主要特征上与伯罗奔尼撒战争时期已经普遍流行于希腊人中的那种政治状况是判然有别的。像民主政治一样,历史上的寡头政治都认为需要建立某种确定的政府体制,包括特别职能、临时官员和(某种形式上)向那群合格的公民——要么是元老院要么是民众会议或者二者都是——最终负责这三个要素。当然,就公民资格、民众大会的性质和效率、权力的可接近性而言,不同政府之间是存在诸多的重要区别的。而人们可能常常对这些问题在他们自己城
103 市被议决的方式感到不满。许多人认为,任何政治,若要想堪称合法,或者能够在希腊人心中造成一种有义务从道义上服从它的感觉,那么,某种决定性的规则或者制度——某种类似现时代称为宪法的东西——就是必不可少的了。在这种政治下行使职权的官员可能或多或少是能干的或者是受欢迎的;但希腊人对这些官员们的个人情感通常因其对一般制度的倾心而消失了。如果某个精力充沛的人能够因胆量或手段而破坏这种宪法,并且使自己变成了一个可以随心所欲、为所欲为的永久统治者,那么即便他能够治理

① 格罗特(George Grote,1794—1871),英国历史学家,著有《希腊史》12卷。是伦敦大学创办人之一,曾任下院议员。——译者

得很好，他也永远无法激起人们对他怀有任何尽义务之心：他的权杖从一开始就不合法，因而，即便是剥夺掉他的生命也会被认为是一件功德无量的事情，而远远不会受到某种道义情愫的阻止，尽管在其他情况下这种道义情愫是谴责流血的。不仅如此，除了一个将他标示为一个作为恐惧和厌恶的混合物的名字——暴君——外，他不得在该民族的语言中被人提起。

“如果我们将目光从历史上的希腊转移到传说中的希腊，我们就会发现一幅与我们上面所描画的不同图画。我们发现的政治是杂乱无章或不成体系的，更遑论任何对被统治者应尽义务的观念。在这种政治中，民众服从的源泉出自他们对其首领的个人情感和敬重。我们说，首先有国王；其次是数目有限的副王；此后就是众多的武装自由人、农夫、艺人、海盗等等；最底层的是自由佃农 104
和买来的奴隶。国王与其他首领之间并不存在任何宽阔的不可跨越的鸿沟。‘王’（Basileus）这个称呼不仅可以适用于他本人，而且适用于其他的首领。他的权威是从他的祖先那里继承下来的，且按一般规则会传到他的长了手中——这种权威最初是在天神宙斯的福佑下作为一项特权而授予这个家族的。在战时，他是军事领袖，身先士卒并指挥所有军事行动；在平时，他是受侵害者和受压迫者的总保护人。还有，为了让所有的人都能得到天神的保佑，他主持祈祷和献祭。作为他所处高位的从属物，他占有一块足够大的领地，而他的土地上出产的东西以及饲养的牲畜一部分要成为一次丰盛的尽管是粗陋的宴会上的献祭。此外，他经常接受礼品，以消除敌意、协调喜好或抵消他的勒索；而在对敌人进行掠夺以后，除了一般他应分得的那份外，还会为他保留珍贵的一大份，

其中可能包括一位最诱人的女性战俘。

“这就是希腊英雄时代国王的处境。这个时代的国王是作为一个被赋予一切个人权威而呈现在我们面前的惟一人(如果我们除开那些圣徒和神甫们,他们既特别又具有从属性)。这个人履行着所有的当时社会所需的行政职能,尽管其时这些职能为数较少。他的个人支配地位——渊源于既赋予他本人也赋予他家族的
105 神助——是这幅图画的显著特征:民众倾听他的声音,拥护他的建议且服从他的命令。对他的行为抗拒甚至批评一般是作为一种可恶的观点提出来的,而且除了某个附属的亲王外,其他人的确是从不提出这种观点的”。

英国君主制的特征是,它保留着英雄时期的国王们赖以统治他们的草昧时代的那种情感,又在这种情感中加入了某种东西,凭着这种东西,后来希腊的宪法在更文明的时代行使着治权。我们这个民族比雅典人、或者说比任何政治上的希腊民族更具混合性。我们历史演进的路径更崎岖。在古典时代,奴隶阶层是一个单立的阶层,他们不受同于常人的法律或思想的统治。对于他们,无须考虑制定宪法:无须改善他们的处境以使宪法的制定成为可能。希腊立法者们无须在他们的政体中兼顾像萨默塞特郡的劳工那样的人和像格罗特先生这样的人。他们无须应付这样一个社群,在这个社群里,原始的愚昧主义被视为公认的获取文明的基础。而我们得应付。我们没有靠特别的恐怖和独立的立法来控制的奴隶。但是我们有整个阶层的人不能理解宪政观念——不能获得起码的对非个人法律(客观的法律)的倾心的人。多数人诚然朦胧地知道,除了女王以外还有其他某些政治机构以及一些她赖以进

行统治的规则。但绝大多数人更注重女王，而不是其他的任何东西。因此她的价值是无法估量的。共和制度中存在着一些人们难 106
以理解的观念，君主立宪制中却存在一种人们容易理解的观念——对于许多头脑空空的人来说，它有一种可以理解的因素，尽管对于少数寻根问底的人来说，它有复杂的法律和理念。

一个家族居于王位上也是一个有趣的观念。它将君主的尊严降到了普通人生活的水平上。没有什么情感能比英国人对威尔士亲王的婚礼所表现出的热情更显孩子气。作为一种纯粹的事务，这件事情的确是微不足道；但是英国人却把它当作一次重大的政治事件。然而又没有任何情感能比这种情感更像或更可能像普通的人类情感。妇女们——她们至少占人类的一半——看重一次婚姻的程度要超过看重一届内阁的五十倍。除了少数玩世不恭的人，所有人都不愿看到一部不错的小说一时间描述灰暗世界的枯燥场面。一位亲王的婚礼就是一个普遍事实的排场样板，而作为这样一个事实，它吸引了人类的注意力。我们在读《圆形宫廷》时常常面带微笑，但请记住该有多少人读过这本书！其用处不在于它说了些什么，而在于它向谁说了这些东西。他们说美国人对女王致林肯夫人的信比对任何英国政府的行为都更感欢欣。它是在一种说不清的令人厌倦的事情中间同时发生的一种可感知的情感。唯其如此，一个皇族家庭使政治变得甜蜜，其途径是在政治中调味般地增添一些微妙而快意的事件。它将一些不相关的事实糅进了政府事务之中，但这些事实抒发"人类胸臆"，且发人深省。 107

简而言之，皇室是这样一种管理机构，在这种机构中，国人的注意力集中在一个人身上，而这个人所做的事是有趣的。在一个

共和国中，这种机构中的注意力是分散在诸多机构之间的，而这些机构都在做一些没趣的事情。于是，只要人类心灵是强健的，而人类理智是脆弱的，那么皇室就会强健，因为它能吸引各种不同的情感；共和就会脆弱，因为它只会吸引理智。

其次，英国君主用一种宗教的力量强固着我们的政府。要说明为什么会如此是不容易的。每一个有学养的神学家都会说，一个生于共和制下的人有义务服从这个共和国，恰如一个生于君主制下的人有义务服从君主一样。但是广大英国民众并不这么想；他们不反对宣誓效忠；他们说他们有义务服从“女王”；而至于在没有女王的情形下服从法律这一点，他们只有朦胧的观念。在以前，当我们的宪法尚不完善时，这种局部的狭隘神圣性是有害的。所有的部分都在争斗，而每个部分的充分发育又是必要的。而迷信认为人们应随遇而安，未经天意允许，任何部分都不应生成发展。保王党内所有的人都说，无论国王做了些什么，他们有义务服从国王。对于他，应当“被动地服从”，而不应对任何其他的人心怀宗教般的崇敬之心。他就是“救世主”，任何其他的人都不是。国会、法律和报
108 纸都是人为的东西，而君主制则是神创的东西。由于人们对宪法的一部分给予了过度的重视，因此整个制度的演进就受到了延迟。

革命以后，这种有害的情感变得稍弱了一点。君主世系的变换最初是决定性的。如果某个人拥有什么神秘的权利，这个权利显然在詹姆士二世[①]手里。如果英国人有义务忠于任何人，而不

① 詹姆士二世（James II，1685—1688 在位），“光荣革命”前的一位信奉天主教的复辟斯图亚特王朝君主，即位后曾变本加厉地推行专制统治。——译者

管这个人干了些什么,那么詹姆士二世就是这个人。如果说哪位国王拥有内在的继承权力的话,那么这种权力就在斯图亚特国王的手里,因为其权力来源于世袭;而不是在革命后的国王手里,因为其权力来源于国会的表决。在威廉三世[①]的终朝统治期间,常言说有一个国王是人造的,另一个则是神造的。进行统治的国王缺乏神圣忠诚的基础,尽管他事实上进行着统治,因为根据神圣的理论,还有一位应该进行统治的国王待在法国。不过对于英国人民来说,由于他们拥有明晰的辨别力和迟钝的想像力,因此,要想对一个外国冒险者保持某种隆厚的敬意之心是非常难的。他活在法国国王的保护之下,他所做的事情通常是愚蠢的,他没能做到的事情通常是明智的。安妮[②]即位后,英国人的情感发生了某种变化,古老的神圣情感开始在她身上得到协调。的确出现了一些困难,这些困难使多数人感到困惑;但是一个内心想着一件事情的英国人是不易感到困惑的。安妮女王有一个哥哥和一个父亲还活着,而根据任何一条继承法则,他们的权利都优先于她。但是许多
人都规避了二者的请求权利。人们说,詹姆士二世已经“出逃”, 109
因而实际上放弃王位了,尽管他的出逃只因为他身处逆境且吓破了胆,而且每天都在要求他的臣民忠于他。人们说,这种王位觊觎者是不合法的,尽管证明其出生的证据是任何一座法庭都会接受的。英国人“赶走”了一位神圣的君主,于是他们试图制造一位新

① 威廉三世(William III,1694—1702 在位),“光荣革命”后的第二位信奉新教的国王。在其统治期间,部分托利党人曾阴谋拥立詹姆士二世之子。——译者

② 安妮(Anne,1702—1714 在位),詹姆士二世之幼女,根据 1701 的“王位继承法”在威廉三世死后成为英国国王。——译者

的君主。不过，事态对于英国人来说有些太严重。他们愿意并渴望将安妮女王作为一个新王朝的储备；他们愿意漠视她父亲和哥哥的请求权，但是他们不能忽视的一个事实是，在关键的时刻她没有子嗣。她曾有过十三个孩子，但都在她生前死了。因而就有这样一个必要：要么将王位还归斯图亚特家族，要么通过国会立法拥立一位新王。

根据辉格党人通过的王位继承法，王位由汉诺威“索菲亚公主”的后代——詹姆士一世女儿的一位幼女——继承。在她前面有詹姆士二世及其儿子、查理一世一位女儿的后裔以及她自己母亲的年长孩子们。对这些人辉格党人都不予考虑，因为他们都是天主教徒；而是选择了索菲亚公主，因为她是一位新教徒——如果她还是个什么东西的话。这种选择当然是有政治头脑的，但是却难以为大众所接受。人们绝不可能说英国人根据某些原则有义务服从汉诺威王室，而这些原则并不承认人民选择其统治者的权利，
110 且并不减损君主制所独有的那种极度尊戴，而使它成为了许多便捷机构中的一种。如果国王是一种有用的公共职能承载者，如果他是可以更换、并让另一个人取而代之的，那么你就难以用神秘的敬畏和惊奇的眼光去打量他；而如果你一定要崇拜他，当然你就不能更换他。于是，在乔治一世[①]和乔治二世统治期间，国王根本得不到那种宗教般忠诚观念的支持。没有任何强大的政党支持国王的特权。托利党人虽然对国王持天然支持的态度，但是他们不喜

① 乔治一世（George I，1714—1727在位），安妮女王死后第一位入主英国的汉诺威家族国王。——译者

欢实际的国王；而辉格党人根据他们的信条是不喜欢国王这个职位的。在乔治三世①即位之前，王权最有力的支持者是那些乡绅。这些乡绅是国王的天然盟友，也是宁静的乡村地区的代表。而这些乡村地区又是最容易表现出忠心的地方，如果说还有什么地方能够表现出忠心的话。但在乔治一世即位以后，普通人的情感又刚好回复到了安妮女王时代。英国人乐意将这位年轻的王子视为一个神圣君主世系的开端，如同他们曾经乐意接纳一位老孺一样——这位老孺是他曾祖母的第二个表妹。于是现在就沿袭了这个世系。如果你问一下女王的绝大多数臣民，女王是依据何种权力进行统治的，他们不会说她是依据国会授予的权利进行统治的。他们会说她是依据“神意”进行统治的。他们认为，服从女王是他们的一项神秘义务。当她的家族坐上王位后，坚持那种世袭君主不可转让的权力就成了某种叛逆，因为这就等于说另一个家族的权利优先于她的家族。而现在，在人类历史事件的奇怪演进过程 111
中，恰是那种观念给予了她最坚定和最圆满的支持。

但是，如果有人以为在乔治三世即位时，那种本能的世袭性忠诚情感突然变得像现在一样有益，那就大错特错了。这种情感开始变得强烈，但并不变得有益。它所带来的害处和它所带来的益处一样多，以致人们很难评价，总体而言这种情感究竟是有益还是有害。在他生命活动的绝大部分时间内，乔治三世是一种“神性的障碍”。他所做的任何事情的神圣性与任何其他人的所作所为不同，而且反常地碰巧的是，他通常是错的。像任何人一样他心怀

① 乔治三世（George III，1760—1820在位），在其任内发生了北美殖民地独立战争。——译者

好意，对国事悉心照料，就像一个职员为了生计而悉心照料他的公事一样。但是他心胸狭隘，所受教育有限，而且他生活在一个变革的时代。于是他总是在抵制那些应该存在的东西，而延长那些不应该存在的东西的存在时间。对于他的半数阁僚来说，他是一个不祥而神圣的攻击者。而当法国革命引起世界性的恐惧，并证明了民主的“非虔诚性”时，英国人的虔诚情感都集中在他身上了。君主制用它的宗教神圣性为我们全部的政治秩序作了证明；而在乔治三世的时代，除了君主制本身，这种神圣性没有证明别的什么。如今，这种神圣性通过吸引广大民众对君主制不容置疑的服
112 膺而赋予了全部宪法以巨大的能量；然后，它远远旁观，将所有的神圣性融入自身，而将政体所有剩余部分交给人们从纯粹便利的角度以证明其粗糙的正当性。

君主制如此完美地使我们整个国家充满了神圣性的一个主要理由可以在某种特质中寻找到，而这种特质是被许多美国人和许多功利主义者所嘲笑的。他们嘲笑这个“多余的东西”，像美国人所称呼的那样。他们嘲笑那个孤独的继承成分。他们引用拿破仑在拒绝担任西耶士宪法下的大执政时所说的话，“我不想在闲逸之中变成胖子”。此一职位是抄袭的，用梯也尔先生的话说，是对立宪君主制的完美抄袭。但此种反对意见是完全不当的。无疑，阿贝·西耶士的主张是荒诞不经的。他认为应该创制一种体制——这种体制没有继承任何尊戴意识，且没有任何宗教使它变得神圣——以填补这样一个职位，这个职位在有立宪历史国家中是由宪法下的国王担任的。这种体制远远未能崇高到能够在它周围传播尊戴意识的地步。它在为自己求得尊戴时显得新奇而做作。如

果这种荒诞性能够以某种方式被放大的话，那么将一个难有用武之地且带有矫揉造作的神圣性的职位给予拿破仑就是这么回事，因为拿破仑是法国最活跃的人物——他有最伟大的从事实际事务的天赋，这种天赋专适合于行动，惟独不具有神圣性。不过西耶士的失误倒是给真正的君主制作了最好的说明。如果君主具有神圣性，那么最好他是不能被触动的。他不会出错，这一点应该是不证自明的。不应让他太靠近真实的衡量。他应当高高在上，幽居独 113
处。由于英国皇家的功能多半是潜在性的，因此它符合这个条件。它似乎在发号施令，但似乎从不争斗。它通常像谜一样藏而不露，而有时又像在露天表演，但在任何情形下它都与人无争。国家分成了党派，但王室是不偏不党的。它明显脱离俗务，这使它既摆脱了敌意，又不致亵渎神圣，因而保持了它的神秘，也使它能够获得对立党派的共同爱戴——对于那些因尚未受到良好教育而仍然需要一个“象征”的人们来说，它就成了一种看得见的团结象征。

再次，女王是我们社会的首领。没有她，首相就会成为国家的第一人。他和他的夫人将不得不接见外国政要，有时还要接见外国王子，举行国内一流的宴会；他和他的夫人将处于生活行列之首；在外国人眼中，他们将代表英国；在英国人眼中，他们将代表英国政府。

要想像这样一个世界是非常容易的，在这个世界里，发生这种变化并不构成一种很大的罪恶。在一个其人民并不热衷于生活的外在表现的国度里，在一个其人民的天赋不表现于理论方面、而专注于事物的实质的国度里，这种事情不是什么大事。是由德比勋爵及其夫人还是由帕麦斯顿勋爵及其夫人接见外宾，将是一件微

不足道的事情。是否由他们举行最盛大的宴会只是对于那些参加宴会的人来说才是重要的。一个疏于哲学思考的民族是毫不在乎
114 生活的外在方面是怎样安排的。除非你对表演比较在乎,否则的话,谁是表演者就不是一个实质性的问题。

而在世界上所有的民族中,英国也许最谈不上是一个纯哲学的民族。对我们来说,每隔四五年改换一下我们这个世界看得见的头脑是一件非常严肃的事情,我们现在不以最高层次的雄心壮志而闻名,我们有的只是大量的低级野心和嫉妒心。平民院内充斥着这样的一些人,他们到那里只求达到“社会目的”,就像行话所说的那样。成千上万的人们羡慕国会议员,就因为他们享有这种轻佻的荣光,像一位思想家所称呼的。如果现实生活中的最高职位突然可以公开竞争的话,这种低级的野心和嫉妒心就会可怕地增多。政治就会给人类一种太炫目的奖品:精明而卑贱者会角逐它,愚蠢而卑贱者会嫉妒它。即便现在,仅仅是那种被人们称作公共生活的东西,也已被人们赋予了某种危险的荣耀。报纸每天都在不断地刊登某种显要的东西,它们评论其特性,讲述其细节,追问其动机,预测其轨迹。它们给了这个世界某种惯例和尊严,而这些东西它们是不愿意给予其他地方的。文学界、科学界和哲学界所享有的尊严不仅不能与政界比,而且相比之下,根本就不能构成任何所谓的世界。报纸不提它们,也不能提它们。报纸是这样,
115 读者也不例外。在不可抗拒的排序和联想力驱使下,他们认为那些经常在报纸上露面的人比其他人更聪明、能干,或者不管怎么说更高级。我们听说有一个人这么说过:“我著书立说二十年,仍是一个无名小卒;我进了国会,还未在议席上就座,我就成了一个名

人”。英国政治家是一些填充英国公众头脑的人。他们是舞台上的表演者，而那些羡慕的观众要想不相信那些被羡慕的表演者比他们自己更伟大是不容易的。在这个时代和这个国度，对于一种已经大得足以构成危险的力量进行最绵薄的增添就是非常危险的。如果最高的社会官阶可以在平民院中去争夺的话，那么社会上到那里去冒险的人数就会难以计量地增加，而且这些人心中会更加充满着政治渴望。

多种原因的奇特结合使这一点成为了英国社会的一个最显著的特征。中世纪给全欧洲留下了一种以宫廷为首的社会体制。政府成为所有社会、所有交往和所有生活的带路人；所有人都效忠于君主，所有的东西——那些接近于最伟大者以及最微不足道者——都排列在君主的周围。政府首领就是社会首领的观念在人类观念中是确定的，只有少数哲学家才把它视为历史的和偶然的东西。尽管在人们对这个问题进行推敲以后，这个结论又是成立的，甚至是显而易见的。

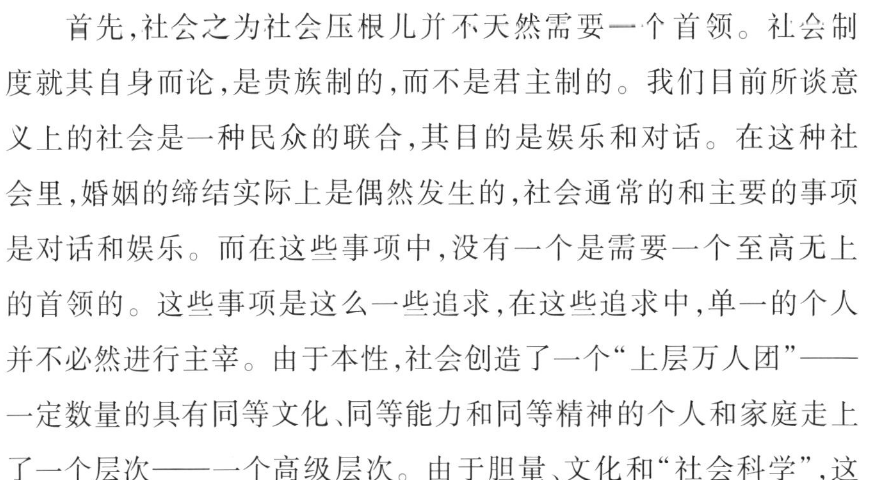

首先，社会之为社会压根儿并不天然需要一个首领。社会制度就其自身而论，是贵族制的，而不是君主制的。我们目前所谈意 116
义上的社会是一种民众的联合，其目的是娱乐和对话。在这种社会里，婚姻的缔结实际上是偶然发生的，社会通常的和主要的事项是对话和娱乐。而在这些事项中，没有一个是需要一个至高无上的首领的。这些事项是这么一些追求，在这些追求中，单一的个人并不必然进行主宰。由于本性，社会创造了一个“上层万人团”——一定数量的具有同等文化、同等能力和同等精神的个人和家庭走上了一个层次——一个高级层次。由于胆量、文化和“社会科学”，这

些家庭将它们自身置于其他家庭之上,它们就成了“第一家庭”,而所有其他家庭都在它们之下。但是它们倾向于成为一种处于多种层次相互之间的层次;没有任何单个者被所有的或许多其他的人承认为高于他们所有人。在希腊和意大利曾经生发的社会就是这种情形,现在生发于任何美国或殖民城镇的社会也是这种情形。在这些社会里,“社会首领”的概念不仅不是一个必要的概念,而且在许多时代里几乎不能成为一个可以理解的概念。你不可能使苏格拉底理解它。他会说:“如果你告诉我我的某个同胞成了首要的执政官,而且我得服从他,那么我会理解你,而你说了中肯话;或者说另一个人成了神甫,因而他应该向神进行献祭,而我以及其他不是神甫的任何人都不能,那么我也能理解并同意你的看法。但是,如果你告诉我在某个公民身上暗藏着一种魔力,由于这种魔力,他的话就变得比我的话动听,且他住的房子比我的房子好,那么我就
117 不能理解你,因而如果你能自行解释一下的话,我就会感到高兴”。

第二,即便社会首领是一个自然的观念,那也不一定意味着世俗政府的首脑就是这个首领。社会之为社会与世俗政体没有关系,就像它与教会体制没有关系一样。男人和女人为了娱乐目的而结成的组织并不一定与他们为了政治目的而结成的组织相等同,就像与其为了宗教目的而结成的组织不相等同一样。它自身与国家没有什么关联,就像它与教会没有什么关联一样。适合于一个人成为伟大统治者的东西并不是社会性的东西。历来有些统治者会像克伦威尔一样不可琢磨,像拿破仑一样狂放不羁,或者像沃尔波那样粗鲁而野蛮。画室里轻快的不值钱的东西和办公室里凝重的东西彼此是有区别的,就像两种人的职业可能不同一样。

将二者连接在一起并没有什么自然性可言，其结果总是：你将一个人置于社会之首，很有可能他会因其所造成的社会弊端而闻名，而不是因社会功绩而著名。

对这些话语的最可能好的评述是《英国皇室史》一书。我们社会结构中所发生的某种变化完全类似我们政体中所发生的那种变化，这一点并没有被详加论述。一个共和国已经在一个君主国的褶皱里潜滋暗长起来。查理二世[1]曾是社会的真实首领；白厅在他的时代是最好的谈天论地的中心、最佳时尚中心和当年最奇
特的谈情说爱的中心。他没有为社会贡献什么良好的道德风尚， 118
却树立了一个无限悠闲的榜样。他将伦敦上流社会全部的轻快部分都汇集在他的周围，而伦敦又将英国上流社会所有轻快部分汇集在它的周围。宫廷成了所有赏心悦目的东西汇集和所有激动人心的东西集中的焦点。白厅成了一个无与伦比的俱乐部，由非常聪明俊秀的妇女构成的社会为它锦上添花。如我们所知，所有这些如今已经变了。白金汉宫不像俱乐部，就像任何地方可能像俱乐部一样。宫廷是一个分立的部分，它与伦敦社会的剩余部分是疏离的，与其更充满娱乐的部分也只保持极其有限的关系。头两个乔治[2]不懂英语，因而完全不能引领英国社会。他们两个都喜欢一两个性情不好的德国女人，而伦敦所有其他女人他们都不喜欢。乔治三世没有什么社交恶习，但他也没有什么社交娱乐。他是一个家务中人，一个事务中人。相对于最时尚和最激动人心的

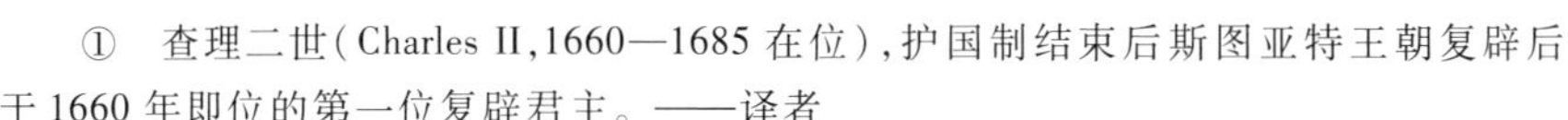

① 查理二世（Charles II，1660—1685在位），护国制结束后斯图亚特王朝复辟后于1660年即位的第一位复辟君主。——译者

② 指乔治一世、二世。汉诺威家族共有六位乔治登上了王位。——译者

谈话,他更喜欢在全天劳作之后诚挚地烹一条羊腿或一些萝卜。结果是,伦敦社会尽管形式上仍然在宫廷控制之下,但实际上已经形成它的自然、寡头的结构。它也已成为一个"上层万人团"。它事实上并不比纽约社会更具有君主主宰性。大家闺秀们给伦敦社会定调,而丝毫不顾及特殊的宫廷世界。俱乐部及其周围特别的男性世界在日常生活中也与白金汉宫没有什么关系。各种正式的授勋仪式和出席仪式尚保留着。当国王的卧室和女王的"休憩
119 室"成了伦敦生活的中心时,朝见厅和接待室的名称依然保留着那个时代的记忆。但是这些地方不再构成社会娱乐的一部分:它们是一种仪式,这种仪式如今几乎每一个像样的人都可以参加,如果他愿意的话。即便是宫廷舞会——在这里,娱乐至少被认为是可能的——也在伦敦七月舞会中黯然失色。细心的观察家早就注意到了这一点,只是康索特王子(Prince Consort)之死使每一个人都感知到了这一点。自那以后,宫廷一直处于一种缺乏生气的状态,并且在一段时间内生气全无。但是一切都照常运转。少数没有女儿而且没什么钱的人以此为借口而较少举行舞会;如果很穷的话,就待在乡间。但总体来说,差别是难以感觉到的。蜂王被劫走了,但蜂箱还在。

第三,精明而有原创精神的观察家近来对英国皇室提出批评意见说:它不够气派。他们将它与法国宫廷进行了比较,发现后者外观上更漂亮;它在任何地方都可以浮到表面,以致人们很难不看到它;它绝对毫无疑问地是法国最气派的东西。他们说:"昔时英国宫廷花了太多国家的钱,而且没花到正处。而现在,当人们可以信任它会将钱花到正处时,它又不花够国家的钱。有议论主张不

设宫廷，也有议论主张铺设气派的宫廷，但没有人主张保留一个寒酸的宫廷。当你想炫耀一番时，最好花上一百万用于炫耀，这样比花七八十万试图去炫耀却炫耀不起来要好”。此说中也许有些真 120
意，也许英国宫廷并不完全像我们所想看到的那样华丽。它与法国宫廷之间是不得进行比较的。皇帝和女王分别代表着一种不同的观念。皇帝不是国家的首脑，而是国家本身。他的统治理论是，在法国，所有人都是平等的，而皇帝就是平等原则的表征。你越使他变得伟大，你就会使所有其他人变得更不平等，因而也就变得更平等。他被放大了，而其他的人被缩小了。英国皇家适用的原则则恰恰相反。在政治生活中，如果皇室走到公共舞台的前台，它就会丧失它的主要作用。于是在社会生活中，如果它进行自我宣传，那将对它带来害处。在伦敦，我们已经看够了自愿的表演；我们不希望这种表演再受激励并加码，而是希望它平静和消歇下来。我们的宫廷不过是一个不平衡的竞争性的贵族社会的首领：它的辉煌不会使其他的人地位下降，而是激励其他人向上。只要它不让其他人占据首要席位，且在这个席位上有所防备并在此休憩。而如果它在我们诸多的炫耀性财富儆戒中再添一种新的儆戒的话，那将会是一件坏事。

第四，我们已开始视国王为我们道德的领路人。维多利亚女王和乔治三世的德行已经深深嵌入普通人的心中。我们已开始相信，拥有一位有德之君是一件自然的事情，而家庭的德行在皇家不 121
仅是显而易见的，而且是可能在那里找到的。但是如果我们有一点经验且稍加思索的话，就会发现皇室并不能保证拥有家庭德行。

无论是乔治一世还是乔治二世，抑或是威廉四世[1]都不是家庭道德的典范；乔治四世在家庭事务中却是一个典型的缺德者。明摆着的事实是，立宪制下的国王所处的位置使他比几乎其他任何人都更容易受到诱惑，因而极易形成那种使人变坏和易于激动的性情，也使他比几乎其他任何人都拥有更少的合适职业。全世界及其荣光——所有最吸引人的东西，所有最富魅力的东西——从来总是奉送给了当世的威尔士亲王，而且将来也总会是这样。在人类生活最容易受诱惑的时代，当诱惑以最难抗拒的形式出现时，期望出现上好的德行是不合乎理性的。立宪君主的位子是森严的，正经的，重要的，但从来不是激动人心的。它们没有什么东西让人热血沸腾、激发高妙的想像或清除狂想。对像乔治三世这样的人来说，由于对商务性事务情有独钟，因此立宪制下皇室的日常事务不容置疑地就有一种平人心气和抑人俗气的效果。在多年的时间内，他曾用一种失去理智的方式进行抗争，且在许多情形下这种抗争是非常成功的。要不是他所从事的谨慎性事务的镇定性效果在起作用，他的这种不理智行为会更经常的爆发出来。但是，有着那种渴求实际工作的非正常冲动的王子从来是多么少得可怜啊；在任何地方，这种冲动是多么罕见啊；王子们欲精心地培养这种冲动
122 的情形又是多么罕见啊；一种通常的防水堤要想抵御其习惯性的诱惑是多么难以靠得住啊！严肃而谨慎的人处在立宪制下的皇位上可能拥有一些家庭道德，但即便这些人有时也会出问题的，因此，想像那些性情中充满着更多欲望的人会以惯常方式拥有这些

① 维多利亚女王之前的一位英王，于1830年即位。——译者

道德，就像期望刺枝上能长出葡萄，蓟条上长出无花果一样。

最后，立宪制下的皇室还有我在前篇文章中最后阐述的那种功用。这种功用尽管到目前为止是最大的，但我无须在这里加以详论。它起到了一种伪装的作用。它使我们的实际统治者在不注意的人们不知情的情况下进行变换。英国民众对一种经选举产生的政府是不适应的，如果他们意识到他们离这种政府有多么近，他们会感到惊奇，且几乎会发抖的。

立宪制下的皇室在过渡时期的价值也具有同样性质。其最大的价值就在于，他有助于用内阁制政府取代从前的绝对君主统治，外加一个认同这种政府并服从这种政府的国王。内阁制政府在新组建并遇到危难时局时是软弱的。首相——所有的事情都依赖他，他必须担起责任，如果有什么人应当担责的话；他必须使用强力，如果有什么人不得不使用强力的话——的权力并没有被固定。这种政府的本质决定了他所处位置的不确定性。在一个完全习惯了这种政府的民族中，处于这种位置的人是可以放手大干的；他可以依靠理解他和正视他的民众，如果说不能依靠国会的话。但是在这种政府只是新组建时，这样一位首相要想像应然状态中的情 123
形那样放手大干是困难的。他的权力过多地依赖人的理智，而不是人的情感。这时，世袭性君主所拥有的那种传统力量就有着不可估量的作用。如果没有威廉三世的特殊能力，英国就无法度过1688 年以后最初数年的艰难岁月。没有维克多·伊曼纽尔[1]的帮

① 维克多·伊曼纽尔(Vitor Emmanuel)，1861 年意大利统一后的意大利国王，原系支持意大利走向统一和自由的撒丁王国国王。——译者

助，意大利就无法获得和保持其自由——无论是加富尔还是加里波第①的努力都不如他的努力为当时时局所必须。而路易·菲利普②没能使用他作为立宪君主的潜在权力倒是对这种潜在权力有多么重要这一点最富教益的证明。1848 年 2 月，基佐因任期不定而显得软弱。路易·菲利普应该使他的任期变得确定。议会改革可以后来向舆论作出让步，但是不应该向暴民们作出任何让步。巴黎民众应当像基佐所希望的那样被镇压下去。如果路易·菲利普是一个合适的建立自由政府的国王，那么他就应该在他的阁臣们充当稳定秩序的工具时稳固他们的地位，即便事后秩序稳定且政策可以商讨时他不再支持他们。但是他就是这样一个小心翼翼的人，一个因晚年失策而“闻名”的人：尽管具有极丰富的经验和过人的能力，但是由于缺乏微小的应付一时急难的能力，他失败了，并最终失去了王位。在这样一种危急时刻，一个人的平庸会立即暴露出来。

这些就是皇室体制用它富于尊严的一面影响人类的几种主要
124 方式。在英国文明状态中，它们的价值是不可估量的。至于君主的实际事务——女王所作的实际工作——我将在我的下一篇文章中讲到。

---

① 加里波第（Garibaldi，1807—1882），率领意大利民众用武力争取意大利统一的功臣之一。——译者

② 路易·菲利普（Louis Philippe），法国“七月王朝”的立宪君主。1848 年法国二月革命爆发后，他迫于压力罢免了基佐，最后他还是控制不了局面，而逃到了英国。——译者

四、君主(续) 125

平民院调查过很多事情，但从来没有设立过有关“女王”的委员会。没有任何真正的蓝皮书说过她是干什么的。这样一种调查不可能发生。但是如果真有这种调查，那也许会为她省去许多恼人的日常事务以及许多累人的且没有必要的时光。

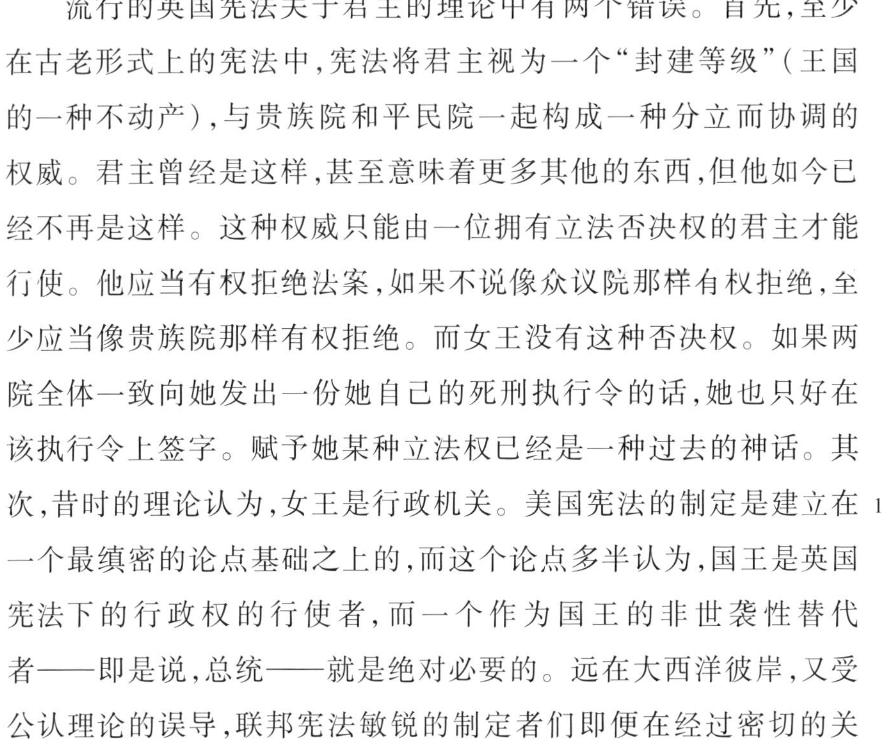

流行的英国宪法关于君主的理论中有两个错误。首先，至少在古老形式上的宪法中，宪法将君主视为一个“封建等级”（王国的一种不动产），与贵族院和平民院一起构成一种分立而协调的权威。君主曾经是这样，甚至意味着更多其他的东西，但他如今已经不再是这样。这种权威只能由一位拥有立法否决权的君主才能行使。他应当有权拒绝法案，如果不说像众议院那样有权拒绝，至少应当像贵族院那样有权拒绝。而女王没有这种否决权。如果两院全体一致向她发出一份她自己的死刑执行令的话，她也只好在该执行令上签字。赋予她某种立法权已经是一种过去的神话。其次，昔时的理论认为，女王是行政机关。美国宪法的制定是建立在 126
一个最缜密的论点基础之上的，而这个论点多半认为，国王是英国宪法下的行政权的行使者，而一个作为国王的非世袭性替代者——即是说，总统——就是绝对必要的。远在大西洋彼岸，又受公认理论的误导，联邦宪法敏锐的制定者们即便在经过密切的关

注以后仍然感觉不到首相就是英国宪法的首要行政官，而君主只是机器中的一个嵌齿。美国立法者的确在那个历史时刻有足够的这么做的理由。他们对我们宪法的观念来自他们初遇我们宪法的时候。在所谓的诺思勋爵(Lord North)在任期间，乔治三世是行政官。诺思不仅是由他任命的，而且是他的代理人。首相进行了一场他不认可且讨厌的战争，因为这场战争是他的君主所认可和喜欢的。因此，美国制宪会议就不可避免地认为国王——美国人曾深受其害——就是实际的执政者，而首相——他们并未受其害——则不是。

如果我们离开书面理论，而查看一下我们真实的古老法律，我们就会发现一件令人惊奇的事情，那就是君主所能做的事情竟然有那么多。几年以前，女王非常睿智地试图册封终身贵族爵位，而贵族院非常不明智违背它自己最大的利益而拒绝承认女王的这种权力。他们说她的权力已经变得不复存在；他们承认，她曾经有过这种权力，但由于长期不用而告终止了。任何人只要浏览一下康闵(Comyn)的《文摘》或任何其他此类被冠以“皇家特权”名称的书籍就会发现，女王有一百种此类在现实和放弃不用之间摇摆的
127 权力。而女王如果想行使这些权力的话，就会引起一场持久而非常有趣的法律上的争论。某个精通法律的人士应当写上一本精细的书，指明这些权力中哪些是实际上是可以用的，哪些是已经过时的。关于女王能干些什么，就像她干了些什么一样，并没有什么真正明示的说法。

从自由制度纯粹表面的理论上讲，这无疑是一个缺陷。民众政府的每一项权力都应该是被告知的。这种政府的全部理念是，

政治人——行使治权的人民——按照它认为适当的方式进行统治。每一个行政当局的所有行为都必须受到它的详细检查;如果这些行为显得适当,它就可以进行观望;如果失当,它就可以以某种方式进行干预。但是,如果它被蒙在鼓里,就无法进行判断;如果它不知情,就无法进行干预。秘密的特权是一种不正常的东西——也许是最不正常的东西之一。不过这种秘密性对于英国皇室如今的效用而言有时是必须的。对于皇室来说,它特别地需要受到尊敬,而如果你对它进行研究的话,你又无法对它表示尊敬。如果有一个挑剔的皇家委员会,皇室的魅力将荡然无存。它的秘密就是它的生命。我们不能将魔幻的东西带到阳光之下。我们不能把皇室带进政治斗争之中,否则所有参与争斗者都会对它不敬。它就会成为众多争斗者中的一个。依据抽象理论,这种秘密权力的存在是我们立宪整体的一个缺陷,但是这种缺陷是与我们这样
一种文明相伴随的缺陷。在我们这个文明社会,庄严的因而不为 128
人知的权力就像广为人知而耐用的权力一样是必要的。

如果我们试图依据那些曾与这些隐秘的权力进行过接触的人——无论是已逝者还是现存者——提供的证据对这种权力进行评估的话,我们就会发现一种奇特的区别。乔治三世和维多利亚女王[①]的追随者们在关于皇室影响力度的问题上意见是一致的。他们都认为,一个公认的心照不宣的理论是,皇室所做的比表面上的多。但关于皇室行为的质量,他们的意见是大有分歧的。福克斯[②]

① 维多利亚女王(Queen Victoria),1837—1901年在位。——译者

② 指查理·詹姆斯·福克斯(Charles James Fox,1749—1806),辉格派政治家,历任海军大臣、财政大臣和外交大臣。他同情法国革命,反对英国对拿破仑的战争。——译者

先生曾无所顾忌地将乔治三世的隐秘影响描述为“一种看不见的地狱幽灵的代理人”。皇室在那个时期的所作所为是自由派政治家们的恐怖和梦魇。而现在,最有声望的自由派政治家都在说:“我们将无从知道,但将来人们编写历史时,我们的子孙会知道我们欠下了女王和阿尔伯特王子一些什么东西”。宪法的秘密,虽然曾经为那些最平静、最有思想和最有教养的政客们所憎恨,但是如今却受到了他们的尊敬。

在我们解释这种变化之前,我们应该将女王的某部分职责剔除掉不予考虑。我指的是她形式上的作用。有数不清的形式上的文件——它们没有任何政策内涵,无关大旨——需要女王表示同意并予以签署。这些文件任何一个职员也一样可以签署。有一大类文件乔治三世曾经在签署之前要进行阅览,直到后来梭罗勋爵说他,“他的阅览甚是无谓,因为他看不懂”。[①] 最糟糕的事情发生在军队委任状的签发上。女王曾经签发所有的军事委任状,直到

129 三年前才颁布了一项法令。她现在依然签发所有新的委任状。此类委任状签发的不可避免和自然的结果曾经是,在某种程度上现在依然是,它们成堆的被拖延。有些人是在退役数年以后才初次接到他们的委任状,这是一个尽人皆知的事实。如果女王是个普通官员,她早就会发出抱怨,且早就摆脱了这种奴隶般的劳役。据说,一位愤世嫉俗的政客曾为之辩护,理由是:“你可以让一个傻子当国王,于是人们就可以期望他有很多事情要做,而他在做这些事情时不至于为害”。只是真正来讲,要想让一个理所当然要尽

① 来自大陆的汉诺威家族最初的三位乔治国王阅读英文有困难。——译者

许多形式上的社会义务的人干成堆的形式上的事务性活儿是幼稚的。乔治三世曾欲了解每一件事情,不管这件事多么细小;就每一件事情表态,不管这件事多么微不足道——这种做法是一种旧时代的残余。这些日常杂务可以不予讨论。无论是善是恶,君主并不靠这些东西获得它的权威。

检验女王对我们作了多少贡献的最好方式是,让我们尝试一下放开我们的想像力,看看如果没有她我们将如何过日子。让我们剥掉内阁制政府全部附属的东西,让我们把它还原于它的两个必要的组成部分——一个代议性议会(平民院)和由该议会任命的内阁——再看看仅仅拥有这两个东西我们将怎么办。如果只有这两个简单成分的话,那么我们就会如此不习惯于分析宪法、又是如此习惯于将宪法的全部效力归结于宪法的整体,以致许多人将无法想像一个国家会如何单靠这两个因素而兴盛甚至生存。但 130
是,英国式政制的一般可模仿性正是建立在这种可能性基础之上的。一个真正可被尊敬的君主和一个可被真正尊重的贵族院几乎是我们这座独岛所特有的历史偶然发生物,而且是欧洲所全然特有的东西。一个新国家,如果它能够效法内阁制政府、而不愿意堕落成总统制政府的话,就必须从其与生俱来的资源炮制出这种内阁——而不必依赖这些旧世界的遗留物。

关于议会可能在表面上作出我们的议会在实际上所作的行为——即任命一位首相——的许多方式,人们是可以建议的。但是我宁愿选择其中最简单的方式。我们将会因此看出这种体制的简单构架,看出在哪些方面它与皇家形式有所不同,因而完全免掉因选择了一种过于有魅力和吸引力的替代物而招致的恶名。

让我们设想平民院——单独存在且靠它自身运行——较简单地任命首相，恰像一家铁路公司的股东们任命一位董事一样。每当职位空缺——无论是因死亡还是因辞职所致——时，让任何一个或一批成员享有选择一个继任者的权力；经过一个适当的间歇期以后，如同现在通常由内阁危机所占用的那段时间一样，十天或者两个礼拜，让议员们就他们所喜欢的候选人进行表决；然后由议
131 长计算选票，而让得票最多的候选人当首相。这种选举方式会将全部的选择权放置于党派组织手中，恰如我们现在的行事方式所显示的那样——除非国王对此事进行干预；否则没有任何外围的候选人会当选，因为每一个大党所拥有的大量选票会远远超过每一个随机的小团体所拥有选票的数量。首相不应当在一个确定的时间被任命，而应在国会表现出色或者愉悦的时候被任命。抛开细节不谈，由于我们现在所谈的那些差别，此一时所发生的事彼一时也会发生。那时首相就会像现在的首相一样必须因一次不信任投票而辞职，而此时国会的意愿就会成为选择一个继任者所需的唯一一种公开力量。而现在，它是一种尽管是潜在的，但却是占主导地位的力量。

如果我们将讨论分成三个部分的话，那将有助于讨论的进行。一个代议制政府的全部过程有三个阶段。首先是一届内阁得到了任命；其次是内阁的存续；最后是它的解体。让我们考虑一下女王在这三个阶段的每一个阶段中的确切作用，以便看看我们现在的政府形式与在没有她的情形下所可能存在的那种更简单的内阁制政府形式之间存在什么区别，不管这种区别是善是恶。

在一个行政机构成立之初，当一国之内只有两大政党，且这些

党派内部在谁将成为其议会领袖,因而谁将成为首相的问题上意见完全一致时,不会有太多皇室与非皇室类型的内阁制政府之间 132
的区别。这时,必须接受这位公认的领袖;如果这种选择是由平民院直接作出的,皇室也必须接受他。平民院至高无上的那部分如果紧密而和谐地运作的话,就会不受实质性抵制,甚至或许不经明显的竞争而通过它的决议。一个主宰性政党如果不因内部分歧而分裂的话,将会是专制的。在这种情形下,无论是否存在一个国王,内阁制政府都会不受摩擦地运行。最好的君主将不会做出任何好事,而最坏的君主也不会做出任何坏事。

但是,当主流政党在谁应当成为其领袖的问题上意见不一致时,麻烦就大得多。在皇室形式下的内阁制政府中,君主在这种情况下有时可以作出实质性选择。而在非皇室形式下,谁将作出选择呢?必定会有一场"威利斯屋中"的会议(a meeting at the "Willis' Room");必定会有那种党派内部多数人对于少数人的专制,由于这种专制,约翰·罗素勋爵曾于1859年被迫向最高政府放弃自己的主张,而满足于做一个帕麦斯顿勋爵的副手。一个渴望上台的政党对分散其力量的领袖所施行的那种压缩力常被使用且必须被使用。这种政党是否会总能准确地选出最好的人是完全值得怀疑的。在一个曾经分裂的政党内,要想在支持那个由没有利害关系的旁观者所推荐的人问题上达到全体一致是非常困难的。各种形式的猜忌和敌意会立即被唤醒,而且要想使他们归于
沉寂总是不容易的,同时是不可能的。不过,尽管此类政党不可能 133
精确地选出最好的领袖,但他们有上好的动机去选择一个很好的领袖。他们所进行统治的维持靠的就是这个。在总统制政体下,

选举总统最初的政党选举委员会会议不必关心它们所选择的人最终是否合适。它们只关心他作为候选人的吸引人的地方，而不必关注他作为一个统治者的效率问题。如果他们选择了一个判断力不强的人，他还是会在他既定的任期内进行统治；即便他表现出上佳的判断力，当任期结束时，将会有一种宪法上预定的另一次选举。而在内阁制政府下，没有这种固有的预定性。政府是一种可以更换的东西，其任期是由其行为决定的。如果一个当权的政党愚蠢地选择一个庸人作为它的领袖它就会停止当权。它的判断力就是它的生命。假如辉格党在1859年下定决心将罗素伯爵和帕麦斯顿勋爵都赶开，而选择一个平庸无能的无名小卒的话，该党就有可能在石勒苏伊格—霍尔斯坦危机中从政坛出局。国民们会抛弃它的，议会也会抛弃它的。任何人都不会容忍看到由一个被认为是平庸的人——这种人之所以得到提升是因为他们平庸，连他们的朋友都不尊重他们——来进行一场秘密谈判，而这种谈判决定着战争与和平的选择。还有，内阁制政府是在光天化日之下进行运作的。它的生命在于辩论。一个总统可能是位庸人，但是如
134 果在其任期内能够保留一流的部长，他的平庸可能不会被人发现——他是智者还是愚者可能还存在一场可疑的争论。而一位首相必须表明他的本领。他必须与平民院在辩论中交锋；他必须引导议会进行事务性管理，在每一个危机时刻听取议会的意见，在议会情绪亢奋时裁决其争端。他显而易见地被付诸一种搜查式的检验，如果检验不合格，他就必须辞职。

也没有任何政党愿意将内阁制政府所赋予其首相的那种大权托付给一位庸人。首相虽然是由议会选举产生的，但他可以解散

议会。议员们自然渴望将那种可以毁掉他们受人羡慕的尊严的权力放置在合适的人手中。他们不敢将这种权力放在不合适的人的手里,因为这种权力不仅会伤害国家,也会将他们自身完全毁掉。因此我们可以肯定,任何时候当主要政党陷入分裂时,非皇室形式的内阁制政府会为我们求得一个公正而能干的议会领袖——它会为我们提供一位好首相,如果不说是最好的首相的话,那么是否可以说,皇室形式下的内阁制政府会做得更多吗?

我认为在一种情形下它会。如果立宪君主是一位拥有独特的洞察力、不偏不倚的性情和广博的政治知识,他就可以从分裂的党派中挑选出它的最佳领袖,即便是在该党自身可能不会任命他的时候也是一样。如果君主能够充当这样一个角色,即是一个绝顶聪明而又完全不相关的旁观者,即便是在某些道德家看来也是出

类拔萃的,那么,他也许能够为他的臣民作出比他们为他们自身所 135

作出的更好的选择。但是如果君主未能免除偏见,且没有那种近乎是奇迹的洞察力,那么他就不可能作出一种比党派自身所作出的更明智的选择。他当然缺乏同样的作出明智选择的动力。因为无论发生什么事,他的位子是不变的。而指定人选的党派的失败是由其所指定的人的能力决定的。

还有一种危险,那就是君主的判断可能是有偏见的。在四十多年的时间内,乔治三世个人闹出的别扭接二连三地给政府造成了实质性的影响。几乎在他刚开始他的职业生涯时,他就放弃了查顿勋爵;而且几乎到最后,他仍不允许皮特[1]先生与福克斯先生

[1] 指老皮特(William Pitt,1708—1778),辉格党领袖,曾主管外交、军事和内阁事务。——译者

联手。他总喜欢平庸,而讨厌有雄才大略的人;他从不喜欢高蹈的思想。如果立宪君主是一个拥有有限经验和普通能力的普通人(我们没有权力设想他们会奇迹般地不是这样),那么君主的判断通常会比党派的判断逊一筹。而且他还会陷入那种经常出现的宁愿挑选像爱丁顿那样一个受人尊敬的平常人而不喜欢像皮特这样一个有独立精神的一流人才的危险之中。

如果我们检验一下两种制度在内阁制政府的关键情形下——存在着三个政党的情形下——对首相的选择情况,我们会得出相同类型的固定结论。在这种情形下,这个类型的政府最容易表现出它的缺陷,而最难表现出其优点。这种政府的界定性特征是,握

136 有行政大权的人是由作为立法机关的议会选定的。而当存在三个政党时,作出令人满意的选择是不可能的。一次真正好的选择是由一个绝大多数作出的选择,而这个大多数是信任其所选择的人的。但当有三个政党时,就没有这种信任了。数量上最少的政党反而拥有了决定性的一票——它可以决定哪一位候选人能够当选。只是它这样做是付出了巨大的代价的。它放弃了为它自己的候选人投票的权力。他解决了其他人所喜欢的人中的哪一个能够当选,条件是放弃了它自己所喜欢的人。这种建立在自我否定基础上的选择从不能成为一种稳定的选择——这是一种任何时候都可能被撤销的选择。1858 年发生的事件虽然不能构成对我所说东西的一种完美的说明,但构成一种充分的说明。与温和的自由党分开行动的激进党将德比勋爵保留在权位上。一个超行动党以为与一个非行动党联合是得计的。如他们中一个人所粗略而明确地道出的,“在这些人领导下比在其他人领导下我们会更加得心

应手。"他的意思是,根据他的判断,托利党人会比辉格党人对激进派更服帖。但是显而易见,一个由如此明显对立的派别构成的联合是不可能持久的。激进党人通过选择这样一些人而进入联合,这些人提出的原则对他们是极其不利的;保守党人进入联合的代价是同意采取一些措施,而这些措施的范围对他们是极其不利的。一小段时间以后,激进派恢复了他们的自然联盟,并重新回到 137
与温和的辉格党人自然形成的分歧状态。他们用他们的决定性投票先是赞成一个持一种意见的政府,然后又支持一个持另一种意见的政府。

我并不是在指责这种策略。我只是用以说明一个问题。我是说如果我们设想这样一种行为被极大地夸张和极大地延长,议会制政府就会变得不可能。如果有三个政党,而其中两个都不采取稳定的相互联合行动,而是其中最弱的一个给予其他两个快速摇摆的支持,内阁制政体的首要条件就得不到满足。我们没有一个适合于进行选择的议会,我们不能指望会选出一个充分持久的行政班子,因为选择者们自身的思想和情感都不稳定。

在每一种类型的内阁制政府中——无论是皇室型的还是非皇室型的——这一缺陷只有一个方法才能予以补救。每一个党派中温和的人们必须联合起来支持一个总体来说最适合于每一个党派的政府。帕麦斯顿勋爵的政府最近之所以能够得以维持,靠的就是这种方法。这届政府在很多方面是有缺陷的,但是比英国绝大多数内阁在国外显得更有生气,在国内显得更积极。而这样对所有人都是有利的。温和的保守党人和温和的激进党人通过与温和的辉格党人结成紧密的联盟而维持了一个稳定的政府。无论是否

存在国王，这种有保留的自我否定是我们在议会制政府经受这种
138 最大考验时圆满地维持这种政府所必须依赖的主要力量。加上一个君主究竟会增加还是会破坏这种温和性呢？在皇室型内阁制政府下，这种温和力量是会更有效还是更无效呢？

如果君主具有一种天才的洞察力，那么在这种危机中他所能增添的助益就是巨大的。他会选择那个温和党派最初在盲目寻找而最终会选定的人作为他的首相——如果可能的话维持其首相地位。作为一个意识健全、有经验、讲策略的人，他会看出谁能够实现平衡的结合，哪一派别属于其他派别中的温和成员最终会予以联合的对象。在混乱党派的变动性转换之间，他有可能有很多机会来行使选择权他会有权责成 AB 或者 XY 组阁，而二者都有尝试的机会。政党所处的混乱状态缺乏稳定性，但却富于一时的忍耐性。由于缺少某种东西，但又不确切地知道缺少的是什么，因此政党在一个短暂的时段内接受任何东西，以便看看这种东西是否就是那个未知的某种东西——看看它能做些什么。在从 1762 年随着纽卡斯尔公爵的辞职而开始到 1784 年随着皮特先生的即位而结束的长期软弱政府交替期间，乔治三世旺盛的意志成为具有首要意义的东西。如果处在一个复杂而持久的政党分裂状态——这种状态在每一个持续的议会制政府中都肯定会经常出现且会长时
139 间存续——皇室选择的外在力量总会被谨慎地行使，而这将是一种有着不可估量价值的政治利益。

但是这种选择权会被如此谨慎地行使吗？在政府正常的运行过程中，立宪君主必须是一位仅有普通能力的人。看看世袭性王朝那种从早期就获得的虚弱性，我以为我们无法不指望他是一位

能力较弱的人。理论和实践都告诫人们，对一个王子的教育只能是一种可怜的教育，而一个皇室家庭一般会比其他家庭能力更弱。那么我们又有什么权利指望任何家庭不断地表现出某种精致的审慎心呢？何况这种审慎心如果不说是某种天赋的话，却至少是某种同天赋一样稀罕的东西呢？

也许在多数情形下，立宪国王的最高智慧会在经过深思熟虑的反应中表现出来。在1857—1859年这段混乱的间歇期内，聪慧过人的女王和阿尔伯特王子都能够明智地避免作出他们自己的选择。如果他们果真进行了选择的话，他们不会选择帕麦斯顿勋爵的。但是他们知道，或者说人们相信他们已经看出，世界在没有他们的情况下正在安定下来，而如果他们用一种外在的力量进行介入的话，他们只会延缓那些内在力量的凝结。的确，总有理由造就出最明智的国王，而对其智慧最感自信的国王又会不轻易使用这种智慧。议会的职责应该由议会感知。只要议会认为寻求一届政府是君主的事情，它自身就肯定不会寻求该届政府。议会型内阁 140
制政府如果将一种辅助的机制确定为一种土要的力量的话，如果它诱使应该行使最高职责的议会期望其他某个人来行使这些职责的话，这种类型的政府就是所有类型政府中最坏的一种。

为了对非皇室型内阁制政府公平起见，有一点也应注意到，即这种类型的政府没有皇室型内阁制政府那些最大的和最典型的缺陷。在没有宫廷的地方就没有来自宫廷的任何负面影响。这些影响是什么，每个人都知道，尽管没有人能够自信且准确地说——即便是最敏锐最贴近的观察家也不能说出——这种影响有多大。罗伯特·沃尔波爵士曾在加罗宁女王逝世后用一种对于我们现代人

来说是太粗俗的语言宣称，他不会关注国王的女儿们（“这些丫头们”，像他所称呼她们的那样），但是愿意专门依靠沃尔莫登夫人，即国王的情人。乔治四世时期的一位作家说：“国王是在我们这一边，不仅如此，科林汉侯爵夫人也在我们这一边。”所有人都知道，意大利统一以来几届政府的更迭是由于受哪种影响造成的。恰在所有其他事情处于混乱状态时，以及当它们因此变得格外危险时，这些不祥的力量可能变得最有效。对于一届无懈可击的政府来说，国王最疯狂、最恶毒的情人都不会有针对它的阴谋。但是当议会受到困扰、政党陷入分裂的时候；当存在着多种选择的时候；当所有邪恶的东西都有可能出现的时候；当内阁制政府必定处
141 于困境中的时候——政府就会受到很多此类人的算计。

没有君主，同样可以组建良好的政府，理解这一点是非常重要的。因为一些殖民地的政治家怀疑这一点。有人说：“我可以设想，没有一个统治者，内阁可以很正常地运行。但我不能理解的问题是它是如何发起的。”甚至有人建议，一个已经脱离英国而不得不组建自己的政府的殖民地不可愚蠢地设立一个终身统治者，而是只授权他挑选阁臣，即某个像阿比·西耶士所设计的“大选任者”（grand elector）的人物。不过在这样一个殖民地引入这样一个官员实际上会自动地给它造成一种人为的麻烦。他不可避免地会成为一个党派中人。这个国家最富于尊严的职位必定会成为各大派别角逐的对象，而所有活跃的政治共同体都会分裂成这种派别的。这些党派与所有的东西相混合，且对所有的东西进行干预。而且，他们既不愿意也不能够让所有职位中最荣耀和最显要的那个被填充——除非他们乐意。他们也知道，这个大选任者即内阁的大挑

选者在极端危急时刻可能成为要么是好友,要么是劲敌。最强大的政党会选择这样一个人——他会站在他们这一边,如果他必须站在某一边的话;他愿意倾向于他们,如果他必须表明某种倾向的话;他应当成为他们经常的附丽者并成为其对手的经常障碍。

但是,君主使多数人感兴趣的作用大凡是发挥在内阁的存续期间,而不是在其组建期间。大多数人还认为在此期间的作用是至关重要的。我自己也同意这种观点。我认为这一点是可以证明 142
的,即君主在立宪君主制下充满智慧和政治意识的人们中间所处的位子是一个聪明人会首选的位子——在这里,他会发现他的知识性冲动会得到最好的激励,而他的非知识性冲动会得到最好的控制。

关于女王在政府运行期间的义务,我们有一个来自她自身的有着不可估量价值的资料片段。1851 年,路易·拿破仑发动了政变;1852 年,约翰·罗素勋爵发动了他的政变——他驱逐了帕麦斯顿勋爵。他在议会用一种极富教益的违背礼仪的方式阅读了一份关于其对手职责的皇室备忘录。内容如下:“女王首先要求帕麦斯顿勋爵清楚地讲述他在某个特定的情况下所建议的东西,以便使女王同样清楚地了解那些她将给予皇家认可的东西。其次,一旦她认可了这样一种措施,这种措施就不得由该大臣任意地予以改变或者予以修正。如果出现此类行为,女王就得以视为对皇室的不忠,因而可以正当地行使其辞去该大臣职位的宪政权利。在重要的基于对外交往的决定作出之前,她希望所有发生在首相和外国使臣之间的事情都能向她通报;她希望在合适的时候接见外国使节;希望将那些须经她批准的草案在发出之前提前送交她,

以便让她有足够的时间了解它的内容。”

除了对某些特定阁臣的控制，特别是对外交大臣的控制外，女
143 王对内阁也实行某种程度的控制。首相应将所有最重要决定的真实信息，连同报纸上所载同样重要的消息以及议会中进行的重要表决等真实情况呈交女王。他有责任让女王知道有关国家现实政治生活中所有可以知道的一切东西。按照严格的惯例，如果她对内阁的每一次重大行动一无所知——不仅仅在该行动结束之前，而且在尚有时间进行考虑，即在尚有可能不让它结束的时候——她就有权提出抱怨。

简而言之，在我们这样一种君主立宪政体下，君主有三项权利：商量权、奖励权和警告权（the right to be consulted，the right to encourage，the right to warn）。而一个拥有健全理智和睿智的国王是不需要其他东西的。他会发现，没有其他权利可使他更有效地行使这三项权利。他会对大臣说：“实施这些措施的责任就落在了你的身上。你所认为最好的事情必须付诸实施。你所认为最好的事情都会得到我全力和有效的支持。但是，你会看到，由于这样或那样的原因，你提的建议是不好的；由于这样或那样的原因，你没提的建议却是好的。我不反对你的建议——我的职责是不予反对，但请注意，我会提出警告。”假如国王是对的，并且拥有国王们通常拥有的东西——有效表达的天赋，他可能不知不觉地感动他的大臣。他可能不总是能够改变其行事轨迹，但他总是能够给他
144 造成心理压力。

在长期的统治过程中，明智的国王会获得一种很少有大臣能与之比拟的经验。国王可以说：“你注意到了谁谁当政时所发生

的那件事吗？我想起了这件十四年前的事。它们提供了一个坏事能予人教益的榜样，而你所建议的政策肯定又会成为这样一个范例。那时，你还不像现在这样在公共生活中发挥如此显著的作用，而且有可能你记不全所有的事件。我建议你想想这些事件，并与你的那些曾参与过这些事件的老同僚们一起讨论一下。殷鉴不远，重蹈覆辙是不明智的。”国王的确有一种优势，这种优势是一位常务副大臣相对于其上司议会大臣的优势——已经经历了诸多前任议会大臣所走过的程序的优势。这些程序是他生活的一部分，费尽了他最深的心思，给他带来了或许是焦虑或许是愉悦。尽管受到他的劝阻，这些程序还是启动了，或者由于他的批准而得到了认可。议会大臣只是朦胧地记得在他某些前任任职期间做了某件事，而很可能他当时对此类公共事务一无所知，或者压根儿不感兴趣。他得重新开始痛苦而不完整地了解那些常务大臣所清楚地记得并可以即时说出的事情。无疑，议会大臣会总是能够用他高高在上的威严的默示力量封住他手下人的口。他会说：“我觉得这些事情没什么大不了的。你所提的那个时代犯了许多错误，而 145
这些错误我们现在无须讨论。”一个自负的人会轻易地将手下人提出的建议否决掉的。不过，首相可以如此对待他的属下，但不能如此对待他的国王。他据以否定其下属的那种承认官阶级别的社会力量这时不会帮助他而会反对他。他无法再指望一个公认的属下对他暗示尊重，而是不得不回答一个上司的问题，而他本人也得对这位上司表示敬意。乔治三世对公共事务诸多形式的了解和他那个时代的任何政治家一样透彻，或者说比他们更透彻。他能干且勤奋，如果除此之外他还具备一个明察秋毫的政治家所具备的

更强的能力的话,他的影响就会是霸主式的。英国旧时宪法无疑给了国王一种我们现时宪法所没有给予的权力。当国会中的多数因受皇室资助而主要受皇室控制时,则无论有无首相,国王都是讨价还价的一方。不过即便在我们现行宪法之下,像乔治三世这样拥有超强能力的君主还会有很大的影响。全欧洲的人都知道,比利时国王利奥波德通过使用我已描述的手段行使了极大的权力。

对于每一个熟悉英国近来历史真实轨迹的人来说,还有一点是人所共知的,即奥尔波德王子其实用完全一样的方式获得了大权。他拥有一位立宪君主的罕见才干。如果他的寿命能延长二十年,他的名字就会像利奥波德国王一样传遍欧洲。他活着的时候
146 处于一种不利地位。其时握有英国重权的政治家们是一些比他本人更富有经验的人。他可能而且无疑的确给马尔梅斯伯利勋爵(Lord Malmesbury)施加了虽然不是支配性的,但也是非常巨大的影响,但他治不了帕麦斯顿勋爵。帕麦斯顿勋爵这位老政治家治理英国时,多数人尚不适合于治理其自己的家庭。在这样一个时代,他记得一整代在阿尔伯特王子出生之前即已过世的政治家。这两个人所处时代和个性都不同。这位德意志出身的王子的精雕细琢——这种精雕细琢已被人们恰当地且令人愉悦地与歌德的相同个性相比较——对这个半爱尔兰半英国出身的政治家来说是完全陌生的。面临小小的危险时便表现出某种暴躁的勇气,冒失地使用一种总是有效却并不总是细腻的雕虫小技,这是帕麦斯顿勋爵的缺点,因而无疑令阿尔伯特王子心烦,因为后者有着一种学者式的审慎和勇气。这些事实将为我们子孙的子孙们所了解,尽管不为我们所了解。阿尔伯特王子做了很多事情,但是他在将自己的影

响施加于经验比他少且渴望向他学习的一代政治家之前就去世了。

设想一位首相与他的君王之间的对话会成为一场纯粹论点之争是幼稚的。“神性使国王高深莫测”这句话可能不像从前那样神圣,但依然有某种神圣性在。几乎没有任何人能够与一位内阁大臣在其自己的屋子里像他在另一间屋子里与另一个人一样进行争论。他无法表明自己的观点,对于对方所陈述的观点他也无法 147
不予领会。在君主的屋子里谈话就更难受。查顿勋爵的经历就是最好的例子。在众多的英国政治家中,查顿勋爵算是最独断和最富霸气的,而且几乎是第一个违背国王的意志和整个上层社会的意志而当权的英国人——第一位平民首相。我们也许会期望一位自豪的来自民间的保民官会对国王表现出霸气——向国王表现出他向其他所有的人所表现出的那种霸气。相反,他成了他自己想像力的奴隶。君王身上存在着一种神秘的魔力,这种魔力使查顿勋爵失去了他平常的天性。“最后瞅一眼国王的密室,”伯克先生说,“就使他神痴意迷,而且直到他生命的尽头会一直如此。”一位智者说,即使在国王举行的招待会上,他向国王鞠躬是如此之深,以致你甚至可以从他双腿之间看到他那尊鹰钩鼻子。他习惯于在乔治三世的床边跪下谋事。如今,没有人会跪着争论。使他在形体上保持那种姿态的迷信般的感觉同样会使他保持一种相应的心理上的姿态。对于国王所表述的不当论点,他不会像驳斥其他人同样论点那样进行驳斥。当他得知国王不喜欢他的论点时,他不会将他自己最好的论点进行有效的决定性的陈述。在一场大致平衡的论争中,国王必定总是占个先手,而在政治中,许多重要的论争都是大致平衡的。任何时候如有某些论点是围绕着国王的观点

148 进行发挥的，就会有完全的分量；如若围绕大臣的观点进行发挥，其分量则只会打折扣并变得没有底气。

国王还有一种权力，这种权力从理论上说只能在关键时刻作极端使用，而从法律上说则在任何情形下都可以使用。他可以解散（议会）。他可以事实上——如果不说是从字面上——对他的大臣说："这届议会把你推举到了这个位子上，但我倒想看看我能否使另一届议会推举另外某个人到这个位子上。"乔治三世清醒地知道，最好是当全国民众或许可能或者不管怎么说不无可能支持他的时候，偶尔或在一些观点上采取他自己的立场。他总是让一个他不喜欢的首相在一个可能出现的继任者的阴影下瑟瑟发抖。在这种事情上，他有着一种狂者式的老练。他跟他那个时代最能干的人过不去，而且很少落败。他知道如何用一种心照不宣的威胁来帮衬一个站不住脚的观点，以及如何在一个习惯性的示敬者面前阐述这种观点。

也许这样一些权力是一个明智的人所最希望行使而最不惧拥有的。希望成为霸主，"渴求霸道，"像那句希腊人的话所言，在我们这个时代是一种心灵缺乏修养的标志。心怀如此愿望的人不可能好好地揣摩了巴特勒所说的"事情所包含的不肯定性"这个东西。在我们现今文明状态下，认定将自己的意志强加于人是对的，或者说希望将意志用暴力的方式强加于他人；不愿听取他人意见，不愿坐下来揣摩一下他人意见中所含的真理，而是想看到自己的观念栩栩如生且固定不变，这些不过心智粗糙的表现。至少我们
149 知道，事实多种多样；进步是一种复杂现象；使人热血沸腾的观念（像年轻人所拥有的那种东西一样）多数是靠不住的且总是不完整

的。那种做一个深谋远虑而独断专行的政治家——这种政治家可以制定未来时代的蓝图——的念头是一种幻想。这种幻想来自一种人类理智的虚骄,而这种虚骄是得不到事实证明的。查理曼①的宏图随他身逝而破灭;黎世留②的雄心大而无当;拿破仑功勋盖世却狂乱暴躁。一个明智而伟大的立宪君主不会试图这样追虚逐妄。他的事业不是浮在空中;他在一个充满着严肃事实的世界里劳作;他要付诸实施的是一些切实可行的计划——一些被人期望、功称其事的计划。他对他的人民为他选送的内阁——一届接一届的内阁——说:“我有如是如是想法;你们看看这些想法是否有道理。我已经在某个备忘录中说明了我的理由,这个备忘录我会提供给你们的。也许它没有详尽地解释这个问题,但它会提供一些实质性问题供你们考虑。”通过年复一年与一届接一届内阁的商讨,最明智的国王提出的最好计划定会被采行,而那些次要的不切实际的计划会遭淘汰和拒绝。他不能徒劳无益地超越他的时代,因为他有义务说服那些议会代表——他所处时代的典型人物。他会有最佳手段证明他在所有新奇的问题上都是对的,因为经年复一年的讨论,他会赢得世俗世界那些被选定的代理人的支持。这些代理人立足于现实,因为他们已经赢得现世人的欢欣,而这些人 150
从不会沉溺于一些新鲜的概念或者高深的思想。一个明智而有创见的立宪君主可以平静地走向他的坟墓,如果说世间还有什么人

① 公元8世纪法兰克王国君主,史称“查理大帝”。曾通过文治武功建立起一个覆盖西欧广袤土地的大帝国。但在他逝世后不久,查理帝国即一分为三,大致相当于现在法、德、意三国疆域。——译者

② 17世纪法王路易十三的首相。——译者

可以平安入土的话。他会意识到他所颁布的最好的法律与他所处的时代相协调；意识到这些法律是合乎那些将把它们付诸实施的人们的意愿的，也合乎那些将深受其益的人们的意愿的。于是他会一生优乐。在他所度过的这样的一生中，他总能够向人表明他的观点；他总能够让那些负有执行责任的人在行动之前考虑这些观点。在这一生中，他能够意识到，他已经在这个世界上着手实施的计划并不是某个个人特质的偶然巧合所致，因为这样的东西大多会是错的；而是所有正当事情的必然性所致——一个聪明睿智的人的思想终于被接受，并且被许多聪明人作为行事的依据。

但是，我们是否可以期待这样一位国王呢？或者说，鉴于这是一个实质性问题，我们是否可以期待一个世袭系列的这样的国王呢？每个人都听说过沙皇亚历山大曾经给司达尔夫人——她曾以发表声明称颂开明专制的方式支持亚历山大——的答复："是的，夫人，不过这种情形不过是一种快慰的偶然。"沙皇清楚地知道，做一个十足贤良的霸主所需的超强能力和善良意愿从来不会连续地融会在任何系列的统治者身上。他知道这些品质是世袭性人类天性所远远不能及的。可以说一个立宪君主的典型品质又是这种
151 天性所能及的吗？我想不能。我们前面已经认定一个世袭性君主在一届政府行政之初的所发挥的典型作用是大大超过世袭性职位拥有的寻常能力的。我觉得，关于其在行政机关存续期间所能发挥的作用，如果进行一项公正的调查的话，那么也应该会得出相同的结论。

如果我们翻一翻历史，我们就会发现，英国的立宪君主的义务只是到了目前现任统治时期才算得到了妥善的履行。头两个乔治

不熟悉英国事务,因而完全不能就这些事务进行指导——无论是恰当还是不恰当的指导;当他们在位时,首相在持续多年的时间内除了忙于管理议会事务外,还得伺候女人们——有时是女王,有时是“女管家”——而这些女人是伺候国王的;乔治三世不停地干预朝政,但也不停地碍人手脚;乔治四世和威廉四世都未给予稳定的持续指导,他们也不适合于给予这种指导。在大陆,一流国家的立宪皇室的存续从来就没有超过一代人。路易·菲利普,维克多·伊曼纽尔和利奥波德都是他们各自王朝的缔造者;我们不能指望立宪君主制会使这些王族开山祖师身上所秉有的那种奇特天赋持续地传承给他们的后代,就像我们不能指望专制君主制会出现这种情况一样。经验告诉我们,没有理由期待一个世袭性家族产生一系列有出息的君王。

如果我们从理论的角度看这个问题,就更没有理由期待这种情形出现。当君主给予了他的大臣们有效和有益的指导时,他就
是一个有用的人。但是,这些大臣必定是他们所处时代中一些最 152
能干的人。为了满足议会的要求,他们必须管理议会事务并必须在议会发表演讲。非有雄才修能者做不了这两件事。展现这两项才能必定会教人懂得不少世事;如果做不到这一点,那么一个议会领袖在成为领袖之前就得经受相当的训练。他必须先在议会谋求席位,让议会听到他的声音,赢得议会的信任,以及赢得其同僚的信任。没有独特的能力——一种在不同生活细节中精炼出的能力——就不会有人能达成这些目标,更没有人能够既达成又保持这些目标。与这些受过如此教育又有如此出身的人相比较,作为自然天性所铸就这个模样以及历史为他所展现出这个模样的君主有什

么优势呢？首先，他只能是一位普通人；他有时聪明有时愚蠢；而从长远观点看，将既不聪明也不愚蠢：他将成为一个从摇篮到墓地都得沿着简明的生活常规路线前行的简单而普通的人。他所受的教育是那种从来无须进行抗争的人所受的教育；那种从来都感到无须获取、养尊处优、无须正视现实日常生活的人所受的教育。企望一个出身于皇家的普通人物拥有比出身于非皇家的非凡人物更大的能耐；企望一个总是处于一种固定处位置上的人能够比一个靠他自己进行判断过日子的人作出更好的判断；企望一个无论是否谨慎行事其职业都不会受影响的人拥有那种凭自己的智慧出人
153 头地的人所拥有的微妙审慎——这些企望都是徒劳无益的。

立宪国王所拥有的典型优势是他处于一个不变的位置上。这个优势给了他连续获取各种复杂交易信息的机会——不过只是给了他一种机会。国王必须利用这种机会。政治事务中并没有皇家道路可言。这些事务的细节是纷繁的，令人不快的，复杂的，且形态各异的。要想在讨论中与大臣们平起平坐，国王就得像群臣那样工作，像他们那样做一个事务中人。而立宪君主又是一个最容易受到安乐诱惑的人，且是一个最不会被迫做事的人。一个专制君主可能觉得他是国家的中枢。国家的中心落在了他的身上。其人如此，其事务也不例外。他可能被诱入欢娱，而忽视所有其他的东西。但这样做的风险是明显的。他会伤及自身，会引起革命。如果他变得不适合于进行统治，另外某个适合的人对他进行算计。而一个立宪王子就无所畏惧。他可能渎职，但他不会受到伤害。他的位子依然稳固，收入依然源源不断，自我享受的机会依然像任何时候一样充裕。他为什么要干活呢？诚然，不干活他会失去那

经过年复一年的辛苦工作给他带来的静悄悄的秘密影响。但是,一个心中充满渴求的年轻人——世间的奢侈品和诱惑物都对他开放——不会被一种对一些枯燥事务施加一种平和影响的远景所吸 154
引。他可能有良好的心愿;他可能说:“明年我会阅览这些文件的;我会设法提出更多的问题的;我不会让这些妇道人家跟我如此卿卿我我的。”但她们照例还会缠着他。最无望的令人徒唤奈何的东西是那种因绝妙的规划而被磨平的无奈。“那位财政大臣大人,”斯威弗特曾说,“许诺说今晚解决问题,而他会如此说上一百个晚上。”没错,如果王子对事情的关注会削弱内阁的权力,那么阁臣们是不希望这件事情引起他的关注的。

王子年轻时即位的情形如此,但如果他年迈或人到中年时才即位,那么情形会更糟。那样的话他是不适合于做事的。那样他就已经将整个的青春时代以及人生的第一部分用于了无所事事,因而人们自然无法再指望他辛苦劳作。一个到了中年尚在寻欢作乐的游手好闲者不会像乔治三世那样开始工作,或者像阿尔伯特亲工那样工作。惟一能够成为合适的立宪君主料子的是一个早年即登大位的王子——这样的人年轻时不会沉溺于安乐,并愿意劳作,且从本性上讲会有一种审慎的禀赋。这样的国王是上帝最大的恩赐,但也是最稀有的恩赐。

一个坐在立宪制皇位上普通的无所事事的国王不会在他的时代留下任何印记。他做不了什么好事,也做不了什么坏事。他所处时代的皇室型内阁制政府完全会像非皇室型内阁制政府一样运行。零这个数字位于一些重要的数字之前仍是无关紧要的。不过,苍蝇喜欢叮有裂缝的蛋。皇室型体制下出现的最恶劣的情形

远比非皇室型体制下最恶劣的情形还要恶劣。不难想像,在立宪制皇位上会出现一个好动的喜欢掺和的蠢货——他总是在不该动
155 的时候乱动,该动的时候又不动;他的大臣们采取合理的措施时,他动辄加以警告;当他们采取的措施不合理时,他又予以鼓励。不难想像,这样一位国王会成为被他人玩弄的工具——他的亲信们可以摆弄他,他的情妇们可以使他堕落,一种乌烟瘴气的宫廷气氛可以使自由政府变质。

我们已经看到过立宪皇室体制下出现的诸多危险的可怕例子。我们看到过一个喜欢掺和的疯子的例子。在乔治三世一生大部分时间内,每一次危机都使他神志不清。终其一生他都表现出了一种精神不健全人的固执。他是一个顽固而邪恶的有影响的人。任何不得体的事情,他做起来都义无反顾;真实而位卑的人做出得体的事情时,他会利用他的地位让他们偏离正道。他为他的同时代人树立了一个极佳的道德榜样,但是他是这样一些人的典型——他们所做的好事随他们身逝而磨灭,而他们所做的坏事则在他们身后遗臭万年。他延长了对美国战争——或许可以说他引发了美国战争,因而给我们遗留了美国人仇恨的印记;他阻止了皮特先生明智计划的实施,于是我们又继承了一个爱尔兰难题。他不让我们及时做正事,于是我们试图做的正事就显得过时且没有结果。一个活跃而半疯狂的国王领导下的立宪皇家制度是最坏的治制之一。有一种秘密的力量充斥其间,这种力量总是跃跃欲试,通常顽固不化,经常出错,对大臣指使的多而了解的少,对大臣们
156 弄权的程度远超过公众的想像。它不负责任因为它深不可测;它不可阻挡因为它不显痕迹。一个明君的善行几乎是不可估价的,

而一个昏君的恶性则几乎是不可修补的。

如果我们检验以下英国君主在一届政府解散时的权利与义务,我们就会发现上述结论得到了验证。不过,解散议会的权力和册封贵族的特权——这些在那个时刻属于最主要的权力——太重要且涉及许多复杂的问题,因而难以在这一篇长文的末尾详论。

五、贵族院

157 在我上一篇文章中我阐明了这样一个观点，即当情势适宜时，立宪君主无论在一届政府成立之初还是在其存续期间都可能发挥一流的作用；但还有一点，即从实际上讲他又不太可能成为有用之人。所需的观念、习惯和才能要远远超过一个普通的、按君主所受通常方式教育的人所具备的寻常能力。同样的观点完全适用于一届政府即将完结之时。在这个关键时刻，英国国王所拥有的两项很不同寻常的特权——册封新贵族的权力和解散下议院的权力——开始发挥作用；而在了解什么是贵族以及什么是平民院之前，我们无法对这些权力的使用或滥用提出允当的批评。

贵族院——或者从其尊贵的一面来说，那些贵族——的作用是非常大的。该院不会引起人们像对女王那样多的尊敬，但它还是会引起人们相当的敬意。贵族阶层的功能是向普通民众施加某种影响——不一定是将某种不正确的东西强加给他们，更不会是
158 将某种有害的东西强加给他们，而是在他们波澜不惊的想像中加进某种否则就不会在那里存在的东西。民众的想像力之虚弱是不可思议的；没有一个看得见的标志，它就看不到任何东西，而即便有这么一个标志，他们可能从中意会到的东西也少得可怜。贵族气质是心灵的标志。它包含着一些普通大众过去一直而且现在依

然经常从中推导出灵魂的标识。一个普通的聪明人走到乡间不会得到人们的任何敬意,但一位“老乡绅”会受到人们的尊敬。即便是在他资不抵债以后,即当每个人都知道他的破产只是一个时间问题的时候,如果他身边坐着一个刚发财的人,那么他从普通乡民那里得到的尊重仍会五倍于这个刚发财的人。乡民们会宁愿恭顺地听他讲废话,也不愿听那位新富讲实话。一个老贵族会得到人们无限的敬意。他的存在本身就是非常有益的,它会唤起那些粗俗、无聊和小气的大多数人对一种灵魂的恭顺意识,而这些人既不会欣赏也意识不到其他的任何东西。

贵族阶层不仅就它所营造的东西而言是大有用处的,就它所能预防的东西而言也是一样。它防止了财富的统治——对金钱的信仰。这是盎格鲁—萨克逊民族显然和自然崇拜的东西。盎格鲁—萨克逊人总在设法赚钱;他用金钱衡量一切;他在一大堆金钱面前拜倒,而在一小堆金钱面前睥睨。他自然而本能地羡慕财富本身。在相当的限度内,这种感觉是无可厚非的。只要我们还强劲而急切地把玩产业游戏(而我希望我们将长期地玩下去,因为 159
如果我们把某种事情做得更好的话,我们的模样将会大大地改变),我们就必定会尊重和羡慕那些成功的玩家,而鄙视那些失败的玩家。探讨这种感觉是对是错是无益的;从某种程度上讲,这种感觉是不自觉的。我们是否应有这种感觉的问题不是血肉之躯的人来解决的,自然为我们解决了这个问题。在某种限度内讲,我们必须有这种感觉。但是在许多国家,对财富的羡慕超过了这个限度。它不再从任何程度上看重获取财富的技能,而对继承者手中的财产和对创业者手中的财产一样看重。这是一种简单的对一大

堆黄金本身的爱慕。我们的贵族制度把我们从这种现象中拯救了出来。“一位可怜的见了鬼的百万富翁会在英国过得如此不痛快,”世界上其他任何国家都不会出现这种现象。这种经历每天都在被人们体验着,而每一天都在证明,仅凭金钱——纯粹而简单的金钱——是买不通“伦敦社会”的。金钱被压抑着,因而可以这么说,金钱被一种不同的力量所拥有的压倒性权威所折服。

不过,也许人们会说这也没有益处。那种为崇拜而崇拜,即对金钱的崇拜与对身份的崇拜同样好。即便退一步讲情况的确如此,但一个社会存在两个崇拜偶像应该是一件大有助益的事。在偶像崇拜的竞争中,真正的崇拜就得到了机会。不过,如果说对身份的崇拜——至少对世袭性身份的崇拜——就像对金钱的崇拜那样卑劣,这种说法就是不对的。星移斗转,世事变迁,但风度这个东西在特定阶层中已经变成了一种半世袭性的东西。而风度是一种精致的艺术。它构成社会的风格;它存在于人类日常口头交流

160 之中,如同文学表现艺术存在于人类偶然的书面交流之中一样。在崇拜财富时,我们崇拜的不是一个人,而是一个人的附属物;在崇拜世袭性贵族身份时,我们崇拜的是一个人可能拥有的非凡才德——使某人显露其为人的才德。生活中不经意间显现出来的优雅可能属于中产阶级:彬彬有礼的人到处都有,但是优雅风度应该是在贵族之家。

还有第三种偶像崇拜,而且也许是任何类型的崇拜中最恶劣的一种——对官位的崇拜。使我们产生这种崇拜的原因还是来自于对身份的崇拜。最卑劣的神癯是一位隶属于人的雇员,而如今在文明政府中,它是最常见的。在法国以及欧陆多数国家,它确立

了一种迷信般的统治。如果你指明小官员的薪酬比商业报酬要少,他们的工作比商务工作更单调,他们的心态更少受益以及他们的生活更驯服,那是没什么用的。他们依然被认为是更伟大、更优秀的。他们有装饰物:其上衣左胸口处佩戴着一个小小的红色装饰品,而没有任何观点能够解释这一点。在英国,在我们社会奇特的演进过程中,理论家所期望的东西事实上变成了现实。那些需要某种心智的显要官位——无论是世袭的还是经选举产生的——都会获得社会声望,而且几乎只有它们能够获得声望。一个年薪两千英镑的副国务大臣是一个比年薪五千英镑的金融公司的董事 161
长更风光的人物,而国家也认可了这种差别。但是,除了像财政部这样几个衙门——这些衙门一度由一些贵族出身的人填充着,并间接地带有一种贵族气,低微的职位是没有什么社会意义的。一个大杂货商瞧不起一个税收征管者,而且一种在很多国家会被认为是不可能的事是,税收征管者羡慕杂货商。殷实的财富拥有者会告诉人们,公共职位不会享有什么人为的尊严。公共服务系统中的一个职员是"无名小卒",而且你无法让一个普通英国人明白为什么他应该成为大人物。

但是必须承认,这个社会向一种政治权宜方面的演变已经毁了这种东西的一半。相当大一部分"最优秀"的英国人将他们的心态保持在一种温文尔雅的灰暗状态中,他们保持着自己的尊严,他们得到了遵从,他们对其下属友好而慈善。但是他们没有活跃心灵的观念,也缺乏这样一个概念,即社会的魅力依赖于这个东西。他们认为精明是一种滑稽,而且经常处于一种不必要的生怕别人以为他有任何精明之处的恐惧之中。这种僵硬的尊严感是如

此有力地定下了基调，以致少数能够获得社会荣誉的英国人多半会把这种东西藏匿起来。对于他们所信任的人，以及那些他们认为能够意识到其微妙差别的人，他们保留着它。但是一个好的政府完全抵得上无尽的社会灰暗。如果我们优先考虑的是那些最古老的阶级而不是那些最精明的阶级的话，那么英国社会尊贵的麻木状态就不可避免。而且我们已经看到这一点是多么有用。

众所周知，贵族阶层的社会声望要比一百年前甚至五十年前
162 时低得多。两大运动——现代社会两场最伟大的运动——都不利于这种声望的提高。各种形式的工业财富的兴起带来了这样一个竞争者，这个竞争者通常拥有灵魂，而且几乎成为一种至高无上的东西。我们的公司、铁路、债券和股票每天都日甚一日地倾向于增加那些对贵族阶层的包围物，而且总有一天它们会把这个阶层包藏起来。而当这种新兴力量升起时，贵族阶层已经下滑。贵族们不像从前那样拥有很多站出来的资本。他们高贵的权力存在于一种剧院式的表演之中。而社会每天都在变得更低贱。如我们一位伟大的讽刺家所说的："大卫街最后一位公爵曾经让这条街的北路布满了他的马车，而妇人们和仆人们向他鞠躬。现在的公爵则坐着车叼着雪茄悄悄地从火车站走开。"贵族们不能过着旧式生活，即便他们愿意。他们被一股更强大的力量支配着。所有现代社会都有一种让普通人地位上升而让上层人地位下降——相对下降，而且也许是绝对下降——的趋势，而他们就是这种趋势的受害者。随着社会雍容华贵特色的消逝，贵族们失去了他们独特权力的惟一支撑。

如果我们记得人们曾经对作为高贵者的贵族们所示的巨大敬

意，我们就会对贵族院作为一个整体一直处于弱势地位这一点感到吃惊。它一直像现在这样，在我们的议会中处于第二位，而不是第一位。当然，我并不是在说中世纪的情景；我并不是在论及我们宪法的胚胎或初始形态；而只是在论及其成熟形态。试以 R. 沃尔 163
波时代为例。他是首相，因为他控制着下议院；他下野了，因为他在该院一次选举请愿中被击败；他统治过英国，因为他统治过该院。不过其时贵族是英国的统治力量。在某些选区，某个贵族出言即成法律。在西莫兰选区，“那个讨厌的卢瑟尔勋爵，”——当时人们这样称呼他——在现在仍活着的人们的记忆中留下了一个恐怖的名字。大部分城市和郡议会成员都是由他们提名的，人们对他们表示过不容置疑的恭顺的敬意。作为单个个人，贵族们是最大的人物；而作为一个众多的贵族聚集其中的议院，却是处于第二位的。

造成这种不正常现象的原因有多种，但最主要的原因是一个自然的原因。贵族院从来就不是这样一个议院：在这里，最显要的贵族也是一些最重要的议员。不可能如此。适合于一个人在一个审议性议会中取得显著成就的品质不是世袭性的，且不是伴随着万贯家财的。一个德文郡公爵，或者一个贝德福公爵，在全国、在伦敦以外各地以及在其自己所居城市，是一个比索罗勋爵体面得多的人物。他们拥有万贯家财、许多自己控制的选区、不计其数的随从和像宫廷里一样多的仆役。这些东西索罗勋爵都没有。他只靠薪水过活。在贵族院开会之前，这些公爵们不仅是些最体面的，而且是些体面得无与伦比的人物。但是一到议会开会，索罗勋爵就成了最有分量的人物。他可以发言，而其他人不能。他在半个

164 小时内就能做成的生意其他人在一天之内都做不了，或者根本就
做不了。当某个不喜欢他统治的不知趣贵族讥笑他的出身时，他
有话应付这种场面：他说一个人凭他的努力获得某个职位比靠出
身获得某个职位更光彩，比靠那种“偶然中的偶然”更光彩。而这
样一个议院对一些大贵族来说不可能令他们愉快。他们不可能喜
欢在其自己的议院中与一个昔日的律师相比——每个人都记得他
没有什么法律事务，因而为受聘用而谈判，并为七八个便士而追
逐——处于次要的地位（而这就是他们在不同时代所处的位置）。
大贵族们从议会中得不到荣耀；相反，他们进入议会后就失去了荣
耀。为了摆脱这种困境，他们设计了两个权宜招数。他们发明了
代理人制度，这种制度使他们得以无须到现场就能投票——以免
受到激情和谩骂的伤害，以免受到荒唐的搅扰，以免离开乡村别墅
或者城镇宫殿（在这些地方他们是半人半神式的人物）。另外一
招更有效：他们选择平民院而不是贵族院来施加他们的影响。通
过这个间接方式，一个有权与人联手选送两名郡议员、单独选送两
名区议员——因而或许可以决定政府成员的人选，可能加固反对
党领袖的地位——的乡村权势人物会成为一个相比坐在他自己议
院的议席上听议长讲话时风光得多的人物。贵族院是一种二流的
165 力量，即便在贵族们构成一种一流力量的时候。因为那些最大的
贵族们——那些有着最大的社会影响的贵族们——并不在乎他们
自己的议院，或者说喜欢自己的议院，而是通过在那个与之竞争的
议院施加一种隐秘和潜在的影响获得他们大部分的政治权力。

当我们不再从贵族富于尊严的一面来看它，而从其严格的有益的一面来看它，我们会发现英国宪法的相关书本理论照例是完

全错误的。这种理论认为，贵族院是王国内的一个与平民院相协调的机构，一个与平民院平起平坐的机构；它是一个贵族性分支，就像平民院是一个大众性分支一样；而依据我们的宪法原则，这个贵族性分支与那个大众性分支是具有同等权威的。这种理论是完全站不住脚的。英国宪法的一个显著特征和一个首要的精妙之处是，它设置了一种上院，这个上院不具有与下院同等的权威，尽管它还拥有某种权威。

赋予两个不同性质的议院以相互平等的权威的害处是显而易见的。每一院都能阻止所有的立法，而某些立法又是必须的。这时，我们有一个可以设想的最好的例证。代表着富有的羊毛商们的我们这个维多利亚宪法下面的上院与下院不和，因而许多事情悬而不决。而由于某种最奇特的机巧的缘故，政府机器会陷入停

顿。多数宪法都犯下了这种大错。两个世界上最著名的共和政体 166

犯了这个错误。在美国和瑞士宪法中，上议院和下议院拥有同等的权威；如果它愿意的话，上院可以制造最大的障碍——僵局；如果它不这样做的话，那也不是由于立法机关的友善，而是出于其成员的审慎。在这两部宪法中，这种危险的区分是受到了一种奇特的理论支持的，这种理论认为，在联邦体制中，必须存在某种拥有否决权的机构、权威或实体，以便使组成联邦的各州地位平等。我承认，这个理论对我来说不是不证自明的。它是假设的，而不是经过实证的。从权力或影响方面说，特拉华州与纽约州是不平等的，而且你无法通过在联邦上院赋予它一种平等的否决权的方式使它平等。这种体制的出现的确是再自然不过的。一个小州会喜欢且必须喜欢看到某种象征——某种彰示其过去独立的记忆标记——

保留在宪法之中,而就是这个宪法消灭了那种独立。不过,说一种体制是自然的是一回事,而它是否得体则是另一回事。如果一种联邦政制强制设立一个拥有终局性和并列性上院的话,那么这就意味着在这种政制的诸多内在缺陷上又加上了一个缺陷。有这个缺陷或许是必须的,但它毕竟是个缺陷。

每一部宪法中都应该在某个地方设定一种可望也可即的权
167 威。最高权力必须成为一种可即的东西。而英国宪法已经做到了这一点。在1832年议会改革法通过之际,贵族院并不像维多利亚时代的上院同意当时的下院那样心甘情愿地赞同平民院的立场。但是它最终还是表示了认同。国王拥有册封新贵族的权力;且当时的国王已向当时的内阁许诺进行贵族册封。贵族院不希望形成这种先例,于是通过了该法案。这种权力并没有被使用,但其存在本身同他的能量一样有用。就像当一个老板得知他的雇工可能举行罢工时便进行妥协以期他们可能不举行罢工一样,当贵族院得知它有可能在国王的意志下——在人民的意志下——被淹没时,就屈服于人民的意志。

改革法通过以后,贵族院在英国历史上的作用已经被改变了。在该法颁布以前,如果说它不是一个领导性议院的话,至少它是一个领导者组成的议院。那些显贵——他们在平民院里有很大的影响,且左右着平民院——就在贵族院里。贵族在平民院的影响是如此之大,以致两院之间的协调统一从来没有被严重破坏过。当两院发生争吵时(如在艾尔斯伯利案这一大案一样),它们为各自权利而争,而不是为国家政策而争。当时的贵族影响之大是无须赘述的。当时的英国宪法尽管在这一点上与现在迥异,甚至没有

犯下维多利亚时代的宪法以及瑞士宪法所犯的那种大错。它规定
的议院不是两个渊源不同而是相同的议院——两院中的主要成分 168
是相同的。一种潜在的谐调统一避免了不和谐的危险的出现。

改革法出台以来,贵族院已经成为一个修正性和搁置性议院。它可以改变法案;可以拒绝平民院中尚未完全议定的那些法案——民众尚未决定的那些法案。它们的否决权是一种假定的否决权。他们说,我们对你们的法案否决这一次,这两次,甚至第三次,但是如果你们不停地将法案送交审议的话,最后我们是会同意的。[1] 该院已经不再是一个潜在的领导者了,而变成了一个暂时的拒绝者和明显的改变者。

威灵顿公爵是惟一堪称主使了这一变革的政治家。他希望将贵族们引导到他们真实的位置上,而他的确这样做了。到 1846 年,在“谷物法”[2]斗争危机期间,亦即当出现了贵族院是应当予以抵制还是让步的问题时,他给已故的德比勋爵写了一封非常奇异的信:

“多年以来,确切地说自 1830 年那年——是年我离职下野了[3]——以来,我一直设法依照这样一项原则来管理贵族院,这个

---

① 但是根据后来 1911 年的《国会法》,英国议会审议的法案分财政法案和非财政法案两种。财政法案经下院通过后,即便未获上院通过,亦得送交国王批准公布;非财政法案,上院可行使否决权,但只限两次,如下院连续三次通过,法案即告成立。经过此次改革,英国贵族院的权力就更有限了。——译者

② 谷物法(the Corn-law),英国议会于 1815 年通过的保护土地贵族和农场主利益的一项法律。它规定,当英国国内市场上小麦价格每夸特低于八十先令时,即禁止粮食进口。该法有损一般民众和工业资产阶级的利益。1846 年被废除。——译者

③ 在 1830 年法国七月革命的刺激下,英国涌起民主潮流,辉格党乘机抨击托利党的政策,导致是年十月威灵顿内阁垮台。——译者

原则我以为是存在于国家宪法之中的,即保守主义的原则。我一直毫不动摇地反对所有激烈和极端的措施,因为这种做法并不就是英国政党获取影响的方式,特别是那种与政府对着干的行为更不是。在一些重要的场合,我一直毫不动摇地在议会中支持政府,
169 并且总是利用我个人的影响来阻止任何像在两院之间制造分歧或分裂这种有害事件的发生。我的这种做法有几个显例,我这里要提及一下,因为这些例子会向你表明我的管理方式的性质,而且在某种程度上说可能足以解释我这么多年来所行使的那种超常的权力——那种我并没有任何明显资格去行使的权力。

“在发现已故威廉国王[①]因作出册封贵族——其数量我认为是无限的——的承诺而陷入的困境以后,我自己决定,并说服了众多的其他人在组成新政府的谈判失败后不参加议会关于改革法最后阶段的讨论。这个做法当时引起了党内的极大不满,尽管我相信它拯救了贵族院,因而也拯救了国家的宪法。

“接着,从 1835 年到 1841 年这一整段时间内,我说服了贵族院不再执着于此前我和他们已经采取和表决同意的有关爱尔兰十一税征收、爱尔兰合并以及其他措施所依据的许多原则和制度。而这一点使许多人感到烦躁和恼怒。但是我采取了一个特别的措施,即上下加拿大两个区域的统一。关于这件事情,开始时我曾表态反对这个措施,并且为此进行过抗议;但在最后阶段我说服了贵族院同意并通过这个措施,以避免两院间因在一个如此重大问题进行争吵而危害公共利益。然后我又支持所采取的措施,并保护

① 指于 1830—1837 年在位的威廉四世。——译者

了那位政府的仆人，即在中国的义律上尉。所有这些做法都倾向 170
于削弱我对党内某些人的影响；而其他的人，也许是大多数人可能认同了我的做法。同时，一个众所周知的事实是，至少从墨尔本勋爵内阁开始行政之时，我就经常就所有军事问题——无论是国内的还是国外的——在任何情况下都与它保持联络。也就很多其他问题保持联络。

"当然，所有这一切都削弱了我在保守党内部的影响，却基本上倾向于获至王权的安定的满足，以及良好秩序的维持。最后就是罗伯特·皮尔爵士领导的政府于去年十二月的辞职。女王希望由约翰·罗素勋爵组阁。十二月十二日，女王给我写了一封信。我把这封信连同我当日的复信封了起来。你似乎没看过这些函件，尽管我把这些函件的内容立即告知了罗伯特·皮尔爵士。对我来说，我不可能不像我在给女王信中所揭示的那样去做。我是王室和人民的仆人。我得到了酬劳和荣誉，而我自认为被委以重任；只要我的所作所为不至损坏名誉，我就不可能不按需要提供服务；也就是说只要我的身体和精力允许，我就要提供这种服务。但是显而易见，我和党之间的所有联系和协商就有了且必须有个尽头。按惯例，我可能而且一些人认为我应该在十二月二十日晚上
拒绝与罗伯特·皮尔爵士的内阁结盟。但我觉得，如果我真的这 171
么做了，罗伯特·皮尔爵士的政府就有可能组建不成；因而我认为，我们应该结盟——因而——翌日早晨就办公了。

"但是，不管怎么说，当这种安排落实时——它迟早必须落实，我本人对保守党的全部影响就会走到尽头，如果我还不知趣地试图施加什么影响的话。因此，你会明白，舞台场景对你是很明晰

的，因而当你走上舞台时，你就无须担心与我意见分歧的后果。我给女王写了十二月十二日的那封信以后，当我的党反对女王陛下的政府时，我就结束了我与党之间的联系。

“我的意见是，所有目标中最大的目标是，你应该站稳立场，并施加影响，就像我长时间以来一直在贵族院中所做的那样。问题是，怎样去达成这个目标呢？是对他们的观点和决定进行引导，还是听从他们的观点和决定呢？你知道我一直试图对他们进行引导，并且在几个最重要的场合成功了。不过这个目标是通过大量的操作实现的。

“在贵族院目前面临的一个重要的关口和问题上，我建议设法引导他们避免让这个国家陷入额外的意见分歧——可能是两院之间就一个问题进行的争吵，关于这个问题的解决，已经有人不厌
172 其烦地主张他们这些贵族们有着切身的利益在其中；这些主张，不管就其对他们每一个人的切身利益的影响而言是多么言过其实，其对一般土地所有者的影响也是不可否认的——的困境之中。我知道这个困难，但并不对法案的通过感到绝望。你必须成为你自己所走道路以及最有可能与贵族的信任相协调的那条道路的最佳评判者。我的意见是，你应该建议贵族院，凡是最有利于公共程序的事情，以及最有利于国家紧急利益的事情，都要投票赞成。”

这就是贵族院变成它今天这个样子的方式。它是一个（在多数情形下）拥有一种搁置性否决权和一种修正权的议院。但它没有其他的权利或权力。我们得回答的问题是，“既然贵族院是这般模样，那么它又有什么用呢？”

通常的观念认为，它是防止可能发生的革命的堡垒。这个观念显然是错的。就像公爵的信中字里行间所表明的，贵族院中最睿智的成员即那些起指引作用的成员知道该院在人民决心已定时必须屈从于人民的意志。有两个例子——改革法和谷物法的例子——是决定性的。贵族中绝大多数人认为改革就是革命，自由贸易就是没收财产，而两个加在一起就形同毁灭。如果有人希望他们对人民进行抵制的话，他们就进行了抵制。但指望一个第二性议院——由显要人物组成的议院——在下院群情激奋以及整个国家也群情激奋时如何对民众议院进行抵制事实上是不切实际的。上院没有力量这么做。也就是说，当整个国家情绪激动时，每一个阶级性议院和每一个少数议院都会感到虚弱和无助的。在革
命时期，只存在两种权力：刀剑与人民。行政者挥舞着刀剑。拿破 173
仑一世曾经给巴黎人上的一课是众所周知的，这是他在雾月十八日给革命理论作出的贡献。任何一个强力的军人站在军队的前列就可以动用军队。但是一个第二性议院是做不到这一点的。它是一种平和的议会，由胆小如鼠的贵族、年迈的律师或者像外国的情形一样，由聪明的文人组成。如果民众逼迫这样一个机构做出某件它必须做的事情的话，它是没有办法进行对抗的。

正如人们已经知道的那样，英国宪法下的贵族院的本身性质也表明它不能阻止革命。宪法中有一个特别条款阻止它这样做。由平民院和民众选定的行政者可以任命新贵族，因而可以在贵族院中形成一个多数。它可以对贵族们说：“按我们的意图使用贵族院的权力吧，否则的话，你们将根本不得使用这些权力。我们会找到其他的人来行使它们的；如果不按我们的意图来行使，且在我们希望停止行使的时候就停止的话，你们的用处就走到了尽头。”

一个受到如此要挟的议院是不可能、也不可能打算去遏止一个决心已定且坚持不懈的行政机构的。

事实上，贵族院作为一个议院不是一个能够阻止革命发生的堡垒，而是一个革命不会发生的标志。由于它依赖古远的尊奉和根深蒂固的敬重，它表明新兴力量的兴起和新设机构的爆发即我们所谓的革命目前是完全不可能的。只要十一月份的树上还存留
174 着许多陈叶，你就知道没有什么霜冻和寒风；同样，只要贵族院还留有某些权力，你就知道国中没有什么绝望的不满情绪，也没有什么疯狂的机构想制造大动乱。

曾经有这样一个奇特的观念，这种观念认为，两个议院——一个修正性议院和一个建议性议院——的存在构成一个自由政府的基础。第一个向这个理论扔了一块硬石头——一个有效击中目标的石头——的人是一个不太可能形成民主影响或者对贵族的用处视而不见的人。他就是现在的葛雷勋爵。他不得不用实际的眼光打量这件事。他是英国第一个曾试图致力于在英国所有可能的殖民地中实行代议制的伟大殖民大臣。他所迎面遇到的困难是，在这些殖民地里的人中，几乎没有足够多的好人来形成一个议院，更不用说有足够多的好人形成两个议院。恰巧——这种事情碰巧发生是再自然不过的事——第二个议院又是喜欢捉弄人的。这个议院要么是由国王任命的，而在这些国家的这种情况下他们自然要与那些受过更好教育的人们结盟；要么是由那些拥有更高财产条件的人即一些有着格外良好的判断力的人选出的。这两种挑选者挑选出了该殖民地中最出色的人才，并将他们送进了第二个议院。但是这样一来就没有留下什么出色的人才来充斥民众议院。民众

议院就缺少了那些引导者和领导者，而这些人本可以对该院进行最佳引导的。这些出色的人们被放置在一边互相谈论，或许互相争吵。他们集中地体现了一种高层次但却是中立的力量。他们希 175
望做好事，但又什么事也做不了。而下院由于殖民地中所有出色的人都被抽走了，于是就做它喜欢的事。将它那些最出色的对手孤立在一个弱势位置上，民主因而得到了加强而不是削弱。就像经验已经表明或者说似乎要表明的那样，认为两院制是自由政府的基础的理论烟消云散了。

如果有一个完美无缺的下院的话，那么上院就肯定会没有多少用处。如果我们有一个理想的能够完全代表民众的平民院——总是温和，从不过激，充满了闲逸之士，从不舍弃为良好考虑所必须的缓慢而稳健的步骤，如果是这样的话，我们就肯定不需要一个更高的议院。事情会做得很好，无须任何人照看或予以修正。而政府中任何不必要的东西都是有害的。人类生活使如此众多的复杂的东西变得必须，以致一种人为的添加肯定会造成危害。因为你无法知道机器中这个不必要的小零件会在哪里卡住那一百多个必不可少的轮子。但有一点是肯定的，即它会在某个地方给它们造成妨碍。而它们又是如此精致和娇巧。不过，尽管在一个理想的下院以外，贵族院是多余的，因而是有害的；但是在一个真实的下院以外，一个修正性和闲逸的立法机关就是极有用处的，如果说不是完全必要的话。

目前，平民院中讨论的大多数细小问题没有受到任何有效的控制。国民们从不关心有关国家政策主要事项以外的任何其他事 176
情。关于这些主要事项，他们也只是形成一种粗糙的、大致的支配

性意见,这种意见我们称之为舆论。而关于其他的事,他们根本不想,而且想也无益。他们缺乏据以形成判断的资料:法案的细节、政策的实用性部分以及立法的潜在部分都完全是他们无法得到的。他们对这些东西是一无所知,也找不到时间和精力进行仔细的调查。而非经仔细调查,这些东西是难以理解的。因此平民院中一个寻常的多数就握有支配性权力:它可以按它的意愿进行立法。尽管作为一个整体,平民院在重大的问题上很公正地代表了民意,尽管它就一些细小的问题作出的判断是非常健全和良好的,但是,像所有类似的议院一样,他会受到私心联合的突然行动的影响。人们说在现议会中,有两百名"铁路议员"。如果这两百人选择了在某个问题上联手行动,而这个问题公众并不关心,而他们自身则由于这个问题涉及其经济利益而关心的话,那就由他们说了算了。某种难以对付的险恶利益总有可能由于某种巧合一时间完全支配着一个主宰性议院。因此,再设立一个不同种类和不同组成结构的议院就是大有助益的,因为在这种议院中,这种利益完全可能会受到遏制。

所有险恶利益中最危险的莫过于行使行政权的政府的利益。
177 因为政府是最有权势的。完全有可能出现这样一种现象——这种现象已经出现过,而且将来还会出现,即在下院中拥有强大势力的内阁可能将一些细小的措施强加给国民们,而这些措施是国民们所不喜欢的;但又由于缺乏足够的了解,因此无法予以阻止。因此,如果能找到一个修正性团体,在这个团体中,政府尽管有势力,但这种势力不那么强大,那么政府的行为就会规矩得多。一个延缓性议院可以阻止轻微的议会专制,尽管它难以防止或阻止革命。

此外，每个大型的议会都是一个浮动性团体。比如说，它不是由一院组成的，而是由多院组成的；它今晚是一班人，明晚又是另一班人。而行政机构所履行的管理议会的职责——这种职责被认定为由行政机关履行而行政机关也的确予以履行——无疑使某种统一性得到了保存，于是一个不变的因素确立了，所有类型的变动不居的东西就围绕着这个因素时聚时散。不过，即便在人们允许这个保护性机器充分显示它的分量以后，我们的下院，像所有的此类议院一样，还是可能受到情绪突变突发的影响，因为其组成成员是变动不居的。其有害的结果在我们的议会里是永远存在的。许多议会法案是一些出于不同动机的组合物，因为通过这些法案一部分条款的多数不同于通过另一些条款的多数。

但平民院最大的缺陷是它没有什么闲暇。下院生活是所有生活中最糟糕的那种生活——一种处理恼人的日常事务的生活。摆在它面前要处理的事情的数量之多是没有任何类似议会能够比拟 178
的。大英帝国是一个多种领土的聚合体，而这个聚合体中的每一小块领土都将它那一块的事情带到了平民院。某一天是印度，第二天是牙买加，然后又是中国，其后又是石勒苏伊格—霍尔斯坦。我们的立法涉及所有的臣民，因为我们这个国家包含了所有的成分。仅仅那些大臣们需要回答的问题覆盖了半个人类的事务；那些私法法案，我们政府的特权本身——像它们应然的那样处于从属的地位——也许就给下院带来了比任何其他存在过的议会的全部公私事务更绝对的工作。整个场景塞满了变动不居的事务，以致人们难以在其中保持清醒的头脑。

不管在一个更好的体制建立起来以后的情形是什么样子，反正在目前,平民院包揽了所有的立法工作,包括所有法案的细节和所有的条款本身。一个全院委员会讨论一个包含着许多条款的法案时,一些怀着敌意的人急切地想破坏这个法案,而一些怀着好意的人想成全它,这是一种无助的创意和虚掷的心智的最无奈的体现。一项议会法案的制定至少像一桩婚姻缔结时财产的分授一样复杂。它的制定恰像财产分授处理一样,如果这种处理是由主要的相关人包括尚未出生的孩子来表决和决定的话。每一种利益都会有一种主张,而且每一种利益都力争每一点优势。作为行政部门的政府因其纪律的力量以及少数不可多得的善于思考的成员的参与而保持了某种统一性。但结果仍是很不完美的。对一台机器

179 的最佳检测是看它所制造出的产品。让任何一个知道法律文书应该是个什么样子的人先阅读一份他刚立下的遗嘱,然后再阅读一项国会法案,他肯定会说:“如果我的律师处理我的私人事务就像我们的立法机构处理我们国家的事务那样,我早就会把他解雇了。”在平民院保持其性质不变的同时,一个良好的修正性、调节性和延缓性议院的存在就会是一种极有益处的东西。

但是,贵族院是这样一种议院吗?它所做的工作属于这些性质吗?这几乎是一个没有受到讨论的问题。至少在三十年以来,贵族院在众人的议论中已成为一种被接受的事物。在这种议论中,众人们没有表现出激情,也没有什么东西能激起他们生动的想像力来对这个事物作一下澄清。

贵族院拥有作为这样一种议院所能拥有的最大的优点:它是可以被人接受的。组成一个修正性议院的难度是令人难以置信的,因为要找到一批受人尊重的修正者是不容易的。一个联邦国

家的参议院,即作为代表国家统一的第二性议院,也拥有这种优点。它代表着社会底层的一种情感——一种比复杂的政治更古老的情感,它比普通的政治情感要强烈一千倍,那种地方性情感。“我的衬衣,”瑞士一位州权鼓吹者说,“对我来说比我的外套更珍贵。”在美国联邦中,每一个州都会感到,对参议院的不敬就是对它本州的不敬。于是,参议院受到了尊重:无论它的行为可能有什么优点或缺点,它能够作出行为;它是真实、独立而且有效率的。但是在普通政体中,在民众政体下使一个非民众团体拥有实权是极其困难的。 180

说贵族院是独立的几乎是同样的事情。除非它被认为是独立的,否则它就不能说是有权势和可接受的。贵族院在几个方面比平民院更具独立性。贵族们作出的判断可能不尽人意,但毫无疑问是属于他们自己的判断。贵族院作为一个团体是无法收受社会贿赂的。而在我们今天这个社会,这并不是一件小事情。许多平民院议员深受这种恶毒形式的腐败的影响。报纸的兴办者以及为报纸写文章的人更坏——至少他们是靠近这种诱惑的更有影响的人。而贵族们是给予社会贿赂的人,而不是收受贿赂的人。他们超越了腐败,因为他们就是一些使人腐败的人。他们没有选民可予畏惧或哄骗;他们是国中具有最好的形成一种超脱而冷静判断方式的人。他们也有形成这种判断的闲暇。他们没有什么可以分散他们心力的名副其实的职业。田径运动不过是一件玩玩的事,尽管一些贵族将一种英国人式的认真倾注其中。能够埋头从事科学和文学的英国人少得可怜,而贵族们也许比中产阶级更缺乏从事这些学科的动力。参加社团作为一种职业未免过于正经和单

181 调，在其他时代情形一直如此。贵族阶层生活在对中产阶级的恐惧之中——对杂货商和其他商人们的恐惧之中。他们不能形成一种娱乐性社团，就像法国贵族们曾经形成的那样。政治是一个贵族所从事的惟一名副其实的职业。他可以聚精会神地从事政治活动。贵族院除了拥有进行合理修正的独立性和进行有效修正的地位以外，还有从智识上进行修正的闲暇。

这些优点是不小的优点。而且，考虑到要形成一个良好的辅助性议院的难度，以及我们目前的第一议院需要一个辅助性议院的急切程度，因此我们得庆幸拥有这些优点。但是，我们又不能让它们蒙蔽了我们的眼睛。这些优点本身就包含着一些缺点，而这些缺点又极可能使这些优点变得毫无益处。由于它所拥有的财富、地位和闲暇，因此贵族院如果不是因为它的一些秘密的缺陷——这些缺陷既妨碍了它也削弱了它——的话，那么从事情非常浅表的方面看，它对我们行使的支配权要远远大于他现在实际行使的支配权。

这些缺陷中的第一个很难说是秘密的，尽管从另一方面说，它不是众所周知的。一个对我们的体制尽管不太友善却是严厉的批评家曾经说："要想矫正对贵族院的倾慕，不妨去打量一下它。"他说不是在一个大型的户外集会上或者在一场游行时打量它，而是要在日常事务处理中打量它。或许贵族院中有十个贵族，也可能只有六个，而处理事情的法定人数是三个。更多的几个人可能懒洋洋地进出；他们是主要的发言人、律师（几年前，当林德赫斯特、布鲁汉姆和坎贝尔几个人处于活跃期时，他们是绝对主要的发言
182 人）和几个人所共知的政客。而该院作为一个群体就什么也不

是。这就是为什么那些在平民院中训练出来的演说家不愿意在贵族院发表演说。查顿勋爵曾称其为“花毯”。平民院中的场景是一种充满着生命力的场景，如果说还有一种充满生命力的场景的话。该群体中的每一个成员和混合物中的每一个原子都有其自己的目标（无论好与坏）和自己的目的（无论大与小）；有其自己关于事情本原是什么以及应该是什么的观念。其中存在着一种由各种活跃因素构成的杂色汇合，但其结果是一个，而且是良好的一个：一种“议院感”。而且，任何一个对它略知一二的人都不会轻视它。一位非常精明的人甚至说，“平民院比该院的任何一个个人更有意味。”但在贵族院中就不存在这种感觉，因为其中没有生气。下院是一个由充满激情的从政者们组成的，而上院则是由缺乏激情的人组成的。

诚然，这种冷漠不像它外在表象所显示的那样严重。贵族院中的诸委员会做了大量的工作（这一点是众所周知的），而且做得很好。尽管如此，这种冷漠仍是很自然的。一个由一些可以无须亲自到场而由可代理人进行投票[①]的富人们组成的议院是不会经常出现热场的。多数贵族们对其职责的真实冷漠是一种不小的缺陷，而其表面上的冷漠则是一种危险的缺陷。就政治现象而言，切
斯特尔菲尔德的那句格言——“世人会从你的表象看你，而不是 183
从你的本质看你”——是有深刻道理的。世人了解的是你的表象，而不是你的本质。一个议会——特别是一个修正性议会——如果不开会的话，如果显得不关心如何进行修正这件事的话，在一

① 根据贵族院新近通过的一项决议，如今不得进行代理投票。——第二版原注

个主要的政治成分中就是有缺陷的。它可能有用处，但它很难让世人信服它是这样的。

另一个缺陷更严重。它影响的不仅仅是贵族院所做的表面上的工作，而且是它的实际工作。作为一个修正性立法机构，贵族院的组成结构太单一。错误是各种各样的，而贵族院的构架只提防一个单一的错误——变化过快的错误。那些贵族们——除了一些律师和没有身份的人以外——都是拥有不同数量财富的土地所有者。他们都毫无例外地不同程度地带有那个阶级的观点、优点和缺点。他们对立法进行修正，而只要他们这样做，他们惟一依据的就是那个阶级的假定利益、支配性情感和遗传性观点。自改革法颁布以来，这种倾向上的单一性已经变得非常明显。对这部新的立法，贵族们仍然感到怀疑，如果说不是充满敌意的话。新法中有一种贵族们感到陌生的精神，而且在可能的时候，他们一直试图祛除这种精神。这种精神就是现在所称的“现代精神”。要想用一句话说透它的实质是不容易的。它贯穿在我们的生活之中，激发着人们的行动，启发着人们的思想。我们都知道它的含义，但要想对它进行限定和界定，那就要写上一篇文章了。贵族们反对这种精神。无论什么地方涉及这种精神，他们都不是不偏不倚的修正者，而是怀着偏见的修正者。

如果贵族院提出的批评——尽管是值得怀疑的批评——还是
184 一种充满着崇高理智的批评的话，那么其组成结构的单一性尚不是什么缺点，甚至可能是某种优点。每个时代的典型立法必定有其典型的缺陷。它是一个典型的结果，因而必然有缺陷和局限性。它必定在某类事情上出错，也必定在另外某类事情上造成疏忽。

如果我们能够找到一个拾遗补缺的批评家，一个可以看到他的时代所未能看到的东西，以及能够正确地审视他的时代看错了的东西，那么我们就拥有了一个有着不可估量价值的批评家。但是，贵族院是这么一位批评家吗？可以说它对时代立法的敌意是建立在对该时代所没看见的东西的认识基础之上，以及建立在对该时代所看见的东西修正性认识的基础之上的吗？贵族院的极端偏袒者和最热烈的崇拜者们如果拥有一颗公正和经过淬砺的心灵的话，就不会这么说。证据是再明显不过的。例如，在自由贸易的问题上，贵族们是完全错了——在观点上、在他们所想做的事情上以及如果他们已经按照其自己的意志行事的话他们可能已经做出来的事情上，都完全错了。这是“现代精神”的最准确无误的检验。在这里证明它是对的，要比在其他地方容易。商场如战场，其结果是显而易见的。你是赚了钱还是赔了钱？现在没有人能够怀疑，由于自由贸易，英国人的日子好过得多；她赚了更多的钱，而且她的钱是以一种更接近于我们所希望的分配方式在分配。这个以一种无可辩驳的事实检验了现代精神的实例告诉我们，这种精神是对的，而怀疑这种精神的上院——本可能拒绝了它的议院——是错的。

还有一个理由。作为一个世袭性议院，贵族院的能力不可能
超过中智以上。它可以囊括——它几乎总囊括着，也几乎总会囊 185
括——一些出色的人。但其一般出身的立法者不可能是出类拔萃的。一帮由于历史的原因和偶然的原因被挑选出来的长子们是不可能太聪明的。如果这样一个议院所拥有的关于它所处时代的知识超过了同时代其他人所拥有的知识；如果它掌握了高人一筹的

足以拾遗补缺的知识;如果它发现了他们所未察觉的东西,并且真切地看到了他们虽然看到了但未看得真切的东西;那将会是一个惊人的奇迹。

难处远不止这些。进行修正的任务,即对这个时代的立法进行恰当的修正,不仅是一件一个贵族没有能力做的事情,而且是一件他做起来有困难的事情。看一看 1865 年的法规汇编——这一年全部法规的汇集。你会发现里面没有一件文雅的东西,没有一件精致而细腻的东西,而尽是一些粗糙的东西——一堆粗糙而沉重的东西。它们涉及的是贸易、金融、制定法改革、普通法改革等问题。它们涉及各种各样的事务,但总是与事务有关。而没有任何一个受过教育的人会比一个年轻的贵族更讨厌接近事务,或者说处于一种更不适合于接近事务的位置上。一个刚刚有了三万英
186 镑年收入的年轻贵族按常例是不会热衷于专利法、“通行费”法或者狱政法的。像赫尔丘立斯(Hercules)[①]一样,他可能选择美德,而不会选择做事务。每一件事都诱使他离开事务,而没有一件事会诱使他从事事务。而即便他希望强迫自己做事,也没有专心去做的环境。娱乐的事情就在他身边,而事务却在他身外。很少有什么东西能比这样一位年轻人关于事务的想法更逗人笑的了——他有良好的用心,出生于事务世界以外但想从事某种事务。他几乎不知道事务为何物。其实,这是一个从某些特定的手段到某些同样特定的目的的调适。但是在缺乏经验的年轻人中,几乎没有什么人能够区分目的和手段。这种区分对他来说像一个谜。如果

① 希腊神话中诸神之一,宙斯之子,力大无穷。又名“大力神”。——译者

他不认为手段是主要的东西，而目的则是次要的，那就算是幸运的了。许多徒有虚名的事务人倾向于向他灌输这种观念。事情显得像一种迷宫。“你将向我推荐一些什么书来阅读呢？”单纯的青年人会问。要想向他解释说，这种事情与阅读无关；他内心尚缺少真正的想法；事务的操作是一门艺术，就像绘画是一门艺术一样；以及没有任何书本能够指导这两方面的操作，是不可能的。

从前贵族阶层的这种缺陷是被他们其他的优点掩盖着的。作为唯一的一个既不缺钱花又有文化修养的阶层，他们是无人与争的。尽管按常例他们在国家事务中可能不很出色，但是他们是所可能有的人中最出色的。不过，甚至在从前，他们就避免了干粗活儿的较大压力。他们任命一个经纪人——一个皮尔或者一个沃尔 187
波，任何一个在行为举止和本性上都不是贵族的人——为他们做事为他们操劳。而现在，一个在思想上训练有素、经济上有实力而且事务上也训练有素的阶层兴起了。在我写这篇文章的时候，这个阶层中的两名成员已经被任命到重要的岗位，而且肯定会（如果政界还有什么肯定会发生的事情的话）走向内阁和权势。这是一个有着高度文化素养的事务中人的阶层。几年以后，他们就能够离开商界开始实现他们的抱负。不过到目前为止，这些人尚属凤毛麟角，因为他们尚未意识到他们自己的力量。这就像哥伦布和鸡蛋[①]的故事再次发生了一样。一些具有首创精神的人会向人们

① 传说哥伦布发现美洲大陆回到欧洲以后，一些欧洲人认为这次发现不是什么大不了的事，认为任何人走到那里都会发现它。面对这种挑战，哥伦布机智地发问：“谁知道让鸡蛋立起来不动的方法？”众人皆答不上。于是哥伦布就拿了一个鸡蛋，用鸡蛋的一尖端朝桌上一磕，鸡蛋破了，但它立住了。不服者皆惊服。——译者

表明，事情是可以做成的，然后是众人跟着他们做。这些人会做事部分是由于传统，而传统不是一种无关紧要的东西。有一些大学家庭——一些谈论教学职位、一旦发现他们的子女有阅读拉丁诗文的能力时就让他们浸润其间的家庭；曾经还有一些属于同一类型的印度家庭，而且也许当目前的这个竞争机制有了足够的时间形成一种新型的家庭时，还会出现别的类型的家庭。同样，存在着商务家庭，对于这些家庭来说，一切与金钱相关的事情和一切与事务相关的事情都像他们所呼吸的空气一样寻常。人们说，所有的美国人都懂得经商，商业气息浸透在这个国家的空气中。因此，这里的某类家庭自然懂得经商。但是一个贵族就不一定懂得经商。在宫廷中学习经商，其难度之大恰如在公园中学习务农一样。

诚然，这个理论对有一种事务是不适用的。在这种事务中，我
188 们的贵族们依然保持着而且可能长久地保持某种优势。这就是外交事务。人情练达的拿破仑从不任命那些革命者去执行针对古老宫廷的使命，除非万不得已。他说：“他们不会对人说话，也没人愿意对他们说话。”因此他们不可能有什么情报可以送回。理由是显而易见的。欧洲旧世界的外交活动多半是在宫廷会客室中进行的。在很大程度上，现在的情形当然依旧如此。各个国家在它们的高层进行接触。交游最广的阶层总是那些地位最高的阶层，这个阶层最了解外国的情况，最少有那种自称为爱国主义的地域褊狭主义倾向。的确，即便在英国本土，新兴的贸易阶级拥有同贵族阶级一样的真实美德。他们对外国的知识同样广博，与外国有着更经常的接触。但是，尽管如此，这个新兴的族类仍不如旧族类那样适合于从事外交事务。一个大使不仅仅是一个代表，他还是

一道风景。他被遣往国外既为了处理实际事务，也为了排场。他在外国宫廷中和外国君主面前代表着女王。一个贵族从天性上讲更适合于做这种事情。他被训练成一个扮演生活中一种剧院角色的人。他适合于干这一行，如果说他还适合于做什么事情的话。

但是，除了这个例外以外，贵族在商务中当然要比那些靠近商务的阶层更逊一筹。因而，它不是一个合适的可以从中挑选出一批人组成一个修正商务性事项议院的阶层，如果我们还有其他阶层可供选择的话。商务对大英种族来说是多么自然，而贵族院可以做得同样的好，这的确是一个奇特的例子。“整体议会”的通常表象是一个笑话——一种危险的畸形物，但是大量的实质性工作 189 是由一些“委员会”做的，而且通常做得非常好。贵族中的绝大部分人没有干他们被指定的工作，而且也干不了这些工作。但是少数人——一个数量从不很大而且现在也不甚重要的少数——干了这些工作，而且干得不错。也没有人能说这些事情是干得无可挑剔的，只要他不带偏见地考察这件事。在英国这样一个如此富于心智的国家里，更多的知识力量可以而且应该施用于对我们法律的修正。

贵族院的事情不仅做得不完美，而且经常做得缩手缩脚。贵族院不过是这个国家的一部分，但它却害怕这个国家。多年以来，由于在一些最重大的事情上已经习惯于以一种违背自己的判断的形式行事，因此它几乎难以知道应该在什么时候按照自己的判断行事。它用以磨平一个真诚的年轻贵族棱角的令人沮丧的消沉气息有时是不可思议的。“谷物法和衰败的自治城镇废除之后，干吗还要拿规范棉花工厂的法案中的第九条来戏弄人?”这是许多

贵族的潜台词。从领袖们口里、从“公爵”或者德比勋爵或者林德赫斯特勋爵口里说出的一句话就会在任何事情上唤起沉睡的能量,但多数贵族已意气消沉且被人遗忘。

如果贵族院原先没有拒绝帕麦斯顿勋爵领导的首届政府提出的册封终身贵族的建议,这些严重的缺陷本有可能既能得到弥补又会随着年深月久而几近消除。这个计策几乎是完美无缺的。对像贵族院这样一个古老的机构进行改革,其难度必然是很大的。
190 它可能依赖于持续的等级和古老的崇敬,而如果你开始为它进行鼓动,在集会上为它振臂呼号,那种崇敬就不存在了,其特有的魅力就失去了,其保留的合法性也不存在了。不过,由于一种奇怪的宿命,在我们宪法的深处存在着一种古老的特权,而这种特权会使这种鼓动变得没有必要——它会在不经鼓动的情况下带来所有这种鼓动可能带来的东西。帕麦斯顿勋爵——如今他已不在人世了,但是人们可以默默地记着他——像任何一个英国人那样是贵族的忠实朋友,且是一个地地道道的贵族,而他曾建议使用这种权力。如果贵族院仍然处在这位惠灵顿公爵的统治之下的话,那么也许他们就已经默认了。的确,公爵不会考虑到一个有哲学头脑的政治家可能摆到他面前的所有需要考虑的事项,但是他的一种特性使他可能提出正确的意见。他特别不喜欢反对国王。在一次大危机中,在谷物法危机中,他所考虑的事情与其他人不同。其他人考虑的是讨论中的经济问题,悬于平衡中的国家福利问题,而他考虑的却是国王的安宁问题。他认为国王是宪法中一个处于优越地位的角色,因此,即便是在一些关键场合,他只关注——或者说声称只关注现任国王的一时安逸。反对国王作出的明示行为总使

他感到不安。如果他还是贵族院议长的话，很有可能那些贵族们
就会允许国王实现其精心设计的计划。然而公爵死了，他的权 191
威——或者说他的一些权威——落到了一个完全不同的人身上。
林德赫斯特勋爵有许多优秀品质；他有着发达的智商——有着一
种像他那个时代任何人一样的发现真理的能力，只是，他不热爱真
理。尽管他有着极强的寻求真理的能力，但是，他是一个终其一生
都宁愿相信谬误——相信他自己的政党现在所承认为谬误的东
西——的人。作为一个政治家，他本应该发现了真理，就像作为一
个法官他发现了它一样；但他从未发现真理。他也从未寻找过它。
他是一个带着极大党派偏见的人，而且使用了一种争辩的能力，用
一种很少有人能比的智力争辩能力来为他政党的宗旨做辩护。设
立终身贵族的建议是由反对党提出的——在当时这个建议是可能
危害他自己所属党派的利益的。对他来说，这是一个难得的机会。
他在那个场合发表的演讲，听过的人仍记忆犹新。其时，他的视力
已不允许他阅读，于是他凭记忆力很准确地背诵了所有有关这个
问题的黑花体字的权威性言论。在英国议会史上，如此伟人的脑
力活儿是罕见的。但结果是可悲的。不是凭他的黑花体字言论，
而是凭其公认的权威和生动的表达能力，他说服了贵族院拒绝了
政府的建议。林德赫斯特勋爵说，国王现在不能册封终身贵族，因
此现在就没有终身贵族。贵族院错过了一个其价值不可估量的、
史无前例的默默地被改造的机会。这种机会是不会来第二次的。
本可能受册封的终身贵族们本可能是国家一流的人物。首先可能 192
包括马可莱勋爵；还有温斯莱达尔——我们的律师中最博学的人。
三四十个这样的人，随着时间的推移在合理地、宁缺毋滥地增加一

些人，本可以给贵族院增添一种它作为一个批评性议院所恰恰急需的因素。它会因此拥有一批批评家。于是每个领域里的那些最有成就的人可能不论家庭和财富而加入这个批评性议院。贵族院最急需的这个因素实际上出于一种宪法上的天意被送到了它面前，然而它竟拒不接受。经过何种努力这个错误才能得到补救，我不好说；但是，除非它得到了补救，否则的话，知识能力永远不可能变成它本可能成为的那个样子，永远不会变成它应该变成的那个样子，永远不会足以胜任它的工作。

另一项改革本应与设立终身贵族的计划相伴而生。代理投票制应被废除。贵族院漫不经心的开会模样会在某个时候毁了它的。有时候，现象就是实质，而贵族院的这种现象就是如此。多数时候贵族院看起来不像它的本来面目，因而多数人也不相信它的本来面目。当那些不体察政情的贵族们的委托投票即不参与现象被愿意体察政情的贵族们的参与所压倒的时候，贵族院的参与程
193 度就会由于明显的原因得到扩大。代理投票制的废除使贵族院变成了一个真正的议院；而终身贵族的加入本会使它变成一个良好的议院。

这些变化中更大的一种本可以在贵族院履行其辅助的职能时带来实质性的助益。在一个大国里，经常会发生这样的事情，即几个由理性人组成的在国家宪法中占据着永久位置的团体获得了某些职能，并且有效地履行这些职能；而在开始时，并没有人期望它们履行这些职能，这也与人们对它们的原初设计不相吻合。这种事情特别发生在了贵族院的身上。最显著的例子是它的司法职能。任何一个理论家都不会主张在一部新宪法中将这个职能赋予

一个次要的议院。而在我们的宪法中,这种职能的出现是一件偶然的事情。的确,人们渐渐地已经感到了由一个次要议院行使司法职能的不妥。在我们现行的安排中,这个职能并没有被赋予贵族院,而是该院中的一个委员会。只有在一个场合,即在对奥康内尔一案的审理中,全院或者说全院中的某些人想参与表决,但被告知他们不能参与表决,否则的话,他们会破坏司法特权。诚然,没有人会真正试图将这种司法职能放在一个变动不居的,或然的大多数人手里:只有在一种痴人说梦的理论中这种情形才会出现;在活生生的实际中,不会出现这种情形。同时,作为一个法律问题,在这个国家是否应该存在两个最高法院——枢密院司法委员会和(事实上,尽管不是名义上)贵族院司法委员会——是一个值得人们深疑的问题。直到最近的情形是,一个委员会可以认定一个人 194
在金钱问题上是没有问题的,而另一个委员会则可以认定他在土地问题上是有问题的。这种荒诞的做法已经得到了补救,但这种错误产生的根源并没有得到医治——设立两个最高法院的错误,在这两个法院中,随着时间的推移,同样 个问题肯定会经常呈现给两个机构,而其中每一个又肯定会不时地作出不同的裁断。我并不把贵族院的司法职能认定为它的一个真实的辅助性职能,首先因为它并没有行使这个职能,其次因为我希望人们从表面上剥夺它的这个权力。英国人民的最高法院应该是一个显赫的法院,它应该能够支配所有其他法院,应该没有竞争对手,应该统一我们的法律,而不应该隐藏在一个立法机构的礼袍之下。

贵族院真正的辅助性职能与它的司法职能不同,而与其实体性质相类似。首先是对行政机构提出批评的权力。一个其众多的

成员都没有什么可以失去的议院，一个其多数成员也没有什么可以获取的议院，一个其每一个成员的社会地位固定不变的议院，一个其成员都没有选民的议院，一个其任何一个成员都不大理会当世内阁大臣的议院，恰恰是人们可以从中寻找从中期望独立批评的议院。而且事实上，我们在里面找到了这种批评。其对葛雷勋爵领导的上届政府行为的批评一直是为人们所称道的。不过这种批评要想实现其全面价值的话，应该是多面的。每一个能人都会
195 在自己的批评中留下他自己的印记，它会充满思想和情感，不过是一种带有个性的思想和情感。我们需要许多有能力和有知识的批评家呆在上院——不求与葛雷勋爵并驾齐驱，因为这样的人不容易找到；而是像葛雷勋爵的人。他们应该在公正性上像他，在明晰性上像他，特别是应该在对一个事情用辅助性的眼光去打量它的这种做法上像他。在我们的二院，应有许多能够给予这种高水平批评的终身贵族。我想我们不一定马上就能看到他们，但作为第一步，我们应该学会期待他们。

贵族院的第二种辅助性行为更重要。就下院而言，它事实上被工作压得喘不过气来。对下院进行管理的任务落到了内阁的身上，而这个任务是非常繁重的。内阁中每一个成员在下院都必须参加院务会议、参与投票以及院务管理。即便在教育部门这样一个小衙门中，老到的观察家罗威先生曾谈到，这个部门渴望找到一个“无须参加下院无比繁重工作的负责人”。内阁中的某些成员
196 应该免于这种辛劳，也不受其情绪激动的影响，这几乎是必要的。但也有必要的是，他们有权向国民表达他们的观点，有权让民众听到他们的声音，就像他们听到了其他人的声音一样。做到这一点

有多种方案，而这些我将在稍后论及下院时讨论到。而有一点是再明显不过的，即贵族院自身的成员达到了这个目标；它给了他们一个发言的场所；它赋予他们的是任何竞争性规划都不曾赋予他们的——位置。那些有闲的内阁成员们可以在贵族院作铿锵有力的发言。他们不是有发言权的行政人员——被带到议会讲课而不在里面投票的职员（就像有时人们建议的那样）；而是与他们讲话的对象的同类。他们可以随意发言，也可以随意回答问题。他们在议院发表演讲，不是像附庸那样摒声抑气，而是以确定的身份用有力且富于尊严的口气。终身贵族可以使我们更自由地并通过更多方式使用我们的宪法所赋予的这个权力。它会使我们更广泛地利用能人们的闲暇，它也会改善贵族院作为一个政治讲坛的地位，因为它会扩大其经过挑选的布道者的名单。

平民院面临的危险也许是，它会受到过于草率的改革；贵族院面临的危险肯定是，它可能永远也得不到改革。没有人要求它应该受到改革。它不会受到粗暴破坏的影响，但是它不会免于内部的衰败。它可能会丧失否决权，就像国王已经丧失了否决权。如果它的成员们忽视了他们的职责，如果其成员们继续来自一个阶
级，因而并不是最优秀的人；如果它的大门是向那些没有家族渊源 197
的天才们以及没有年收入五千镑的能人们关闭的话，那么它的权力将逐年减少。而且最终会消失得无影无踪，就像如此众多的国王的权力已经消失了一样——而且没有人知道是怎么消失的。它面临的危险不是暗杀，而是无动于衷；不是废除，而是衰退。

六、平民院[1]

198 平民院富于尊严的一面相对于它富于用益的一面而言,完全是次要的一面。它是富于尊严的:在一种政制中,如果其最显要的部分是庄严的,它们就是良好的;任何显要的部分,要想成为良好的,必须在某种程度上是庄严的。人类的想像力需要藏于政府之中,就像需要藏于艺术之中一样;如果某些机构与那些对这种想像力施加了主要影响的机构不相匹配的话,它将根本不会受到它们的影响。贵族院须是堂皇的,而它也的确是堂皇的。但是它的用处不在于其表面,而在于其实质。它的职能不在于用一种使人类敬畏的方式获得权力,而在于在管理人类的过程中使用权力。

贵族院的一个主要功能是我们所熟知的,尽管我们的宪法语言并不承认它。平民院是一个选举院,它选举出我们的首脑。华
199 盛顿和他的同僚政治家们设计了一个选举团,该团由(像人们所希望的那样)美国最聪明的人组成,在经过适当的评议后将选出该国最聪明的人:总统。不过这种选举团是一种摆设。它没有独立性,也没有生命力。没有人知道,也没有人想知道其成员究竟是些什么人。他们从不进行讨论,也不进行评议。他们被选出的目

① 这一章我基本上是按照初版原样予以重印。就像我在绪论中所解释的那样,要想说出新近改革法可能给平民院带来的一些什么变化为时尚早。——原注

的是为使林肯先生或布列肯尼奇先生成为总统而进行投票。在进行这种投票以后,他们就回家了。而我们的平民院则是一个真正的选举团体。它选出它所喜欢的人,也罢免它所不喜欢的人。尽管它被选出几个月以来一直支持阿伯丁勋爵或者帕麦斯顿勋爵,但是突然在另一个场合,它又赶开了起初它坚持认可的人,转而选择一个它起初反对的敌对者。无疑,在这些情形下,存在着一种对可能的公共舆论的默示参考,但平民院中的判断肯定也存在着相当多的自由意志。该院只朝着它认为最终国民们会遵循的那个方向走,但是它权衡着国民们是否愿意跟着走。它占据主动,并根据它自身的裁量和变通来行事。

当美国选出了它的总统以后,它的作用就失去了,选出总统的传导性选举团也失去了作用。而就英国的平民院来说,由于它既有选举权也有罢免权,因此它与首相的关系是不间断的。议院引导着他,他领导着议院。他之于它们就像它们之于国民们。他只朝着他认为他们会跟着他的哪个方向走。不过他是领路人。他必
须选择方向,并开始旅程。他还不能退缩。好马喜欢骑士的鞭策, 200
而一个拥有极大评议权的议院也乐于感觉到他在接受有价值的指导。一个屈从于平民院的首相——他公开向它讨好,而不是想方设法去规范它,对它显而易见的过错也不愿意大胆予以指出——是很少能够成气候的。议院的大领袖们各有不同,但是他们都有某种坚定性。一个大议院就像一个小孩一样容易被溺爱惯坏。英国政治生活的全部就是内阁与议院之间的行动与反应。被任命者争取进行引导,而任命者则在这种引导下涌动。

选举功能现在是平民院最重要的功能。坚持这种观点是人们

所热望的,也是不轻松的,因为我们的传统忽略了它。当议会开会议程过半后,人们会从报纸上读到,或者甚至从那些已经密切关注过事态因而应该更了解情况的人那里听到:“议会这次会议什么事也没做。女王在讲话中许诺了一些事情,但只是一些无关紧要的事情。”林德赫斯特勋爵曾多年习惯于讲述立法成就的细小结果,但这只是最先几届辉格党政府当政时的事情。这几届政府与立法工作关系更加密切,而且比任何其他政府做了更多立法方面的事情。一个大臣对像林德赫斯特勋爵这样高谈阔论的真正回答应该用第一人称。他应该斩钉截铁地说:“议会留住了我,而这是它的最大职责;议会支持了用传统语言说是女王的政府;它留住了
201 它所明智或不明智地认为是英国国家最好的行政班子。”

平民院的第二个职能是我可以称之为表达的职能。其职责是表达英国人民有关他们所遇到的所有事情的看法。它在这方面做得是好是坏我一会儿就会予以讨论。

其第三个职能我可以称之为——为了即便在一些熟悉的事情上做出明辨而保留某种技术性——教育的功能。一个伟大而开放的由要人们组成的议会不可能置身于一个社会而不改造这个社会。它应该把这个社会改造得更好。它应该教会民众他们所不懂的东西。它的这种教导能够走多远以及已经走到了多远,是一些下面将谈到的事情。

平民院的第四个功能是一种可以称之为告知的功能——一种从它现在的形式上讲尽管是相当现代的功能但实际上是一种特别类似于中世纪的功能。在过去,平民院的职责是告知君主哪些事情是错的。它将特定利益群体的不满和怨愤诉到君主面前。随着

议会辩论情况的刊行，出现了议会的一个相应的职责，即将这些类似的不满和抱怨诉诸国民，亦即诉诸现在的君主。国民们需要这种功能，恰像国王一直需要这种功能一样。一个自由的民族的确 202
多半是讲求公平的。自由要求人们讲求意见交流，而这种交流就是公平的实质。英国人民是讲求公平的，这一点也许甚至要高出其他自由民族之上。而一个自由民族是很少能够——英国民族就不能——敏于理解的。它只理解那些它所熟悉的东西——那些处于其经验范围之内，与其自身思想相仿的东西。“我一生从没听说过这种事情，”通常的英国中产阶级人会说。他认为他这样可以反驳一个论点。通常的辩论者不能回应说，他的经验只是有限的，那种说法说不定是对的，尽管他从来根本就没有碰到过这种事情。而议会中的大辩论的确可以让人们理解这种感觉。任何观念、任何信条、任何情感以及任何怨气，尽管能够引起相当数量的英国人的认同感，也可能让几乎所有英国人觉得它也许是一种错误的和有害的意见，但无论怎么说却是可能的——一种在人类理智范围内的意见，一种必须予以考虑的意见。而这就是一种了不起的成就。实用主义的外交家说，自由政府比专制政府更难以打交道：你也许能够让一个专制君主听取另一方的意见；其大臣们，由于是一些训练有素的智识之士，肯定会知道哪些东西是对他们不利的，而且他们还会告诉他这一点。而一个自由国家从不会听取任何一方的意见，除了它自己的意见。报纸只重复其购买者所喜欢一方的意见：有利的言论被说出、详述和解释，不利的言论则被阉割、误述和弄得混乱不堪。他们说，最糟糕的法官是一个聋子法官；最无谓的政府是一个在诸多问题上其统治阶级听不到其声

203 音的自由政府。从重要性上讲，我倾向于将它视为议会的第二个功能，因为在某种程度上它让我们听到了我们本来听不到的声音。

最后，是立法的功能。关于这一点，要想否认其不同寻常的重要性当然是荒唐的。关于这一点，我只想否认的是它跟对整个国家的行政管理一样重要，或者跟议会对整个国家进行的政治教育一样重要。我承认，有时候立法比这两项中的任何一项都重要。国家的一些法律可能不能适应时世，因而需要予以改变：如某个特定的谷物法可能给所有的产业造成伤害，而要想消除这种伤害可能要付出成千上万个行政性失误的代价。但一般来说，一个国家的法律与它的社会生活是适应的；对法律的特别调适只是从属性的；而对这种社会生活的管理和督导则是最紧迫的事情。不过，每个大国每年的法律汇编中包含了许多重要的新法，而英国的情况尤其如此。的确，从适当的法理学语言的角度讲，大量的立法根本上不能称其为立法。法是一种可以适用于许多种情形的命令。充斥于我们法律汇编中和令人厌烦的议会委员会决议中的“特别法令”只适用于单个的情形。它们并没有确立这样一些规则，依据这些规则，人们可以铺设铁路。它们只规定这样一条铁路将从这个地方铺设到那个地方，而与任何其他的交易没有任何关联。但是，在作出全部减损以后，议会每年的立法依然是一个具有独特重要性的结果。假如不是这样，它就不会像人们通常所认为的那样，

204 是它每年聚合的惟一结果。

有些人或许会认为我应该列出平民院的第六种功能——财政功能。但从大原则上讲，并抛开法律技术层面的东西不讲，我不认为平民院在财政方面有什么与它的其他立法功能不同的功能。它

在这两种事务中都起支配作用——通过内阁起支配作用。财政立法当然是每年的经常性立法，这种经常性并不意味着某种质的不同，或者迫使人们予以区别对待。[①]

事实上，平民院在财政事务上的主要特性如今不是一项特权，而是一种例外的无能。在普通问题上，任何议员都可以提出任何建议，但不得就金钱问题提出建议——大臣只能提出向人们征税的建议。这个原则在中世纪形而上学中通常被认为是一个与国王的特权相关的问题，但是，这个原则在19世纪的用处如同其在14世纪的用处，而且以后肯定也会是一个原则。平民院——如今真正的主权者，且任命真正的行政者——早已不再是先前曾经是的那种核查性、精打细算的、节俭的机构了。现在它比当权的首相更倾向于花钱。我听到过一位非常资深的金融家说："如果你想在平民院得到某种喝彩，简要地颂扬一下有关节约的事情就够了；如果你想招致无疑的失败，提出某个具体的节约方案就够了。"程序是不复杂的。每一笔公共资金的开支都有某个明显的公共目标。
那些想花掉这笔钱的人会详述那个目标。他们说："五万英镑对 205
于这么大的一个国家来说算得了什么？现在是提出吝啬的反对意见的时候吗？我们国家的生产力从来没有如此高过，我们的资源从来没有如此丰富过。与这么巨大的国家利益相比，五万英镑算得了什么？"那些赞成该项开支的议员总会到会。或许某个可能会因该项开支而获利或者热衷于该项目的选民或朋友要求他们出

① 但后来的实践表明，白芝浩这里是疏忽了。根据1911年的《国会法》，下院拥有对财政法案的专审权，而上院只对非财政法案享有有限的否决权。——译者

席会议。不管怎么说，会进行一种公决，关于这种公决，报纸——总是充满慈善之心，有时夸夸其谈——肯定会进行一番赞颂。那些反对该项开支的议员们也想，他们为什么要毫无理由地成为不受欢迎的人呢？项目似乎是不错的，许多赞成该项目的人无疑是认真的：如果这时投反对票就会得罪人，并受到舆论的责难。如果没有某种制约的话，“人民院”很快就会花光百姓的钱。

为国家财政进行这种制约是内阁的职责。如果某个人能够建议征收某个税，他们就会让议会按惯常的方式筹款，而他们自己则撒手不管。但现在，已经得到批准的开支中，不管是属于什么类型——即便是违背内阁意愿的开支——内阁必须筹到这笔款子。于是，他们就具有最强烈的反对额外支出的动机。他们得自己买单。他们将不得不加征赋税，而这总是令人不愉快的，或者意味着借款，而借款在通常情况下总是不光彩的。内阁是（可以说是）政治大家庭中挣面包的人，而且不得不为慈善和排场付账，恰像一家
206 之主不得不为他妻子的施舍和女儿的梳妆打扮付账一样。

的确，当内阁成为惟一的行政实体时，这就意味着他必须承担全部的财政责任。所有的项目都要钱，所有的政策都依赖钱；而内阁的职责就是对这些项目和政策的相对好处进行调整。

从这些只能的角度考虑，人们可以看出，我们是受平民院统治的。的确我们已经习惯了这种统治，以致人们似乎根本不感到奇怪。在所有奇异的政府形式中，最奇异的确属由公共会议产生的政府。这里有 658 个人，来自英国各地。他们性情不同、利益不同、面貌和语言都不同。如果我们想一想大英帝国是一个多么大的帝国，其组成部分是多么多样化，它所关注的事情是多么经常地

发生，它的政策是多么浸淫于历史之中；如果我们想一想该帝国的统治者需要多么大量的信息，多么精巧的判断和多么连贯的意志——那么，当我们看到他们时我们会感到吃惊。我们看到的是一个变动不居的由形形色色的人们组成的机构，有时少，有时多，哪怕在一个小时内都不一样；他们有时激动，有时郁闷怠倦。这些人就是统治大英帝国的人——他们统治着英格兰、苏格兰、爱尔兰、一大部分亚洲地区、玻利尼西亚大部、美洲大部以及世界各地 207
的零散地区。

帕雷说过不少睿智的话，但其最睿智的话莫过于这一句：让人们明白一个困难容易，而让他们理解对这个困难的解释就很难。多数经过讨论但未解决的问题的难点的关键通常在于其未经讨论的部分；他们像一幅画的背景，看似一目了然，不复杂，恰像任何人所可能绘画的那样，但实际上这幅画在恰当的位置安排了人物，并进行提炼，使其成其本相。如果人们将议会政府看成一个简单、自然而需要解释的东西的话，那么就没有人能够理解它。由一个俱乐部进行的统治是一种惊人的奇迹——除非你明白这 点，否则的话，你就对这个事情最基本的东西一无所知。

许多英国绅士在突然被召集在一起时会感到多么无助，关于这一点近来有了一种中肯的说明。英国政府——不知是对是错——认为让每个郡的季度法庭（quarter-sessions）承担起消除牛疫的职责是合适的。但是多数“郡厅”内的场景是不能令人满意的。不要说作出正确的决定，即便是作出任何决定都是极端困难的。我亲眼目睹过这样一个场景。主席提出了一个非常复杂的决议案，在这个决议案中，有许多每个人都喜欢的东西，也有许多每个人都讨

厌的东西,尽管当然,其中一些人最喜欢的东西恰是另一些人反对的东西。于是,该决议案在会上可以说就陷入了两难境地:每个人都提出了修正案。一个修正案提出后所有人都不满意,于是事情
208 就搁置了起来。英国有句谚语:“大会无成”(a big meeting never does anything)。然而,我们就是由一个“大会”——平民院——统治着。

也许有人会说,平民院并不进行统治,它只是选择了统治者。但是,要想能够做到这一点,它就必须具备某种特别的东西。设想内阁要是由一个伦敦俱乐部来选择的话,那将会出现何种混乱局面,会动用多少笔墨、花费多少口舌!“跟某人说句话,让他投我的人一票好吗?”到处将会听到这种声音。A 的太太和 B 的太太会如何合谋将 C 的太太陷入困境。这个俱乐部是否在一个女王富于尊严的影子下面进行选择,或者没有这种影子,根本是无关紧要的事情。如果实质性选择是在其中进行的,那么混乱和阴谋也就会在那里出现。我想用一个问句开始这篇论文——不是问:为什么平民院统治得好?而是问一个根本——几乎是没人问过的问题:平民院究竟是怎样能够进行统治的?

平民院可以做季度法庭和俱乐部所不能做的事情,因为它是一个有组织的机构,而季度法庭和俱乐部则不是有组织的。英国两个最伟大的演说家——布鲁汉姆勋爵(Lord Brougham)和波灵布鲁克勋爵(Lord Bolingbroke)——将相当多的辩才花在了对党派政府的攻击上。波灵布鲁克勋爵或许知道他在干什么;他是一个一贯的议会主权的反对者;他希望击中它的要害部位。而布鲁汉姆勋爵则不知道,他主张对议会制政府进行修正,其方式是通过祛除

掉那些正好使议会制政府成为可能的因素。目前,议会中的大多 209
数是服从几个特定领袖的;这些领袖所主张的东西,他们予以支持;这些领袖所反对的,他们就予以拒绝。财政部一位老大臣曾经说,“这不是一种好的情形,一种不可防备的情形。我们必须让我们的多数适应这个问题。”那位大臣生活在五十年以前,即在改革法出台之前。那时的多数是盲目的,而且是非常“实用的”。如今,领袖们对其追随者们的权力是受到严格而明智的限制的:他们只能让追随者们跟随一小段路程,而且只能朝着特定的方向走。不过,仍然存在着领导者和追随者。就议会中保守方而言,即便是现在仍然存在着专制领导的痕迹。据说一位愤世嫉俗的政客曾经看到一长排看起来非常神气而且令人起敬的郡议员,然后喃喃地说道:“啊,他们是欧洲最好的野蛮投票人!”不过讽刺归讽刺,议会的原则是服从领袖。更换你们的领袖吧,如果你们愿意的话;选出另一个,如果你们愿意的话。但是,在你伺候老大的时候,你就得服从老大;如果你转而伺候老二的话,那就服从老二。不这样做而招致的惩罚是一种使人一事无成的惩罚。这并不意味着你将做不了什么好事,而意味着你将根本就做不了任何事。如果每个人都按照他所认为是对的方式去做,那么每个动议就会有 657 个修正案,而每个修正案都不会得到通过,那个动议本身当然也无法通过。

诚然,当我们清楚地感到平民院主要是而且特别是一个选举性机构的时候,我们立即就可以看出党派是议会的实质。没有党
派,从来就不会有选举。没有某种联合,你想把一个孩子送进孤儿 210
院都难。在这种地方你会看到一个标牌上写道“请为孤儿 A 投票”,一面旗帜上写着“请为孤儿 B(还是个痴呆儿)投票”,而每一

派都忙着挥舞它的标牌和旗帜。这种微不足道的即时选举场合所包含的真实的东西在一种大型的经常性的对统治者进行的选举中就会变得更加真实。平民院处于一种永恒的潜在选择之中:在任何时候,它可以选择一个统治者,也可以罢免一个统治者。而党派是内在于该院的,是其骨中之骨,息中之气。

其次,尽管政党领袖们不再拥有上个世纪的那种可以收受其贿赂的众多的资助人,但是他们可以通过一种比任何诱惑都更有力的威胁来进行强迫——他们可以行使解散权。这是一个使各政党联合在一起的秘密。科布顿先生说得很对:“根据议员们的说法,他从来未能发现什么时候构成解散议会的恰当时候。他听他们说过他们愿意为所有其他的事情进行表决,但却从来没有听他们说他们愿意就这个问题进行表决。”议会中的效率要求有一群坚定不移的投票人;而这些人要么是靠一种对特定人的遵从性依附,要么是靠一种对他们所遵循的原则的信念而聚合在一起的。而且他们是出于对这些人的畏惧才维持了这种聚合局面——他们畏惧的是,如果你投他们的反对票,你自己不久就可能根本没有投票权。

第三,在明白了政党组织构成代议制政府的关键原则这一点以后,这么说也许显得有些奇怪。但是这种组织是永远有效的,因
211 为它不是由热情的怀有党派偏见的人组成的。该机构是热情的,但每个原子却是冷静的。如果不是这样的话,议会制政府就会成为最坏的政府——一种派别性政府。掌权的政党会尽力渲染其代言人所提出的纲领。但是英国议会中的党派中人不是这种德性。他们是辉格党人、激进党人或者托利党人,但除此之外,他们还是

其他的更多的东西。他们是普通的英国人。就像纽曼教父所抱怨的那样，“难以做到教条主义的水平上。”他们不渴求将他们的党派原则强行推向不可能的结论之中。相反，推行这些原则公认的最好方式是装出一副慎重且不合逻辑的中庸姿态。你可以听到人们说，“无须让我自己受三加二等于五的原理的约束，尽管我自愿承认布拉德福德派出的那位尊贵的议员代表其利益提出了非常严肃的论点，我想，经过委员会的允许，我可以设想二加三不等于四，而这一点会构成我将冒昧地在现在这个场合提出的那些重要建议的一项足够的理由。”这种语言非常适合于平民院中的大部分人。多数事务人喜欢一种朦胧状态。他们一直生活在一种可能性和不确定性的氛围中，在这种氛围中，没有什么东西是异常清晰的，许多事件中存在着几种偶然，更多的说法是几种路径，而其中的一条路径必须义无反顾地被选择并坚定不移地予以坚持。他们喜欢听取适合于这种智力迷雾的言论。这种言论表述的谨慎或犹豫不决远没有让他们觉得是低能的表现，相反在他们看来似乎是一种实 212
用性的表征。他们通过这样的买卖而自肥，在这些买卖中，他们说不出争辩性理由——他们所求的是一种尽管温和但并不含混的结论，即当被人问及时他们可以重复；某种他们觉得不是抽象的论点，而属于被实际生活过滤和溶化了的抽象论点。“在我看来，”一位不耐烦的年轻人曾经说，“皮尔的论点中似乎不存在任何支撑点。”而这就是罗伯特·皮尔爵士成为我们这个时代里平民院中最杰出领袖的原因；我们喜欢将一个论点中的严谨性剔除掉，而让实质性的东西留下来。

在我们的治制下，平民院中的多数领袖们也不想将政党决议

贯彻得太远。他们处于与现实的联系之中。反对派掌权后,经常像一个其汇票即将到期的投机商人一样。大臣们不得不兑现他们的诺言,而他们发现这样做并不容易。他们已经说过,事物的现状是如此这般,但如果你们赋予我们权力的话,我们将会有如是如是作为。但是当他们开始处理具体的问题时,很快他们会陷入疑惑之中。当然,必须做点什么事——投机商人并没有忘记他的汇票;这个先前的反对派在当权后不可能忘记国中那些狂热的崇拜者们
213 仍然引用的承诺性语句。不过就像商人会向他的债权人发出“你能不能四个月以后再来兑汇票呢”的请求一样,新任大臣也会向议长说:“你就不能设想一个中间道路吗?我当然不会受到辩论中所使用的那些空头支票的约束;人们还从来没有指责我让一种虚假的雄心扭曲了我的行为;但是,”等等,等等。结果总会是这样的:一个中间道路被设计出来了,而这条道路看起来会尽可能像他们处于反对派位置时所建议的样子,而实际上是尽可能像尽人皆知的事实——出现于衙门中的,逗弄人而且不断出现的事实——所证明的那个样子。

在一个党派内实施温和政策的所有方式中,最好的方式是设法使该党成员们成为内在的温和、谨慎且几乎怀有敬畏之心的人;次好的方式是,设法使该党的领袖们处于与现实世界的紧密联系之中。我们英国的制度包含着这两种机巧:它使政党政府变得永恒而且可能,其方法是使它变得温和——这是惟一的一种能够使它变成这样的方法。

不过,这些方法虽然能够将那些致使一个普通俱乐部或季度法庭无能为力的缺陷消除殆尽,但是并不足以使平民院统治英国。

一个代议性公会是免不了其他类型的公会所带有的那种缺陷的。它也许不是独立的。选民们也许不会让它单独存在。但是如果他们不这么做的话,那么所有针对政党组织的罪恶而列举的制约措施都将变得无效。选民们的感觉就是一个主流政党的感觉,而这
种感觉是受到地方政治代理人的引发、激励甚至炮制的。这样一 214
种意见不可能是温和的;不可能经受有效的讨论;不可能与发人深省的事实紧密相连;不可能是在一种责任感的锤炼下形成的。选民政府恰是议会政府的对立面。它是一种由远离活动现场的非温和的人们选出的政府,而不是由贴近活动现场的温和的人们选出的政府。它是那些用非处罚手段的最后一招进行判断的人所作的评判。而不是那些畏惧被解散,且总意识到他们的所作所为会经受申诉的人们所作的评判。

多数人当他们阅知议会制政府的这些条件时会承认这些条件,但是公众心目中至少两个最显著的观念是与它们不相符的。我们那些蛊惑人心的政客们的论点所明显倾向的计划以及一些最著名哲学家的特别嗜好所倾向的计划都是如此。它们不仅会使议会制政府运转不灵,而且还会使它根本无法运转。它们不会使它变坏,因为它们会使它变得不可能。

这些观点中的第一个是超民主理论。这个理论要求,每一个年满二十一岁的男性公民(如果不说每一个女性公民的话)在议会选举中应当拥有平等的投票权。[1] 设想去年英国有1200万成

---

① 作者所惧怕的这种东西后来又成了政治现实。根据1918和1928年的《国民参政法》,年满21岁的男子获得了选举权;妇女也获得了选举权。经过这两次改革,英国选民人数先是从800万增加到了2100万,接着又增至了2600万。——译者

年男性。根据这种理论，每个男性应在议会选举中拥有一千二百
215 万分之一的决定权。按照明示的法律规定，富者和智者不应当比贫者和愚者享有更多的投票权。也不应该有任何潜在的机制赋予他们一种形同更多投票权的影响力。实施此种计划的机制是非常简单的。在每次选举中，国家应分为 658 个选区，每个选区中，成年男性的数量应该是相同的，而这些地区应该成为惟一的选民团，并选出全部的议会成员。但是，如果上述前提是议会制政府所需的话，那么议会将无法运作。

这种议会不可能由温和的人组成。一些选区会是一些纯粹的乡村地区。而在这些地区，那些乡村牧师和乡绅会拥有几乎无限的权力。他们能够将全部的劳动人口驱赶或派遣到投票处。这些地区会选出一个清一色的乡绅集团。那些分散的小城镇，尽管如今给议会选送了如此众多的议员，会迷失在滑稽的芸芸众生之中。它们的选举人不会将任何地区议员选送进议会。英国乡村地区将专门从季度法庭中挑选其代表。另一方面，一大部分选区将会是城镇地区，这些地区会选派一些代表这些地区最低层阶级的有信仰或无信仰的人。他们也许会分成真正的手艺人代表——可能不是其最好的手艺人，因为这些人属于一个精选的有知识的阶层，而是劳工中的普通阶层——和仅仅自称的那个阶级的成员，这些人
216 我可以称之为公选院的成员（members of public houses）。在所有进行了竞选活动的大城镇中，这些公选院是腐化和不法操作的中心。这种腐化和操作的形式已存在相当完整的记录，但无须在这里描述。每个人都明白我说的是哪种东西以及因这种东西而选举出来的那种不讲原则的议员。因此，我们的新议会将由从城镇最

低层选出的两类代表和从乡村最低层选出的一类代表组成。国家的真正代表将属于一个明显类别的人，而郡的真正代表又属于另一个明显类别的人，但属于绝然不同的两类：一类将充满城镇手艺人的偏见，另一类将充满郡长式的偏见。每个阶级将说一种它自己的语言；每个阶级将使其他阶级难以理解，而惟一因此获益的阶级将是那些不道德的代表。这些代表由于腐败的机制而当选，他们多会使他们在腐败中付出的金钱获得好的收益。议会制政府只有在占压倒性多数代表基本上属于温和的人、没有明显的种类区分且免于阶级偏见时才是可能的——如果真是如此，那么这种超民主议会将不能维持这种政府，因为它的成员将会因两类道德的暴力和一类不道德的暴力而著称于世。

我从来没有将赫尔(Hare)先生的计划列为这种超民主的计划。关于这一点，人们不禁有某种浪漫的感受。当老态龙钟的法学家们和饱经风霜的哲学家们提出一个许诺世界将变得年轻的计划时，世界似乎在变得年轻。正是这些阶级使年轻人们通常遭受了苦痛——他们看到的是令人心寒的场景，即他们的精巧计划受 217
到了云遮雾障，这些计划不过是很久以前已告失败的其他计划的重复，而我们必须对那种已经尝试过的机制的极其温和的结果表示满足。但赫尔先生和米尔先生所奉献的关于他们新计划的效果恰像一个年轻的激情主义者在兴高采烈时对他自己承诺的效果一样好，其改进措施也像年轻人所自许的一样有趣。

我并不因为赫尔先生的计划是新提出的而强调其被人设想的不切实际性。当然，不到该计划变成熟，它就不会被付诸实践。所幸的是，这样一种巨变是不可能陡然发生的。一个自由的民族不可能被一种他们所不能理解的新制度弄得稀里糊涂，因为只有在他们理解了以后才会采用它们。但是，如果赫尔先生的计划能够带来他的朋友们所说的东西，或者说能够带来一半他们所说的东西，那么该计划就值得张罗，如果到 1966 年它尚未被采用的话。我们应该不断地通过写作普及这个原则，以及比写作更好的方式——进行小规模的初步点滴实验。在所有其他选举制度中有如此众多的令人厌倦和厌烦的东西，以致我完全理解并希望分享相信这个计划的人们的那种欣慰感。当这个吸引人的计划付诸实施时，这些人抛开所有的妨碍并展望一种几乎是理想的未来时就带有这种欣慰感。

赫尔先生的计划不能以一种详尽的形式给予令人满意的讨论，而他却是以这种形式提出该计划的。没有任何普通人会乐意
218 地领会他所精心炮制的所有细节。他是如此急于证明所可能做的事情，以致他已经让多数人混淆了事情的真相。我听过一个人说：“这种事他从来记不住两天。”而我感觉到的困难是基本的，且完全独立于细节之外。

选民团体的形成可能有两种方式。首先，可能从法律上形成，像英国和几乎所有地方的情形那样：法律可能规定，如此如此条件将使某类选民获得投票权；那些符合这些条件的人应当属于某个选民群体。这些我们可以称之为强制性选民，关于他们我们都知道。其次，法律可能让选举人自己决定选民团的形成。法律可能规定，国内所有成年男性应当拥有投票权，或者说那些能够阅读和书写的男性，或那些拥有年收入五十英镑的人，或者以任何方式界定的任何人，并进而让这些投票人按照他们自己的意愿自行组合。

设想有658,000名投票人来选举平民院议员,这个理发机构可能会说:“我们不在乎你们怎么组合。在一个特定的日期,让每一组选举人告知他们拟参选的组。如果每一个投票人都进行了告知,而且每一个人希望充分利用自己的选票,那么每个组将刚好有1000人。但是,法律无须作出这样的规定——它将记下658个人数最多的组,无论这些组的人数是2000还是1000还是800个投票人——这些组将成为该国的选民群体。”这些选民属于自组性选民,如果我可以这么称呼他们的话:最简单的那种自组性选民。219
赫尔先生提出了一个复杂得多的种类;但是,要想证明自愿原则的优缺点,最简单的形式远远是最好的形式。

诱使人们使用这项原则的东西是很明显的。在强制性形式的选民群体中,少数人的选票被扔在了一边。在如今的伦敦,有许多托利党人,但所有的议员却都是辉格党人;每一个伦敦托利党人因此无论从法律上还是从原则上讲都没有找到他的代表:他所在的城市给议会选送的议员是些他不希望选送的人。而如果按照自愿制度行事的话,这些数量远远超过了1000人的伦敦托利党人就可以进行组合。他们可以形成一个选民团并选出一名议员。在许多既存的选民团中少数人处于无权地位是一个长期的无助的事实。我本人作为一个乡村郡的选民已有二十年的时间了,但我却是一个自由派人物;一直当选的是两个托利党人,而且在我终生的时间内,当选的将会是托利党人。按照目前的状况,我的选票无足轻重。但是如果我能够在该郡以及保守党人所居郡联合1000名其他自由派人士的话,我们就可以选出一名自由派议员。

还有,这个计划可以摆脱人们在选民团体大小问题上所遇到的困境。据说,人们认为利物浦城所选议员的数量只与金斯林或莱姆里季斯城所选数量相同是不合理的。而根据自愿原则,利物浦可能落在金斯林的后面。金斯林的自由派少数可以与利物浦的
220 自由派少数联合,并凑成 1000 人;其他地方也是如此。各城的选民团体数量将会出现其所谓的合法的优势。当选民们自行组合时,这些城市将能够组成也愿意组成最大数量的选民团体。

还有,一个伟人众多的追慕者能够在该伟人周围形成一个适得其所的选民团体。事实上,穆勒先生就曾被威斯敏斯特的选民们选出过;而且,他们还从来没有为他们自身带来如此大的荣耀。但是,威斯敏斯特的选民们对穆勒先生了解多少呢?他们中间多大比例的人心中能够猜想出他的部分心思呢?他们中的大多数人不会喜欢他的大部分天赋才能。他们本想对思维能手表现出崇敬之心,但这不过是一种对一个未知神灵的崇拜——如果说这个世界上还有这么一种东西的话。而按照自愿计划,成千上万拜读过米尔著作的学生中的某一千个人可以因为他而组成一个怀有欣赏之情的选民团。

我还可以提出其他优点。但是,我不得不反对这项计划,而不是推荐这项计划。压倒这些优点的抗衡因素是什么呢?我的回答是:在我看来,按照刚刚揭示的选民的自愿性组成是与议会制政府的必要前提相冲突的。

依据自愿性组成制度,政治危机不在于议员的选举,而在于选民团体的组成。在美国,总统选举已成为一种交易;而根据自愿性
221 组成计划,这里的选民团的组成也会是一种交易。每个政党都会有一个数量问题要解决。领袖们会说:“我们有 350,000 张选票,

因此务必选出 350 名议员。”而达到这个目的的惟一办法就是组织起来。一个想要构成一个自由派选民团一部分的人不得自行寻找一千个其他的自由分子;如果他这么做的话,那么在写了一万封信以后,他大约会发现他只在凑成一个百人团的一部分,而所有这一百人的选票将被抛开,因为这个选民团小得不足以计较。这样一位自由分子可能向位于国会街的选民登记协会写信,以求得与其能干的经纪人联系上,而他们很快就会将他的选票派上用场。他们会说:“先生,你来迟了。格莱斯顿先生的选团已经满了,先生。他去年就有了一千人。你在报纸上所读到过的先生们中的多数都满了。每当一位先生做了一次精彩的演讲,我们就会收到成堆的信件说,‘将我们列入这位先生的团中吧。’但我们做不了这个。这里有一个名单,如果你不想将你们的选票白白抛弃掉的话,你们必须听从我们的引导:这里是三位非常令人满意的先生。你们可以选择其中任何一个进行投票,而我们将记下你的名字。但如果你乱投一气的话,你就会整个被抛出局。”

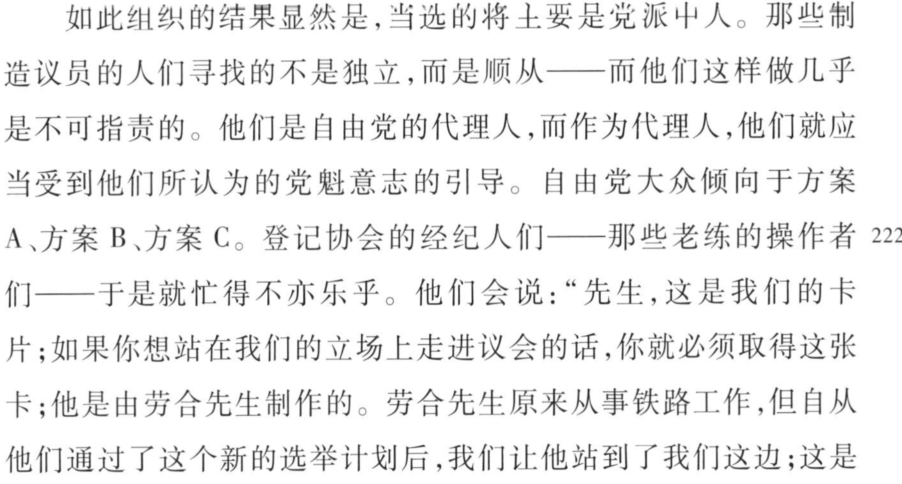

如此组织的结果显然是,当选的将主要是党派中人。那些制造议员的人们寻找的不是独立,而是顺从——而他们这样做几乎是不可指责的。他们是自由党的代理人,而作为代理人,他们就应当受到他们所认为的党魁意志的引导。自由党大众倾向于方案A、方案B、方案C。登记协会的经纪人们——那些老练的操作者 222
们——于是就忙得不亦乐乎。他们会说:“先生,这是我们的卡片;如果你想站在我们的立场上走进议会的话,你就必须取得这张卡;他是由劳合先生制作的。劳合先生原来从事铁路工作,但自从他们通过了这个新的选举计划后,我们让他站到了我们这边;这是

一张好卡,拿着它,你就不会出错的。”根据这种(从理论上讲)自愿性计划,你会聚集到一批被党派框框和枷锁束缚得严严实实的议员,这种束缚绝对比现在的任何议员所受到的束缚要严实得多。

任何人如果希望在与系统性的公共行动的对照中从随意性的公共行动中得到什么的话,就应该考虑一下美国总统的当选方式。计划是这样的:普通公民应该给他们最喜欢的政治家投票。但是没有人做出了任何这类的事情。他们为“决策委员会会议”所定的选票进行投票。而这个决策委员会会议是一种代表性会议,它不停地进行表决,直到他们淘汰了所有那些人们对之尚有些话要说的知名人士,而选择了某个人们一无所知因而也无话可说的不知名的人。决策委员会会议,或者一些类似的会议,在选民组合方面,这边的情形要比那边的总统选举的情形糟糕得多,因为美国人在一些大的场合能够注目于某个他们熟悉的伟人,而英国人则不能注目于658个伟大的人物并选出他们。他们认识不了这么多人,而且即便他们认识,也会在操作的困境中出错。

不过,尽管一个普通的投票人只能列入一个有效的选民团体
223 中,而一个普通的候选人只能通过服从站在他那边的政治选举设计者的方式接近一个选民团体,但是某些投票人和某些议员可能完全独立于二者之外。在这个国家,存在着一些很快就会自行组成一些选民团体的组织。每个非国教教堂在知悉这种方案的三个月之前将成为一种传输选票的处所。教会在知悉这种方案方面要缓慢得多,在运用这个方案方面也困难得多;但它会学会运用这个方案的。在目前,那些不信奉国教者是自由党内一个最有活力和价值的组成部分;但是依据这种自愿方案,他们将不构成一个组成

部分——他们将成为一个分立的独立因素。现在我们提倡选区组合，然而他们将进行教会联合。

前面我们已经说明，议会中的议员们应该是一些性情温和的人，否则的话，他们会选出一个非温和的内阁，并实施一些极端的法律。除非提及这一点，否则上述论点的全部分量尚不能体现出来。而依据人们设想的那个方案，议会将由那些政党政治家们组成。这些政治家们由一个政党委员会选出，受该委员会的约束，并信奉政党暴力，因而成为英国每一种“主义”的典型而非温和的代表。我们将拥有一个由信奉形形色色的暴力的人组成的多类混合体，而不是一个由温和而理性的人们组成的商议性机构。

我可能似乎在画一幅讽刺画，但我还没有说到最糟糕处。尽 224
管这些议员可能不良，如果他们受他们自身控制的话——如果，在一个自由议会里，他们面临着政府的危险，严格的责任可能改善他们的素质并使人们能够容忍他们。但是他们无法控制他们自身。一个自愿性选民团体几乎总会是一个专制的选民团体。即便是在最好的情形下，即当一批诚恳的人选出一个议员来表达他们诚恳之情，他们会关注他以使他切实表达这种心情。这些议员们将会像一个意见不一的宗教会议中的牧师那样。这种会议是因为对某种教义的统一信仰而召集的，而布道者将要讲的就是这种教义；如果他不这么做的话，他就会被解职。目前，这位议员是自由的，因为选民团体并不认真：没有哪一个选民团体拥有一种明确的政治理论信条。法律根据地域划分而确定了选民团体，而这些团体并不是由紧密的统一信仰而凝聚在一起的。他们对某种教义怀着某种朦胧的好感，仅此而已。但是，自愿性选民团体会像一个抱有宗

旨的教会;它会使它的代表成为其律令的信使及其决议的执行代表。像在一个意见不一的宗教会议中的情形那样,一位大牧师有时主持着会议,而一百位牧师中的九十九个却受会议的支配。于是在这里,一个名人会支配他的选任者,而这些选任者们会支配所有其他的人。

因此,由一个良好的自愿性选民团体选出的议员会受到一种无望的奴役,因为它的善行;但是一个不良自愿性选民团体选出的
225 议员们更会受到奴役,因为它的恶行。这些选民团体的组合者会将这种专制的手段保留在其自己手中。在美国,政客们被区分为幕后操纵者和吹风者;在自愿性体制下,议会成员会成为惟一的临时代言人——无能的吹风者,而那些选民团体的组合者会成为潜在的幕后操纵者——无时不在的寡头。他会给议会中的先生们写信说,“你们是靠‘自由派选票’当选的;如果你们偏离了这种选票,你们不会再次当选。”因此,一个正常心态的人将不会有什么魅力。他自身不可能构成一个选民团体,就像一只鼹鼠不可能构成一个星球一样。

诚然,可以说,对于一个七年任期的议会来说,这种计划将是无能为力的。一个有七年任期的当选议员可能不顾一个较真的选民团体的指责或者潜在的操纵者的诅咒。而在自愿性选民团体组成后,很快就会只有短命的议会。较真的选民们会要求频繁的选举;他们不愿意长时间不见他们的效能;看到这种效能以一种违背他们的心愿的方式在一些选举时没有人想到的情况下被利用会使他们感到愤懑。一个任期七年的议会经常在某个政治时期选定并持续到第二个政治时期,并在第三个时期解散。一个由法律召聚

的选民团体以及强制性选民团体经受得住这种变化,因为其中不
存在集体性诚意;看到它所赋予的权力以一种它先前不可能预料
到的方式使用它也满不在乎。而一个能够提出积极意见的自知的
选民团体,一个有使命感的选民团体实际上会予以反对的。它会 226
认为予以反对是它义不容辞的职责。而那些老练的操作者们尽管
一言不发,也会在沉没中予以更加强烈的反对。二者合起来会对
年度选举有所约束,并毫不畏缩地约束着其议员们。

因此,当自愿性方案接受了这种简单形式的检验时,会显得与
议会的两个条件——外在的独立和内在的温和适度——相抵触。
这两个条件正如我们所已经揭示的那样,构成议会制政府不可或
缺的基本要素。同样的不可避免的反对意见坚持着那个原则——
在其更复杂的形式下坚持那个原则。当反对意见成为了一个首要
的原则时,堆积没完没了的细节是徒劳的。如果以上推论站得住
脚的话,那么强制性选民团体就是必要的,而那种选票的选择性组
合就不是一种有助益的东西,而是一种破坏性的发明。我已经详
论了赫尔先生的方案和超民主方案,不仅因为前者所包含的高度
智识利益和后者可能包含的实际利益,而且因为它们倾向于对议
会制政府的至少两个基本条件进行调剂。不过,除了这些为议会
制政府的运作所需的必要条件外,还存在另外一些使这种政府良
性运作的前提。平民院要想良性运作就必须像我们已揭示的那
样,妥善履行五项职能:它必须选好内阁、妥善立法、教育好国民、
妥为表达国民的意愿以及将诸多事项妥为提请国民们注意。 227

这种讨论有其自身的困难。“妥善”是什么意思?谁来判断?
是由某群哲学家还是由某些充满幻想的后生抑或是由某些外在的

权威来判断?我的回答是,不是由哲学家、后生和外在的权威,而是由此时此地的英国民众来进行判断。

自由政府是一种自治政府——一种民有民治的政府。最好的这种政府是民众所认为最好的政府。一个强加的政府,如英国人在印度建立的那种政府,很有可能会更好——它可能体现比被统治种族更高种族的意志,但是它不是自由政府。自由政府指的是那种服从它的民众能够进行自愿选择的政府。在一个寻常的有松散民众组成的集合体中,惟一可能的自由政府形式是民主政府。当没有人认识或在乎或尊重任何其他人时,所有人的地位必须平等;不得有任何人的意见比其他人的意见更有分量。但是,像我们已经解释过的那样,一个惯于尊奉的民族有其自身的结构。某些人被公认为比其他人更聪明,因而其意见也被公认为远远超过其数量上的价值。在这种幸运的国家,我们可以不仅对选票进行计数,而且可以对它们进行权衡,尽管在一些稍微差劲的国家里,人们只进行数量上的计算。但在自由国家,就是这样被权衡和计数的选票决定一切。一个完美的自由政府是一个完全按照这些选票决定一切的政府;一个不完美的自由政府如是有所欠缺地决定一
228 切;而一个坏政府则根本不按这种方式决定事情。舆论是这种政治的试金石。最好的舆论——它带有一种尊崇的习惯——是国民们所愿意接受的:如果自由政府按照这种舆论行事的话,它就是这种类型的政府中最好的;如果它逆这种舆论而动的话,它就是最坏的。

如果以此来检验平民院,那么它还算是不错地履行了它的任命职责的。它按照我们的愿望选择了执政者。如果它不这么做,

那么在我们这样一个可以言说和书写的时代,我们应该很快就会知道的。我听过一位伟大的自由派政治家说:“一个我们可以将我们的抱怨广而告之的时代正在到来。”①如果由议会任命的一届内阁是国民们所讨厌的那种内阁的话,那该会是一种多么好的抱怨啊。一个反对现政府的联盟立即就会形成,而且它马上会比反谷物法联盟更强大和更成功。

诚然,一直有反对意见认为,议会的选举做得不好,因为它没能选出强有力的政府。而当舆论在一个显要的政策问题上没有作出绝对的定论,且最终议会中的各党派几乎处于势均力敌的状态时,个人的贪心和善变性肯定会使议会经常变换它的被任命人,并从不充分信任其中任何一个,且让所有这些人处于一种即将到来的被解散的待决状态中。不过,我认为,帕麦斯顿勋爵第二届政府 229
的经历证明,这些担心是被夸大了。当国民们真正选择了一个政治家时,议会也会选定他的。1859 年议会中的党派几乎像任何一届可能的议会中的情形那样是四分五裂的;许多自由党人士并不喜欢帕麦斯顿勋爵,他们本可能乐于合作起来以试图将他推翻。但是,议会从内部受到的影响和国民们从外部受到的影响是相同的。两党中的温和派都认同的是,帕麦斯顿勋爵的政府是最好的政府,因此他们保留了这个政府,尽管两党中的非温和派都憎恨这个政府。于是通过这个关键的例证我们发现,一个受到一种我可以称之为“共同因素”——不同党派中的相同心态的人——支持的政府会留在权位上,尽管党派力量是均衡的,而且多数是不确定

① 这句话是在 1858 年说的。——原注

的。如果议会有幸由于其智慧和魅力能够控制住议会中广大的中间派人物,它就会继续存在,尽管存在着些小卑劣派别的图谋不轨。

总体来说,我认为这一点是无可争议的,即议会的选择性任务完成得很好,恰如舆论所期望它完成的那样。如果我们想提高这个标准,那么我们就必须先提高英国国民的素质,因为是他们确定了这个标准。而就其实质性的立法任务而言,我认为情形也是一样的。我们的立法方式的确是可恶的,确立这种方式的机制是恶
230 心的。一个全院委员会在处理或试图处理一个冗长法案的具体条款时,简直是一个负荷着沉重劳动但又不得其所的可怜标本。它肯定会在法案中添进某个条款,但这个条款似乎是从天而降,而与它无关。在这种时候,通过一个公共会议进行治理就显示了它的缺陷,而且没有受到必要的制约。不过除了两种大的缺陷外,我想议会还是像国民们所期望的那样通过了法律的。

但三十年前的情形并不是这样的。那时,我们国家的制度适应不了时世,国家因而受累。国家像一个穿着婴儿衣服的成年人,身上每一个部位都需要更多的空间,每一件衣服都需要重新制作。"天啦,"埃尔顿勋爵用他那个时代的口头禅说,"如果可以重新开始生活,我愿意从当一个鼓动家开始。"这位精明的老者看到了这一点,即,最好的生活属于一个对旧世界各方面都心怀不满的人,尽管他爱那个世界,对那个世界充满了信心,且不能设想任何其他的世界。但是他现在不会这么说。在现时的职业中,没有什么比做鼓动的更糟糕的了。一个人如果他想抱怨点什么东西的话,几乎就不能赢得任何观众。如今,不仅议会的心态和政策(除了前述几个例外情形以外)具有了可能的议会制政府所必须的那种基

本的温和适度，而且具有了那种恰当的逐步转化，那种最广泛地适
用于国民的恰如其分的温和。国民们不仅忍受了议会制政府—— 231
如果这种政府不会温和的话，它就不会被忍受——而且喜欢上了议会制政府。国家沉浸在一种满足感之中，因为多数国民们感到国家已经拥有了正好适合于它的那种东西。

有两个例外。首先，议会过多地倾向于接受土地利益集团的观点，牲畜防疫法的通过就是这种缺陷的明显例证。该法案的细节或好或坏，其政策或智或愚，但它得以在议会匆匆通过的方式则带有专制的色彩。棉花贸易和酒类贸易在其最危急的情形下就得不到这种方式的帮助。英国土地集团每年向郡议会选派了许多议员，这是宪法所赋予他们的权力。但奇怪的是，土地利益集团不让其他阶级拥有席位，而从其他阶级获取了许多席位。英国一半的选区是由大土地所有者们代议的，而当地租问题成为一个问题时，他们更多的是想到了他们自己，而不是那些选派了他们的人。议会中土地贵族在数量上远远超过了其他阶级。他们相互之间也有着更紧密的联系：他们在同一类型的学校受教育；从小就互通姓名；组成一种社团；同一类型的男子娶同一类型的女子。议会中的
商人和制造业者是一个混合的类型。他们中一些人在此地受教 232
育，另一些则在彼地，再一类根本就没受到教育；其中一些属于第二代贸易人，这些人视那些自行取得成功的人们为对世袭性地位的入侵者；另一些人则属于自行取得成功者，这些人视那些拥有继承性财富的人们为一些既没有智慧也没有地位、且由于没有头脑而低于他们自身一等、又由于没有爵位而低于贵族们一等的人。那些贸易人没有盟约，没有交往的习惯。他们的太太们，如果想从

事社交活动的话，想结交的不是这类人的太太们，而是那些像他们所说的“更像样的人”——那些肯定拥有土地者，或者，如果上天护佑的话，拥有封号者的太太们。研究议会结构的人，如果不是从抽象的书本而是从现实的伦敦社会出发的话，会对这一点感到惊奇：土地利益集团是强大的，但不是专制的。我觉得如果这个集团是聪明的话，或者换句话说，如果它的代表们是聪明的话，它会是专制的。但是这个集团有一种固定的方法使这些代表变得愚蠢。各郡不仅推举土地所有者——这是自然的，抑或是明智的，而且只推举本郡的土地所有者，而这却是不可思议的。在农人们的心中是没有什么自由贸易概念的。每个郡都禁止其他郡的能人进入。这就是为什么能言善辩的怀疑论者们——波林布鲁克和迪斯累利——一直能够领着那些不怀怀疑之心的托利党人走的原因。他们总有一些人在某个地方占有一块土地，而这些人一般当然既不善于言说，也不善于思考。于是那些嘲笑该党的能言善辩者反过来领着该党走。土地利益集团的实际影响比其应然影响要大得多，但是这种影响它浪费得如此之多以致超过的部分除特别情形以外（像牲畜防疫法所涉及的情形那样）成了一种次要的东西。

议会的结构给予了国家停滞地区太多的分量，而给予了发展
233 中地区太少的分量，这么说几乎是同一件事情的另一面。在从前，英国南方不仅是英国最欢快而且是最大的部分。当我们代议制的基础正在形成时，德文郡是一个伟大的海商郡，萨默塞特郡和威尔特郡则是伟大的制造业郡。与北部各郡更恶劣的气候相联系的是一种更粗鲁、更严厉和更稀少的人群。我们的议会在 1832 年以前所赋予特伦特河以南英国地区的巨大优势以及至今虽然有所消减

和削弱但仍然占有的这种优势当时是与一种真正的财富和心态上的优势相伴随的。而目前的对比形成了多大的反差是众所周知的。而且情况每天在变得更坏。现代贸易的本性就是让富有者有所得且从贫穷者那里有所取。制造业朝制造业所在的地方跑，因为在那里，也只有在那里，才有附属的和辅助的制造业出现。每条铁路都将贸易从小城市带到大城市。年复一年，北方（我们可以大致称为新兴工业世界的地方）变得越来越重要，而南方（我们可以称为昔日欢娱的残留之地）变得越来越微不足道。于是，如果人们给予了昔日辉煌的地区更多的权力，而拒绝给予现时辉煌的地区同等的权力的话，那就是对我们现存议会制度的严重挑战。

我认为（尽管不是一种流行的观念），大半呼唤议会改革的声音是由于这种不平等引起的。大资本家们如布莱特先生及其朋友们认为，他们是在认真地为劳工阶级争取更多的权力。但事实上，234
他们是在非常自然和非常恰当地为他们自身争取权力。他们不能忍受——他们也不应当忍受——的是，一个富有而能干的制造商竟然不如一个愚笨的小乡绅有分量。布莱特先生提出的政治平等观念像政治投机一样古老，并且一直受到了这种投机的最初尝试的反驳。不过尽管如此，这种观念会如同政治社会一样长期存在，因为它们是建立在不可辩驳的人类本性原则基础之上的。埃得蒙德·伯克称最初的一些东印度公司的成员们为“一些要求成为人的雅各宾分子”，因为他们感到他们“目前的分量与他们拥有的实际财富不相等”。只要存在着一个心理不平衡的阶级——一个未能拥有正当权力的阶级，它就会胡乱地抓住并盲目地相信所有人都应当拥有同等权力这个观念。

就我们议会在这个方面的代议性质而言,我并不认为将工人阶级排斥在有效代表范围之外是一种缺陷。工人阶级对我们协调的公共舆论的形成几乎没有什么贡献,因此,他们在议会中缺乏影响这个事实并没有破坏议会与舆论之间的协调关系。他们在代议制中被忽略,在被代议的事情中也被忽略。

我也不认为议会中贵族出身者的数量会影响议会与舆论之间的和谐。贵族家族的直系后裔和旁系亲属向议会输送的议员无疑
235 在数量上远远超过了这些家族与全国国民相比较的数量上所允许的比例。但我认为,这些家族丝毫没有与那些拥有土地的乡绅们不同的协同性格或任何其他公共观念。他们所拥有的观念属于他们生于其中的那个有产阶级的观念。英国贵族阶层从来没有成为一个分离的阶层,现在也不是这样一个阶层。其他土地乡绅们所不信奉的东西,他们也不会信奉。而如有任何土地乡绅将被送进平民院,那么其中许多人应当是拥有某种身份的人这一点就是人们所渴望的。只要我们保留了一种两院制——其中一院是富于尊严且旨在给许多人以印象的,而另外一院是富于效率且旨在对许多人进行统治的——我们就应当务必使两院巧妙地对称起来,并将一院开始而另一院结束的地方隐藏起来。这一点部分是由这样一个事实促成的,即人们给我们体制中崇高的那部分让予了某种附属的权力,而同样得益于在我们的体制富于效率部分中某种贵族因素的保留。实际上,崇敬的本能确保了这两点。贵族权力是一种蕴藏于"选民"之中的权力。一个拥有男爵封号或者更高爵位比如说伯爵封号的人,尽管是一个爱尔兰人,也会受到半数选民的钦慕;而一个制造商的儿子无法与他抗衡。社会中崇敬感觉的

现实得到了被崇敬阶级在实际选举中的检验,在这种选举中,在这个阶级和其他阶级之间存在着一种广阔的自由选择空间。

因此,除了受到我已经提及的这两个细小但仍然不是无足轻重的缺陷的限制以外,议会使其自身成为与国家的舆论高度相符的一个行政机构的选择者和一个立法机构。同样地,并受到同样 236
例外的限制,当人们碰巧需要文字表达而非法律表达时,它理想地用文字表达了国家的意见。在对外事务上,即在这种我们不能进行立法的地方,无论英国国民们对世界上发生的——无论是发生在丹麦、意大利还是美国——重大事件有什么想法,不管他们的想法是智是愚,某种相同的东西,不管是智是愚,都会在议会里得到完全的说明。议会的这种抒情功能——如果我可以这么说的话——是得到了完美体现的。它用典型的文字叙说了国民们典型的心理状态。而它所做的事情中,没有什么比这一点更有益处。既然自由政府在欧洲是如此稀少,在美洲又是如此遥远,那么自由英国人民的观点——即便是不完整的、错误的和急促的观点——都是无比珍贵的。它可能是极不正确的,但它肯定是独一无二的;而如果它是正确的,它就肯定包含着具有重大意义的东西,因为它是一个自由民族所曾见到或学到的关于一流的遥远事情的东西。英国人民可能忽视了无数大陆官僚机构知道得再清楚不过的一些细节的东西,但是,如果他们明白了这些官僚机构所忽视的一个基本的道理的话,那么这个基本的道理就会给世界带来极大的助益。

但是,如果在这些方面并在这些限制下,议会通过它的政策和言论完满地体现了和表达了舆论,那么我觉得必须承认它在提升舆论方面做得并不是同样成功的。议会的教导性任务是它完成得

最差的一项任务。在这个时刻,夸大一下这个缺陷或许是自然的。
237 议会中最伟大的教导者、国民们的导师和国家意识的提升者——
应当是首相。他在给讨论定下一个高调或低调方面拥有其他人无
法比拟的影响、权威和便利。如帕麦斯顿勋爵曾多年用心为议会
的程序定下了一种的确不是低下的基调,而是一种轻松的基调。
他的一个追慕者自他逝世以来一直在讲述一个故事,而这个故事
的全部效果他尚未看到,或者说似乎尚未看到。当帕麦斯顿勋爵
初次当上议会领袖时,他那轻松活泼的举止一点也不受欢迎,而且
有的人还预言他将失败。“不,”一位老议员说,“他很快就会把我
们向下调教到他那个水平上。议会很快就会欣赏这种‘哈!’
‘哈!’的风格,而不喜欢甘宁的机智和皮尔的沉重。”我想我们必
须承认这个预言已经应验了。没有任何一位如此受欢迎和如此有
影响的首相会像他那样在公众记忆中留下了如此少的高贵说教印
象。此后二十年,当人们询问有关其时正在消逝的帕麦斯顿的记
忆时,我们将不能指出他所教导的任何伟大的真理、他所体现的任
何伟大的显著策略、他使他那个时代着迷而且在今后的岁月里人
们不情愿让其消逝的任何高贵的字眼。但是,我们将会说:“他有
着亲和的风度、坚定健全的理智;他说过一种不诚实的话,但我们
总能理解他的意思;他有着一个统治者的头脑,却穿着一个时尚人
的衣装。”后人将不一定理解年迈的讲述往事者的话语,但我们现
238 在感受到了它们的效果。平民院自从接受了这样一位政治家定下
的基调以后,在对国民进行教育方面已经比通常时的情形差了,在
进行提升方面也已经比通常时少了。

不过,我以为,正确的观察家会认定,一般来讲以及从原则上

讲，平民院给予公众的教益不像它所能给予的那么多，也不像公众所希望学到的那么多。我并不希望在议会里听到人们讲述一些非常抽象、非常哲理化和非常艰涩的东西。那里进行的教导必须是大众化的；而要想成为大众化的东西，它就必须是具体而简明的。问题是要了解民众所愿意接受的最高真理，并灌输和宣讲这些真理。帕麦斯顿勋爵显然没有宣讲这种东西。通过宣讲一种刚好低于我们自己的标准的论调——一种低于我们但尚不够过分排斥我们，但是低于我们却足以通过放大一种无需添附的世俗性以及通过压缩一种无需减损的爱的原则的方式对我们造成伤害的论调——他降低了一点我们的层次。

诚然，与任何其他议院里的辩论相比，英国议会中进行的辩论是最富有教益的。美国国会中进行的辩论没有多少教益效果；使它们失去了这种效果是总统制政治典型的弊端之一；在这种政制中，立法机构的一场辩论没有什么效果，因为它不能使行政机构出局，而行政机构却可以否决立法机构的所有决议。法国议会[①]是一个渴望专制权力而不要专制耻辱的帝国的合适附属物；它们可 239
以在帝国的敌人指责没有言论自由时让他们失去这种说法的完全正确性：几个得到允许的反对派让空气中充满了雄辩，而每个人都知道这种雄辩通常是真实的，但又总是徒劳的。英国议会中进行的辩论填补了世界上那些辅助性议会所不可能填补的空间。不过，我想任何人只要对比一下新闻界高层就重大问题进行的讨论和议会里进行的讨论就会感受到这一点，即，文字比演说存在着

① 这当然与帝国的议会有关。——原注

（当然有不少夸大和模糊性）一种更大的锐气和更深的意蕴；一种公众欣赏的锐气，一种他们爱听的意蕴。

《星期六评论》说，近些年来，国会的能耐是一种“受保护的能耐”；门口每年至少有一笔2000英镑的特定税。相应地，只代表财产与心智相当者的平民院在心智上不可与一种只为心智而选出却不论是否与财产相伴的立法机构同日而语。但我一刻也不想见到一种纯粹心智的代表；那样会与本文的主旨相左。我坚持认为议会应体现英国的舆论；而这种舆论定然会因其财产而非其心智而变得更加固定。居住在“波西米亚”的那种“半边精明太过”的人在国会中的影响不应该超过其在英国的影响，而他们很少能有更小的影响。只有经过了尽可能的巨大减损以后，我想这个国家才会承受稍多的心智；而议会里会存在一种可能稍许——尽管仅仅是稍许——被免去的没完没了的单调乏味。

240 议会的诸功能中，惟一尚须考虑的是告知（或者表达）的功能。该功能使议会将一些特殊阶层的思想、委屈和愿望带到国民面前。这个功能不得与那个我已经称之为教育的功能相混淆。在生活中，这两个功能无疑相互间有些交叉。许多事情都是这样的，但是对他们作出定义上的区分又是非常重要的。二者经常关联在一起，这个事实构成从观念上对它们进行区分的理由，而不是一种反对意见。教育的功能将真实的观念带到国民面前，是属于它最高心智层面的功能。而表达的功能则只表达特殊的观念，因而只是属于它特殊心智层面的功能。每个阶层都有其想法、需求和观念，而这些东西又装在了某些人的头脑中。这些阶层性概念不是一个国家据以规范其国民行为的东西，也不是那些主要受到这些概念激励的演说家们据以稳妥地指导其政策的东西。但是,人们应当听到这些演说家们的声音,也应当看到这些概念。现代思想中伟大的箴言不仅仅是对一切东西的宽容,而且是对一切东西的检验。正是通过对一些非常露骨、乏味和没什么前途的东西的检验,现代科学才得以成为其现在的模样。有一个故事说的是一位伟大的化学家曾声称,他的荣誉一半来自他的一个习惯,即对实验过后准备扔掉的东西进行检验的习惯。每个人都知道实验本身的结果,但是在那些不为人们接收的事物中存在着一些不起眼的事 241
实和未知的变化,这些事实和变化却成就了一个能够对它们进行研究的人充满荣誉的一生的发现。被忽视的各阶层的特殊观念的情形也是一样。它们可能包含着真理的因素,这些因素虽然不起眼,却是我们现在所需要的,因为其余的东西我们已经尽然皆知。

这个道理是我们的祖先们所熟识的。他们苦心赋予了不同的选民团体或许多的选民团体以某种个性。他们希望海运行业、羊毛行业和亚麻布行业都应该拥有各自的代言人,而不分阶层的议会在作出全国性的决定之前应知道全国每个阶层的想法。这是人们允许工人阶级分享议会代表的真正原因,至少就议会因这种承允而受到的组成结构方面的改进而言是如此。城镇艺人周围聚集着大量的想法和感受——一种特殊的知识生活已跃生于其间。他们认为他们拥有被人们遗忘和忽视的利益,且议会的想法不能代表他们的想法。他们应该被允许尝试着说服议会;他们的观念应像其他阶层的观念一样得到表述;他们的代言人的声音应像其他阶层的代言人那样被人们听到。在改革法案出台之前,有一个为实现该目的而设置的机制。威斯特敏斯特郡以及其他郡的议员是

通过普选(或者说实质上是如此)产生的;这些议员们在当时的确
242 对劳工阶级的冤屈和想法——或者说被认为是这个阶级的冤屈和想法——进行过陈述。是1832年推出的那种单一的没有伸缩性的选举权导致了这个困境,就像它还导致了其他困境一样。

这种变化出现以后,平民院会暴露出它的缺陷,就像贵族院暴露过它的缺陷一样。它会看起来不对劲。只要一个聚集于政治舞台上、被公认为拥有政治思想和愿望的数量巨大的阶层在议会中没有明显的臭名昭著的代言人,那么我们就可以在书面上证明我们的代议制度是合适的。但是世人未必会相信这一点。18世纪有一种说法,即在政治上,"大致的表象就是严酷的现实。"要想说明劳工阶级没有怨气、中产阶级已经为他们做了尽可能做的事情等等我无须重复的一大堆观点是徒劳的。因为他们的怨气在报纸上以文字的形式记载着,而我们也是耳熟能详的。不过只要"大致的表象"是没有不含糊的不间断的代表来说出工匠们的需要,那么"严酷的现实"就会是一种随处可见的不满。三十年前,要证明加顿区和老萨鲁姆区是有价值的选区并选送了理想的议员是徒劳的。每个人都会说,"是吗? 那里荒无人烟啊。"同样每个人现在都会说,"我们的代议制度可能是不完善的,因为一个数量极大的阶层没有议员为他们说话。"惟一能够回答人们反对没有居民
243 的呼声的是将他们的权利转移到拥有居民的选区。同样,要想人们停止手艺人没有议员的抱怨,办法就是赋予他们选出议员的资格,以形成一个代表团体。这个团体由手艺人选出,并相信,如卡
244 莱尔先生所云,"手艺人主义恰是一种人们需要的东西。"

七、内阁的改换

在英国宪法中，有一个错误定期地出现。经常——尽管是不规则地——出现的一些情况自然宣示着这个错误，而当这种情况肯定发生时，这个错误也会重现。议会特别是平民院与作为行政机关的政府之间的关系是我们政制中别具一格的特性，也会导致一种使一些人感到困惑不已的情形的经常发生。

这种事件就是内阁的更换。我们所有的行政官员都一起出局。行政机构全部改换——至少一个机构内所有的负责人被更换。每当这种改换发生时，一些有识之士肯定会惊呼这种习惯是愚蠢的。他们说："诚然，格拉斯顿先生和罗素勋爵在改革的问题上也许是出了差错；无疑，格拉斯顿先生可能在平民院里发过脾气。但为什么这一两件事要导致我们的操作部门所有负责人的更换呢？还有什么事情比1858年发生的事情更荒唐呢？帕麦斯顿勋爵一度处于他一生中难得一见的超亢奋状态；对于那些不明智的询问，他给予的是粗鲁的回答；他将一个贵族带进了内阁，而这
个人被牵涉到一场与一个女人有关的不光彩的官司之中；他，或者 245
说他的外交大臣，不用电文的形式回复来自法国的电文，而是让我们的大使进行口头回复。而由于这些区区小事，或者不管怎么说由于这些孤立的非行政性错误，所有我们的行政班子都得重新换

人。济贫法委员会换了一个新头，内务部也换了新头，公共工程部也一样。这肯定是荒唐的。”这种反对意见是对还是错？一般来说，如此更换我们所有的行政者是明智的吗？

这种实践产生了三大弊端。首先，它让一批新人和没有经验的人突然主宰我们的政策。不久以前，克兰波恩勋爵[①]绝没想到他现在会出任印度事务大臣，如同他不会想到他会成为一名证券经纪人一样。此前他从未关注过印度事务。这些事务他拿得起来，因为他是一个受过教育、能够拿起任何东西的能人。但是这些东西不是他心智的“组成部分”；不属于他所深思熟虑的课题，也不属于他所特别喜欢思考、禁不住要思考的东西。但是由于罗素勋爵和格拉斯顿先生在改革的问题上不能使平民院满意，所以他就出任了。就印度事务而言，一个完全没有经验的人统治着我们全部的印度帝国。而且如果我们职位上的负责人一起被更换的话，比如说如果有二十个职位同时空缺的话，那么几乎从来就不会有二十个有经验的、有能力的聪明人准备补缺。填补一届政府之
246 缺的难度很像拼起一个七巧板之类的中国玩具一样：要填补的空间很难与你不得不用以填充的东西相吻合。而且拼凑一届内阁的难度要大于拼成一个玩具的难度，因为那些补缺的大臣们可以提出反对意见，而玩具的部件则不会。一个反对者可以搅乱整个组合。1847 年葛雷勋爵不愿意参加罗素勋爵组建的政府，如果帕麦斯顿勋爵将出任外交大臣的话。而帕麦斯顿勋爵即将出任外交大臣，于是组阁失败。一个人拒绝任职而使政府组合失败的情形是

① 即现在的萨立斯伯利勋爵。当这本书初写成时，他任印度事务大臣。——原注

不多的，而且要想使这种情形变成现实也必须有一些偶合的情况出现。但是几个拒绝者削弱或破坏政府组合的情形是很常见的。组阁者能够使那些恰好被他看中的人充任政府职位的情形几乎从未发生过。一些补位的人总是太傲气，太自负或者太固执，以致不能刚好走上他们应该走上的职位。

其次，这种体制不仅使新阁员们变得无知，而且使原阁员们变得冷漠。如果一个人意识到，由于一些他无法控制的事件的发生——由于一些他们没有过错的过错的出现，由于属于一个不同系列现象的意见的突变，他做的事情有可能半途而废，并且很有可能永远不能回到这个工作岗位上——如果是这样的话，他就不会在他的工作中感受到他本来可以感受到的那种兴趣。一个新上任的人应该拥有完全领会他的任务的最佳动机，而事实上，在英国，他却完全缺乏这种动机。政党和政策的最后一个浪头将他带到了那里，而下一个浪头可能将他冲走。年轻而热情的人们即便在这

种不利的情景下也会对他的分内事务有着浓厚的兴趣，但是多数 247
人特别是老人们很少会这样。人们可以看到，许多经受过打击的大臣可能更多地考虑的是那些可能成他也可能毁他的世事的变化，而不是任何分内的事务。

最后，阁员的突然变换会轻易导致捉摸不定的政策变化。在许多事情中，连续的平庸要胜过时断时续的精干。比如说，由于科学艺术的进步正在使战争的工具发生彻底变革，我们陆战和海战方面的备战指挥者的频繁更换就成了最昂贵和最具伤害力的事。一个单一的有能力对新发明进行选择的人可能在岁月的流转中、在具备某种经验后达到某种可容忍的境界；这本质上属于一种如

果不能消除，但可以减少此类困难的持续、规则的实验性能力。但领导人的快速更替就不具备同样的便利。他们不会从相互的经验中学到什么——你不妨指望一位公立学校的新任学生头儿从上一任学生头儿的经验中学到什么。多年的最珍贵的结果是一种微妙平衡的心智，能够本能地防范各种错误；而此种心智就是个体经验无法传承的才能，而一位即将离任的大臣不可能将这种才能留给他的继任者，就像一位兄长不能将它留给一位弟弟一样。频繁的内阁阁臣的更换会导致政策的不连贯和不可捉摸。

这些都是不可辩驳的论点，但是我觉得，要回答这些论点并削弱其说服力有四件事情可予说明。稍加检视就可以发现阁员的变
248 换对代议制政府而言是基本的东西；某种类似的现象会在所有经选举产生的政府中发生，而且在总统制政府下情况更糟；这种东西不一定对一个好的政府有负面作用，相反，某种类似的东西是组建好政府的前提。英国政府中显而易见的弊端不是议会制政府的结果，而是我们政治和社会国家中其他部分中严重缺陷的结果——总而言之，它不是我们所拥有的东西的结果，而是我们所没有的东西的结果。

就第一点而言，那些想祛除议会挑选阁员功能的人没有适当考虑议会的实质。议会不过是一种由或多或少有些懒散的人们组成的大型会议。按人们所赋予它权力程度的不同，它可以调查所有的事情，解决所有的事情和掺和所有的事情。在普通的专制体制下，专制者的权力受到了其身体能力和娱乐的需求的限制。他只是一个不可分身的人；他的每一天中只有二十四个小时，而他也只能将其中一小部分用于无聊的事情；其他的时间他得用于宫廷、女眷和社交。他位于万人之上，而世上所有的欢娱都在他面前。多数情况下，他有意去理解的政治事务只属于一个极小的部分，而他意识到的多数事务他永远也难以理解。而议会是由一大群人组成的，而这些人并不站在世界的顶端。当你建立了一个能够支配一切的议会时，你就将国家的统治让给了这样一个主宰：它拥有无 249
限的时间，追求无限的名利，拥有或者说认为它拥有无限的理解力，其欢娱存在于行动之中，其生命存在于忙碌之中。议会的好奇心是没有限度的。罗伯特·皮尔先生曾经指出，他在一个晚上被问及的问题可以列出一个清单；这些问题或多或少涉及五十个主题，而且还有成千上万个其他主题也会由于同样的理由被添加进来。烦人的问题甲一问完，又开始了烦人的问题乙。有的问题是出于对知识的真正热爱而提出的，或者是因为想改善被问及的问题而提出的；另外一些问题的提出则是由于提问者想让他们的名字见诸报端，或者想表明一个时常保持警惕的监督性选民团体的存在，或者是提问者想在政府中谋个一官半职，或者是出于一大堆他们自己不能解释的微妙动机，或者是由于提出问题是他们的习惯。而对这些问题必须给予适当的答复。有人说“达比·格里菲斯毁了帕麦斯顿的第一届政府，”而这位阁臣在胜利的喜悦中用以答复严肃的人们所提出的问题时所表现出来的那种幸灾乐祸的不得要领则无疑损害了其在议会中的权威。有一种东西是任何人都不会允许被人轻视的——他本人。因此也有一个东西是一个主权性议会所永远不能允许削弱或嘲弄的——它自己的权力。当今的首相将不得不就行政机构中所有的分支在议会中进行述说，以说明当他们采取行动时为什么要采取行动，以及当他们不作为时

为什么会不作为。

一个公共部门最怕的也不是那种偶然提出来的质询。五十名议会成员可能对影响到该部门的某个特定政策感到嫉妒，而另外
250 五十名议员则可能对另外一个政策感到嫉妒，因而他们的行为在他们之间就产生了分野，破坏了它所热衷的目标，并使其不能连贯地对他们各自的目标进行规划。这个过程是非常简单的。每个部门有时看起来似乎处于一种困境之中，而某个表面上的错误，也许是某个真实的错误，落入了公众的视野之中。议会中欲对该部门采取行动的反对派立即抓住了机会。他们做演讲，提出法律议案，搜集统计数字。他们宣称“像该部门所执行的这种政策在任何其他国家都是不可能的；它是属于中世纪的；它花费了金钱；它浪费了生命。美国人不会这么做，普鲁士人也不会这么做。”各种报纸也跟着起哄。这些点滴的政府丑闻使公众乐不可支。相关的文章是很容易写的，读起来和谈论起来也不难。它们满足着人类的虚荣心。当我们阅读这些文章时，我们就想：“感谢上帝，我不像那个人一样；我没向克里米亚运送青咖啡；我没允许普通枪炮使用专利弹药，以及允许后膛炮使用普通弹药；我赚了钱；而那个可怜的公共职能机构则只知道花钱。”至于该部门的答辩，没有人在乎它或者阅读它。自然当人们初次听取这种意见时，它听起来不真实。反对派拥有不受限制的攻击点，并且很少出现这样一种情形，在这种情形下，该部门在表面上似乎是对的。一般情形给人的第一印
251 象总是这样的：某种不光彩的事情已经发生了；如此这般的人死了；这尊或那尊大炮不出膛了；这艘或那艘船不能起航了。人们阅读的所有内容都是不中听的，而所有的称颂都是非常乏味的。

如果该部门在议会中没有经过授权的正式辩护人的话，那么就没有什么比这种情形更无助的了。议会中的黄蜂盯住了它；它们嗅到了某种容易叮咬、且可以安全叮咬的东西，因为它不可能进行反咬。抱怨的小粒种子发芽了，直到长成茁壮的庄稼。于是人们立即向当政的大臣发出呼吁。他是行政首脑，因而必须纠正错误，如果某些事情是错误的话。反对派领袖说："我将这个问题提交给了这位合适的令人尊敬的先生，财政部的首席大臣。他是一个事务中人。我并不同意他的目标选择，但是他在选择方法和手段方面几乎是一个完美无缺的大师。他所想做的事情他的确做了。现在我要问他的是，这种无端的错误和愚蠢的无能在公共服务领域中是否被允许。或许当我从该部门自身的文件中挑明这种错误时，这位合适的令人尊敬的先生会给予关注……"等等，等等。这位大臣会有什么反应呢？他从没听说过这件事情；对这件事情他也漠不关心。几个政府的支持者对那些该部门的反对者感兴趣；一个严肃且被认为是睿智的人喃喃地说："情况太糟了。"财政大臣告诉他："议会不平静。很多人是摇摆不定的。某甲或某
乙昨天说他苦熬了四个晚上。的确，我自己倾向于认为该部门一 252
直有点松懈。也许一次调查……"等等，等等。而在这个时候，首相大人会起身说，"女王陛下的政府已经非常慎重而严肃地考虑了这个至关重要的问题。它不准备说在这个如此复杂的问题上，该部门对这个错误是完全免责的。它的确不同意所有那些已经作出的陈述；显然人们提出的那些指责是自相矛盾的。如果甲某真的是死于星期二所食用的青咖啡的话，那么显然他就没有受到后一个星期四的不当医疗看护的困扰。不过，在这样一个如此复杂、

而且对拥有一般经验的人是如此陌生的问题上,它不愿意作出判断。如果哪位可敬的议员将会对由议会中一个委员会对此事进行调查感到满足的话,它是准备同意这项建议的。”

可能的情形是,那个远离中心的对内阁持不信任态度的部门碰到了一位朋友。不过,如果它撞上了一位有见识的朋友,那实属幸运。最乐意干这种事的人是一些慈善的业余人士,他们不怀恶意,非常严肃,非常可敬,但也有点沉闷。他们的言词动听,但其论点缺乏关联。他们讲话非常得体,但他们的讲话是如此充满礼数,以致人们都走开了。这种人根本不是下院那群争论者的对手。他们会将他所说的断章取义。他们会说他讲的事实是错的。于是他会慌忙地站起身来解释,但是匆忙中他又出错了,还找不到适当的
253 文件,因而他就变得先是急躁,然后不知所措,接着发不出声音,于是就坐下身来。或许他离开该院,意识到该部门的辩解已经失败,于是当世人一觉醒来时,《泰晤士报》就公布了消息。

一些思想家自然提出了这样的建议,即作为该部门的首脑,他们应该拥有在议会发言的权力。当人们进行这种尝试时,体制并没有作出回应。基佐先生从他自身的经历告诉我们,这样一种体制是没有效果的。一个大众议会拥有一种融合的特性;它有着自身的特权、偏见和观念。而其中一个观念是,它自身成员——它每天都看到的那些人——的品质它是知道的,其心思它是可以猜测的。因此他们是它最可信赖的人。一个从外面进来的职员的讲话将会是一种陌生的东西。他会成为一个外来者。他的发言会受到猜疑;他发言时会失去尊严感。极其经常出现的情形是,他发言时会像一个牺牲品。议会中所有讨人嫌的人都不会放过他。他会受

到质询。他将不得不回答问题。他将经受详细的交叉询问。他所做答辩的全部结果是，他将被成堆的问题弄得晕头转向，并掩埋在争论的瓦砾之中。

其次，这样一个人很少能作精彩的发言。他会像一个书记员一样。他的习惯一定是在安静的办公室中形成的；他习惯于官样文章，习惯于波澜不惊，习惯于下属的遵从。这样的人很难经受得住议会中的喧闹。他会头脑发晕的——他会词不达意。他会气喘
吁吁又面红耳赤。他感到像一个刑事被告。在习惯了毕恭毕敬的 254
下属们奉承性的敬意之后，他会受到喧闹和抨击的困扰。他会自然地讨厌议会，就像议会自然地不喜欢他一样。他会成为一个对着一个怀有敌意的听众进行没有底气的演讲的人。

更为甚者，一个在议会发言的外在的行政者只能通过其言辞的善意来打动议会。他没有投票权来支持他的言辞。他肯定会与少数活跃的抨击者处于不间断的抗争之中。一个部门在一些大问题和新问题上得到改进的自然方法是通过外部的建议实现的。一个部门最凶恶的敌人是那些由多数显而易见的事实所揭示但其中却只有一半事实可予辩驳的似是而非的错误。无论是善念还是恶念都肯定能够先在报界然后再在议会中找到鼓吹者的。针对这些言论，一个无可逃避的行政职员只能通过他的言论予以争辩。那位首相大人，即议会制政府的首脑不会关心他。他会自言自语地说，“这些没完没了的‘伙计们’必须自己负责。不能麻烦我。我只拥有一个九人的多数，也是一个非常微弱的多数。为这些不是由我任命的人树敌我担当不起。他们没有为我做什么，我也不能为他们做什么。”而如果这个无可逃避的职员转而请求他的帮助

255 的话，他会彬彬有礼地说，“我相信，如果该部门能够以一种令议会满意的方式表明它以往的管理行为是按照公共利益所要求的那样进行的，那么没有任何人会比我感到更加欣慰。我不知道我是否有权在星期一以自己的身份参加会议；但如果我有如此幸运的话，我会对你们的陈述洗耳恭听。”于是，这个可怜的公仆会受到议会中智者的挑逗、混混们的压迫和别出心裁者的屠戮。

议会对公共职务不间断的专制是通过也只有通过一位议会领袖的任命才得以避免。这位领袖与现内阁和议会中的执政党有着紧密的联系。议会领袖是一个保护性机器。他和他的朋友们处于这种部门和国内那些爱管闲事者和爱出馊主意者之间。只要一个部门的政策在任何时候都可能因议会中任何一院的偶然投票而被改变，那么就没有任何连贯性保障。我们的枪炮和船舰现在也许不是很精良。但是，如果有三四十名为这种炮或那种炮鼓吹的鼓动者在议会中能够提出一项动议击败该部门，从而使他们的船炮方案得以通过，那么情形就会坏得多。“黑枪闩军械公司”和“坚船公司”很快就会在议会中找到它们的代表，如果四五十名议员能让国民们听取他们的废话的话。但现在，这种结果由于该部门的议会领袖的存在而得以避免了。一旦反对派发起攻击，他会检
256 查他的防御工具。他分析情况，梳理论点，积累成堆的数据。他希望这些东西将起一些作用。他将他的名誉做赌注，并且想证明他是胜任现职的，而且适合于将来的晋升的。他广为人知，且受议会的喜爱——不管怎么说，议会关注他；他是议会倾听和关注的经常发言人之一。他肯定能够让人们听取他的意见，并且肯定能够作出他力所能及的辩解。发言完毕，他会慢悠悠地走向财政大臣并

悄悄地说:“你知道,他们星期二提出了一个针对我的动议。我希望你将你们的人带到这里来。不少人有一些馊点子;尽管他们之间丝毫不能达成一致,但是他们却都是反对这个部门的。他们都会投票赞成进行调查的。”财政大臣会回答说:“你说是星期二,不是(看了一下一份文件),我觉得星期二不会出现这种情况。”然后到处走动,并东一句西一句;结果是,当反对官方的动议被提出来的时候,一大排不动声色的严肃面孔坐在了财政席位的后边——不,有可能一个像局外人一样坐在过道旁边的人这时站起身来为这个事情作辩护;该部门因三十三票获胜,因而这种事务的管理也仍旧一贯地进行。

这种对比不是什么奇思妙想的图景。由一个独立的不遮掩的权威机构对一个公共部门进行行政管理的试验一直在经常地进行着,而且从来未见成功。议会总在攻击它,直到使这种试验成为不 257
可能。最显眼的是济贫法的情形。该法的施行情况目前不甚理想,但几乎它的全部好处之保留是由于它在平民院中拥有一个正式的党派保护者,这么说并不过分。没有这种创制,我们可能已经锲回到旧济贫法的误区之中,并且加上了目前我们一些大城镇中所出现的那种卑劣和无能。全部的事情会落到地方管理者手中。议会本可对中央委员会进行干预,直到它不能发挥作用,而那些地方当局们则会作威作福。新济贫法的初次施行是由“专员组”——萨默塞特议会的三位王者,像人们所称呼他们的——进行的。这个制度的试验当然是由一些值得信赖的人进行的。在危机中,查德威克先生,英国最活跃最优秀的行政官员中的一个,是事务秘书和推动者;负责的专员则是乔治·刘易斯爵士——他也许是我们

当代被人们选任出来的最优秀的执法者。但是平民院不愿意让委员会独行其是。在长时间内,该委员会的地位得到了维护是因为是辉格党人组建了它,该党还觉得作为一个政党有义务保护它。新法是在某种知识的促动下开始施行的,直到这种动力消歇时,其施行是在一种反常力量的支撑下,维持在一种摇摆不定的存在状态之中的。但此后,便没有人顾及那些专员们内在的虚弱之处。所有的地方都有议员为它们辩护,但是没有人为他们辩护;每一个
258 奇怪而肮脏的利益都有议员为之辩护,但没有人为他们辩护。委员会不得不解散,并增加了一个议会领袖。这个结果不是完美的,但是它却是一种对旧制度下所可能发生的事情的惊人的改良。新体制施行效果不好,原因是中央权威机构权力太小。但在以前的体制下,中央权威机构已接近于而且如果拖到现在的话就已经完全处于根本无权的境地。而如果乔治·刘易斯和查德威克先生未能当着议会的面维持一个外围性部门的话,那么要想靠一种弱势的权衡和活动的组合来维持这么一个部门谈何容易呀!

这些推理表明,为什么一个可变换的议会负责人——一个随着内阁的变换而变换的负责人——是良好的议会制政府的一个必须的东西。令人庆幸的是,有一种自然的机制,这种机制规定将会产生这些负责人。政党组织保证了它。在美国,由于定期出现的总统选举以及不间断的小型选举,政党组织比其他任何地方都更有效地组织起来了,而其对公职的影响是巨大的。在每一次总统换届时,每一个公职机关重新换班,至少当每一次换届将一个新的政党带上前台时是如此。不仅那些最显赫的职位如此,恰像英国的情形那样;而且那些次要的职位也换了人马。联邦政府的财政

运作规模增幅如今是如此之大,以致极有可能至少就该部门而言将来必定存在一种永久性的高效力的因素。一项九千万英镑的财政收入不可能由一小批不断变换的班子进行收集和支出。不过迄 259
今为止,美国人已经试图通过不仅要变换机关负责人——像英国人所做的那样——而且不许存在任何稳定的机构的方式解决问题。他们有进行这种尝试的便利条件,而其他国家的人则没有。所有的美国人都可以进行管理,而那些真正适合于接任的律师、金融家或军事管理者的数量是很大的。他们无须像欧洲国家的人们那样担心他们上司的更换,因为那边新进的接任者的素质肯定要比我们这边的强。他们也不像我们英国人那样担心去职的官员们会在中年陷入赤贫的境地,或者前途渺茫,或者过去的东西得不到补偿;因为在美国,(不管究竟是出于什么原因)机会是无限的。一个在英国因“脱轨”而身败名裂的人在美国可以走上另一条轨道。美国人或许会在某种程度上修正其过去的行政全盘变动的体制,但是它们在这个惟一竞争型自由政府中的存在本身应该为我们准备了议会制政府的温和过渡问题,且使我们对此问题充满耐心。

我以为,这些观点对几乎每一个人来说似乎都是结论性的。不过,在当下,许多人会说:“你论证了一个我们不否认的观点,即这种定期变化的制度是议会制政府的一个必要因素;但是,你并没有论证一个我们的确不同意的观点,即这种变化是一件好事。不管我们是否乐意,议会制政府可能特别具有这种效果;我们只是坚 260
持认为这是一个缺点。”对此我的回答是,我觉得,人们可能表明,这种变化对于一个永远完美的政府来说可能确乎不是必要的,但是某种类似的变化、某种相同类型的变化可能是必要的。

在当下的英国,人们对官僚主义表现出了某种倾心——至少在作家和清谈家们中间是如此。英国人并不轻易地改变其根深蒂固的观念。但是他们拥有一些非根深蒂固的观念。欧洲发生的任何一个重大事件都会引起人们一时的观念朝着某个方向发生某种微妙的变化。目前,普鲁士人——他们被认为是一个信奉官僚主义的民族——的胜利引起了人们对官僚主义的某种倾慕之心。而这种现象在几年以前我们认为是不可能出现的。我并不想就我本人所知道的普鲁士式的官僚主义进行批评。这种制度肯定不是域外人所碰到的一种令人欢欣的制度,尽管游历者们的惬意感不过是一种次要的东西。不过有一点是相当肯定的,即普鲁士式的官僚制度尽管得到了我们这样一些远距离人的某种倾慕,但并不能使普鲁士国内最睿智和最自由的人士永久地感到欢欣。其*Fortschrit Partei*——进步党,如我们最精到、最富有哲学修养的评论家格兰特·多夫先生所称述的——的两大目标是什么呢?

第一个目标是:“一个自由的制度,这种制度在行政的所有环节都真切地得到实行,以避免现在经常出现的诸多丑闻。当一个
261 顽固的或者偏执的官员蔑视政府的自由主义初始规定,而仰赖幕后肮脏的影响时,丑闻就会发生。”

第二个目标是:“一种简单易行的将犯罪的官员绳之以法的方法。这种官员目前与一般公民在各方面都在发生冲突(像在法国出现的情形一样),就像全副武装者与手无寸铁者进行较量一样。”一种体制,如果最睿智的本土自由主义者以一种理性的色彩提出了如此严肃的反对意见的话,那么如果域外人要想进行模仿,它就会成为一个危险的模式。

官僚制度的缺陷的确是人所共知的。它是一种已经在世界上被相当频繁地试验过的政府形式，而且，鉴于人性的本质，要证明官僚制度在未来的缺陷是不难的。官僚制度一个不可避免的缺陷是，官僚们更在乎的是例行公事，而不在乎结果；或者像伯克[1]所言："他们会认为事情的实质不像其形式那样重要。"他们所受的全部教育和他们生活的全部习惯迫使他们这样做。他们年轻时就被带进了他们所倾心的公共事务的某个特定领域；他们长年专注于学习其形式上的东西，然后又长年将这种形式适用于一些细小的事情。用一位老作家的话说，他们"不过是事情的裁剪师——他们裁成了衣服，却找不到穿衣的身体"。受过如此训练的人必定不会把按部就班看成是一种手段，而是看成了一种目的，将那种精致机器——该机器的一部分由他们自身构成，且其尊严也源自于此——想像成一种已经取得的意义重大的结果，而不是一种可操作的可变的工具。不过在大千世界中，存在着某种形式的恶的
东西。昨天为你提供了最大帮助的那个东西很有可能成为明天给 262
你造成最大障碍的东西——明天你可能想干一件不同的事情，而你为了做昨天的事情所积累的所有方法不过是你所想做的新工作的一个障碍。普鲁士的军国体制现在是一种让人们普遍感到惊奇的东西，但在六十年的时间内，它使形式背离了精神实质。我们都听过这么一种说法："是腓特烈大帝[2]输掉了耶拿战役。"[3]是他所

① 即埃德蒙得·伯克(Edmund Burke 1729—1797)，英国保守主义政论家，1765年曾任首相秘书，并成为下院议员。写过《法国革命沉思录》，反对法国大革命。——译者

② 即腓特烈二世(1712—1786)，1740—1786年间任普鲁士国王。他加强了普鲁士军事官僚体制，扩充了其军队，拓展了其疆土，提高了普鲁士在欧洲的地位。——译者

③ 1806年拿破仑率法国军队在耶拿击溃普鲁士军队。——译者

建立的体制——一个能满足他的需要并适合于他那个时代的良好体制;这个体制被盲目地遵循,并持续到了一个不同的时代,与新的竞争者进行抗争——毁了他的——国家。当时,人们拿那个"僵死而古板的"普鲁士体制与"鲜活的"法兰西体制——那种新的爆发型民主的突然结果——进行比较。如今存在的体制是一种反应的产物;而其先行者的历史提出的警示是:它的未来历史也可能会是什么样子。这个体制在当今时代并不比腓特烈的体制在他那个时代更受欢迎。而经验原则告诉我们,一种官僚制度,如果因其突然的成功而使人们欢欣鼓舞并对它自身的优点惊羡不已,那么它就是各种政府中最不求上进和最浅薄的一种了。

官僚机构不仅就质量而言如此倾向于低效治理,而且就数量而言还倾向于过度治理。训练有素的官员们憎恨粗野而没经过调教的公众。他觉得他们愚昧无知,肆无忌惮——不知道其自身的利益所在,因而在他们做任何事情之前应该征得官方的同意。保护是每一个官僚实体天然的与生俱来的信条;自由贸易是一个外
263 在的、与它的观念相左的并且与生活格格不入的理念。人们不难看出,一个习惯于自由和积极生活的有历练的批评家可能对这个官员进行如实描述的。

"每一种可以想像的真实社会利益,"拉英(Laing)先生说,"宗教、教育、法律、警察、公私事务的每一个部门、从一个地方到另一个地方的个人迁徙自由、甚至在同一个辖区内从一个教区到另一个教区的迁徙自由;无论是小规模还是大规模从事于贸易或产业任何一个分支的自由——简而言之,文明社会人们身心和资本都用于其中的所有这些东西都逐渐被攫取而被官员们所用。它

们被集中于衙门，受到一群散居于各地并由公众付出给养的官员
们的监督、控制、核查、听审和干预，尽管从他们的职责上讲这样做
并没有任何可感觉得到的用处。然而他们又不是一些散漫的只拿
薪水不做事的老爷。他们处于一种半军事化纪律约束之下。如在
巴伐利亚，上级内务官员可以以玩忽职守或者其他违反内务官员
纪律的罪名将下级官员予以软禁。在符腾堡，未经其上司的允许，
官员们不得结婚。伏尔泰说：‘在某个地方，管理的技巧是迫使一
国三分之二的人倾其所有为另外的三分之一的人付出。’这一点
在德国是通过官僚制度实现的。官员们不是为了民众的利益而存
在的，相反民众是为了官员的利益而存在的。所有这种官僚主义
机器，连同其在每一个区域内数不清的官位和等级以及在每一个 264
部门都充斥的由职员们和谋官者们组成的期望得到录用、任命和
升迁的官僚队伍，旨在成为欧陆新的社会状态下皇权的支持力量，
成为一个因其所履行的各种公私事务职责而与民众相联系，但又
因其自身的利益而依附于王权的第三阶级。这个官僚阶级与贵族
阶级、缙绅阶级、资本家阶级和大地产所有者同埒，并可以在数量
上弥补个体分量和影响方面的不足。在法国，当路易·菲利普被
黜时，据说内务官员数量达到了807,030个。这个内务大军数量
超过了军队的两倍。在德国，这个阶级在数量上按人口比例不可
避免地要庞大得多；因为其战时后备军制度比普通征兵制对民众
的自由行动施加了更多的限制，并且要求更多的官员进行管理；而
其半封建的法律形式及其管辖又要比拿破仑法典要求有更多的人
进行法庭前的抄写和更复杂的程序形式。”

官僚机构注定会认为其职责就是加强官员们的权力，增加公

务或官员数量，而不是释放人类的能量。它不仅降低了政府行政的质量，而且提高了其数量。

事实上，一个技术熟练的官僚机构——一个从其早期生活到其特别事务都训练有素的机构——是与事务艺术的真正原则完全
265 不相符的，尽管它表面上声称是一门学问。这门艺术尚未被压缩成规则体系，但人们已经进行了大量的实验，并在社会上浮起了大量的知识泡沫。一条最肯定的原则是，成功取决于特殊和一般心智——一些关注手段的心智和一些关注目的的心智——的某种适度融合。伦敦大型合股银行的成功——最近事务中最突出的成就——是这样一种融合的例证。这些银行的管理者是一个其成员多数没有经过行业训练的委员会，加上并合并于一个专门机构，这个机构由终身从事银行业并受过训练的官员组成。这些融合性银行的势头已经在相当程度上压倒了专由职业银行家组成的旧式银行。人们发现，董事会比旧式银行家们拥有更丰富和更具伸缩性的知识；对一个商业社区的需求有着更敏锐的观察力；知道什么时候该贷款，什么时候不该贷款。而那些旧式银行家们从未直面生活，除了从银行的窗口向外看以外。同样，欧洲最成功的铁路的经营不是由工程师和交通管理者们进行的，而是由资本家们进行的——由一些懂得某种商务文化的人进行的，如果说不是其他人的话。这些资本家购买和使用了技术熟练的管理者们提供的服务，就像对法律一窍不通的法律事务代理人购买和使用精通法律的律师们提供的服务，并且比他麾下任何一个不同类型的专业人士要管理得更好一样。他们结合了这样一些不同的专长——弄清
266 了一个目标范围和另一个目标范围的起点，并为它增添了广博的

关于大型事务的知识,而这种知识不是任何一个专家所能拥有的,而只能通过多种类型的操作获取。但是主要心智的这种利用曾倾向于一般化,且完全依赖于他们所处的地位。他们不能处在低层——他们甚至不能处于中层——而必须处于顶层。一个商人所雇佣的职员在银行柜台旁会是一个毛孩子,但是该商人本人在一个银行理事会里面很可能会提出良好、清晰和有益的建议。他的那个职员在一个铁路机关里同样会感到茫然不知所措,而他本人则很有可能在董事会里提出好的建议。各种事务的顶点(如果我可以这么说的话)像山的顶峰一样,上部比下部更相像——简单的原理是相同的:只有底层丰富的色彩斑斓的细节相互之间是迥异的。但是要想知道顶峰是相同的这一点还需要一段跋涉。住在一座山上的人认为他的那座山是完全与所有其他的山不同的。

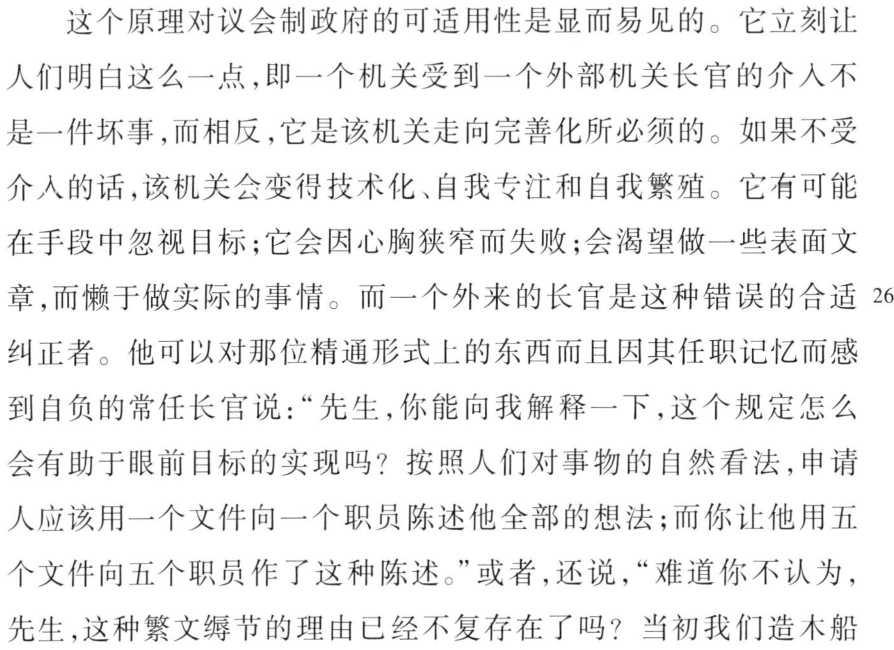

这个原理对议会制政府的可适用性是显而易见的。它立刻让人们明白这么一点,即一个机关受到一个外部机关长官的介入不是一件坏事,而相反,它是该机关走向完善化所必须的。如果不受介入的话,该机关会变得技术化、自我专注和自我繁殖。它有可能在手段中忽视目标;它会因心胸狭窄而失败;会渴望做一些表面文章,而懒于做实际的事情。而一个外来的长官是这种错误的合适 267
纠正者。他可以对那位精通形式上的东西而且因其任职记忆而感到自负的常任长官说:"先生,你能向我解释一下,这个规定怎么会有助于眼前目标的实现吗?按照人们对事物的自然看法,申请人应该用一个文件向一个职员陈述他全部的想法;而你让他用五个文件向五个职员作了这种陈述。"或者,还说,"难道你不认为,先生,这种繁文缛节的理由已经不复存在了吗?当初我们造木船

时，采取一些防火措施是完全正确的；但现在，我们在造铁船……”等等。如果一个资历浅的职员问这些问题的话，人们会对他嗤之以鼻。只有一个部门的头头才能让人回答这些问题。是他，也只能是他，能将衙门的垃圾带到理智的焚烧器皿中。

在一个事情多变的国家，这样一个新手具有极大的重要性。一个垂死而没有活力的农业国可能年复一年地被一个不可改变的衙门统治着，而不致造成任何妨害。如果一个睿智的人从一开始就能够对这个衙门进行恰当的管理，他就能够长时间对之进行恰当的管理。但是，如果一个国家是进步的，充满渴望的，变动不居的，那么，这个衙门很快就会要么阻碍进步，要么就会自取灭亡。

这样一个关于议会长官作用的概念表明，那种将他视为他所处部门主要董理者的观念是多么显而易见地是错误的。已故的乔治·刘易斯爵士曾经热衷于解释这个问题。他获取这方面知识的
268 途径很多。他在不变的内务氛围中成长。他曾当过非常称职的财政大臣、非常成功的内务大臣，而且去世时是战争大臣。他曾说：“对部门事务事必躬亲不是内阁大臣的事情。他的事情是务使他的部门正常运行。如果他做得太多，他说不定是在做坏事。该部门的那些常务职员可以做出一些他认为是更好的事情来；如果不能的话，他们就应该被撤换。他只是一只传信鸟，而不可与那些终生呆在该部门的人一比高低。”乔治·刘易斯爵士曾是一个完美无缺的议会部门负责人，就这种负责人应该是一个部门事务敏锐的批评者和理性的指导者而言。

不过，从另一个角度上说，乔治·刘易斯爵士还不是尽善尽美的。他甚至不是一个普通的好领导。适应于官方心态的一种新型

心态的用处不仅仅是矫正性的，而且是激活性的。公共部门很容易对在一个大场面时过境迁前所需要的东西充耳不闻。纽卡斯尔公爵至少在克里米亚战争期间就展示了这种用处。他唤起了他所辖部门的激情，尽管当激情被唤起时这个部门并不能采取行动。一个完美的议会制大臣会是一个应该将纽卡斯尔公爵的激活性能力添加到乔治·刘易斯爵士的累积性理智、洞察性本能和自由放任性习惯之上的人。

一旦我们对议会制机关进行正面的观察，我们就会觉察到，官员的经常变动是一个优点，而不是缺点。如果其职责是使外部的理智和激情的代表与内部世界相联系，那么他就应当经常被变换。269
没有人是外部理智的完美代表。正宗的法国谚语说：“有的人比塔里兰和拿破仑更能干。全世界都如此。”这种多面的理智并不能在任何一个单独的个体身上找到缩影。可能由同一个人完美行使的议会制大臣的批评性和激活性职能就更不会如此。激励性力量和限制性智慧像任何两件东西一样是不可兼得的，因而一起出现是少见的。即便议会制大臣的自然心态是完美无缺的，那么与机关的长期接触也会废了他的用处。他会不可避免地接受衙门的作派，按它的思维方式思考，按它的生活方式生活。“染料者之手会被染料本身浸染”。如果议会制大臣的作用是成为它所处部门的一个外来者的话，那么我们就不能选择一个在习惯、思想和生活方式上适应了机关作风的人。

人们有各种理由期望一个议会制下的政治家会成为一个具有相当足够的智力、广博的知识和丰富的经验，以有效地代表与官僚意志相对立的一般理智。多数负责显赫部门的内阁大臣属于具有

超凡能力的人。我听一位仍活着的著名资深政治家说过，在他所处的时代，他只知道一个例外的情形。有一种最好的保护机制保
270 证会出现这种局面。一个显赫的内阁大臣不得不当着世人的面为他所处的部门声辩。尽管远距离的观察家和尖刻的文人不欣赏这种做法，但这么做并不是一件很容易的事情。一个傻瓜，如果不得不就重大的事情进行公开的解释，就敏感的问题进行公开的答辩，并与能言善辩的对手进行公开的论战，那么很快就会被证明是个傻瓜。议会制政府自身的本性注定了本质上无能者的暴露。

不管怎么说，在不同形式的政府中，没有任何一个提供了一种有效的程序以使一个非技术性的大臣去纠正和激励那些按部就班的大臣们。就世界的现状而言，只存在着四种重要的政府形式——议会制的，总统制的，世袭制的和独裁制或者说革命式的。我已经说明，在这些形式的政府中，实行于美国的总统制政府是与技术老到的官僚政治不相容的。如果整个官员阶层随着一个新党的进退而变动，那么良好的官员体系是不可能出现的。即便美国有更多的官员比现在处于更稳定的状态，依然还是有大量的人被换掉。全部的问题立足于一次单一的选举——总统的选举上。通过一场大比拼，胜败立定。比赛的操纵者极有可能享有进行我可以称之为赞助贿赂的便利。一个尽人皆知的事实是，总统可以将他所看重的职位给予某些人。当他的朋友们告诉某人，“如果我们获胜的话，某某人将会被撵出阿提卡邮局，而你将占有这个职
271 位，”这时，某人是相信这一点的，因而有理由占据这个位子。而在议会中，没有任何一个单独的议员能够有效地向人许诺官位。他做不到这一点。他所属党派可能执政，但他本人是无权的。在

美国，人们赋予了一次比拼以极大的重要性，党派紧张关系因此被加剧，因而一种腐败方式的官位许诺的效率也提高了。因为胜者可以随心所欲地将官位给予他所喜欢的人。

在官员的遴选上，这种现象也不是总统制政府惟一的缺陷。这种政府有着议会制政府主要的畸形的东西，却没有其矫正性的东西。在每一次党派更换之际，总统（像我们这边的情形一样）在他主要支持者中分配主要的职位。但是他有机会添进个人的喜好。部长大人猫在衙门里，而无需当众做任何事情。他经年无需表明他是智是愚。一个议会制阁员是什么货色，国人们可以通过议会公开的测验得知；但是，除非是通过实际的接触和拥有特别的职位者，否则没有任何人能确切地知道一个总统制下的部长究竟是什么货色。

世袭制政府下大臣的情形更糟。世袭国王可能是懦弱的。他可能受制于妇道人家，可能出于一个幼稚的动机而任命大臣，可能出于一个离奇的幻想而罢免大臣。没有任何东西能够保证一个世袭性国王能够挑选出一个称职的首席大臣，而无数的这样的国王挑选的都是无数的佞臣。

所谓独裁式或者说革命型政府，我指的是那种非常重要的类
型的政府。在这类政府中，君主——绝对的君王——是通过暴动 272
产生的。从理论上说，人们肯定希望在这个时候这种粗陋的选举机制已经变成了一种次要的东西。但事实上，欧陆最大的国家（或者可以说，在俾斯麦的伟业之后，我该说两个大国中的一个）仍在革命式和议会制政府间摇摆。法国人在巴黎的街道上选举他们的统治者。阿谀奉承者可能说这个民主帝国会变成一个世袭性

帝国。但是细心的观察家知道这是不可能的。这种政府的观念是,皇帝在能力、判断和本能上代表国民。但是没有哪个家族世世代代能够拥有足够的或者一半这样的心智。代表性君主必须通过战斗来挑选,就像拿破仑一世和拿破仑三世被挑选的情形那样。不管有什么其他的缺陷,这种政府可能比任何其他类型的政府拥有好得多和能干得多的行政班子。政府首脑必定是一个拥有无与伦比的能力的人。如果不是这样的话,他就不能保住他的位置,也难以保住他的性命。他必定是活跃的,因为他知道,如果他不留神的话,他会丢掉他的权力甚至他的脑袋。国家的整个框架的力量被扭到镇压革命上。各种政治问题中最棘手的问题必须得到解决——人民必须既受到完全的约束,又必须感到绝对的欢欣。行政必须像一件中世纪的钢衣——其质地异常坚硬但其伸屈又异常

273 自如。对那些没有害处又有吸引力的新奇东西,它必须作出让步;对那些危险的东西,它必须予以制止;旧有的东西只要是好的和合适的,它就得予以保留;而对那些使人感到拘束和痛苦的东西,它必须予以改变。独裁者不敢任命一个佞臣,即便他想这么做。我承认:这样一位君主比议会能够选出更好的执政者;他会知道如何更好地调和新知和故智;他有将二者好好地结合起来的更强烈的动机;这里可以看到的是所有挑选者中最好的挑选者,他们有着最敏锐的挑选动机。不过,我无需证明:在英国,对统治者的革命性选择所获得的行政效率所花的代价是完全超越了其价值的;它通过它造成的灾难降低了公信;它不时对生命和财产根本不予以保护;在万事顺遂时,它使恐惧感潜滋暗长;要找到一个真正能干的

君主可能要花几年的时间;由昏庸的人来填补空位会使万恶丛生;合适的君主一经发现也可能就撒手人寰;良好的行政以及其他的一切都悬于他生命的一线。

不过,除了这种可怕的革命型政府外,如果从原则上讲,议会制政府在行政效率方面超过了它的所有竞争对手,那么为什么我们的英国政府——在各种议会制政府中它拥有不可比拟的完美性——在行政效率方面得不到世界的认同?它因很多事情而闻名,为什么它不因此而闻名?

各种不同印象中的一个最重要的原因是,英国政府想做的事情太多。我们的军事体制所遭受的攻击最多。反对者说,我们比 274
一些军事大国在军备上花的钱多得多,而效果却差得多。不过话说回来,我们想做的事要难得多。大陆诸国只需驱使众多的士兵进行战斗,以捍卫集中的欧洲疆土;而英国人则试图不加任何强制——只调集那些听劝服役的士兵——地防卫面积远远超过全部欧洲且位于全球所有可居地的领土。我们的骑兵卫队和战争部可能根本就不是完美无缺的——我相信它们不是:但是如果它们通过法律的强制挑选足够的兵员的话——如果它们像普鲁士人那样在数年的时间内对每个人实行绝对控制,而嗣后当它们愿意时又有权让他退伍的话,我们就会对它们做事时所表现出来的从容和麻利感到惊讶不已。我也不怀疑,任何一个大陆上有教养的士兵都会把我们这里蔚为风气的现象斥之为不可能的现象。他不会设想纯粹由一些志愿兵来保卫一个极为分散的帝国,这个帝国在每一个洲都拥有许多的岛屿和漫长的边界线;而这些志愿兵多半来

自民众中的最低层——一个被大公爵称之为“地球的渣滓”[①]的阶层。他们以不确定的数量年复一年地源源不断地来。我们的战争部门所设想的东西是一些外国战争部门(也许是情有可原的)所
275 不想尝试的。他们的军官拥有不可估量的强制手段,而这种东西是我们所没有的,尽管我们所要完成的任务要艰巨得多。再者,英国海军要保卫的海岸线和一系列的附属地域远远超过任何一个欧陆国家。目前我们的操作范围是一个非常棘手的问题。一方面,我们要储备大量的船只和武器;而另一方面,我们完全有重要的理由不能储存得过多。海战艺术和战争艺术都处于一种过渡状态。一个今天新近的发现明天就会过时,并被一个相反的发现所取代。任何大规模储备的船舰和武器到试验阶段时注定会包含着不少无用的、不合适的和过时的东西。同时对海军部喊出的呼声有两种:一种声音说,“我们没有足够的战船,没有急救船,实际上没有海军。”另一种声音说,“我们所拥有的船只和枪炮都是过时的,一切都是过时的。在他们愚蠢的建造狂热中,海军部在本应等待的时候却总在进行建造。他们堆砌成了一个莫名其妙的由过时发明构成的博物馆,但是没能为我们提供任何可以服役的东西。”两种鼓吹对立政策的声音并立而行,因而使我们的主事者完全无所适从,尽管其中每一个又构成主事者针对另一个进行的辩解。

还有,英国内务部门也在苦心经营,而外国的相应部门早就摆脱了这种困境。我们热衷于独立的“地方权威”,即小小的偏远权

① 布莱特曾讲英国社会底层那些经济上不能独立的人成为“社会渣滓”。——译者

力中心。当大都市主政者踌躇满志地想采取行动时，这些行动不 276
可能是有效的，因为这些较小的实体在犹豫不决，在进行审议，或者拒不服从。不过，地方独立性与议会制政府没有必然的联系。一个国家所渴慕的地方自由度因许多情况而异，而议会制政府与这种处于任何程度的自由是相容的。

还有，由于我们英国的行政部门有着这种特殊的困境，因此从另一个方面说，相应的外国政府就有某种特别的优势。在外国，一个政府中人是一个高居人上的人；他比其余的世人要高一等。他几乎受到所有的人羡慕。这就使政府能够轻易地挑选到国家的精英人物。所有的聪明人都想来到政府门下，而几乎不会在其他地方得到满足。但是在英国，不存在这种高人一等的情况，英国人也没有这种感受。他们并不尊重一个邮票发行部门的职员，或者尊重一个收税人的助手。一个有钱的杂货店主认为他的地位比二者都高。我们的商业机会将那些最有抱负的人吸引开了。外国的官府充满了从全国最有能力的人们中挑选出来的人，而在英国，只有极少数最能干的人进入了官府。

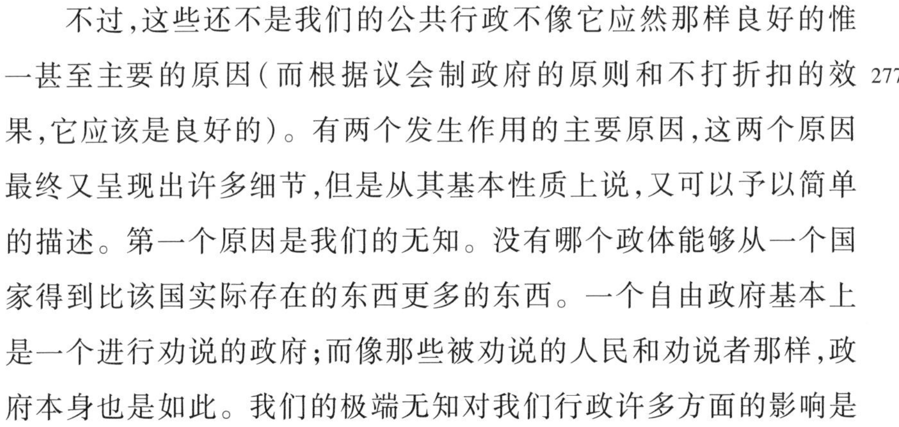

不过，这些还不是我们的公共行政不像它应然那样良好的惟
一甚至主要的原因（而根据议会制政府的原则和不打折扣的效 277
果，它应该是良好的）。有两个发生作用的主要原因，这两个原因最终又呈现出许多细节，但是从其基本性质上说，又可以予以简单的描述。第一个原因是我们的无知。没有哪个政体能够从一个国家得到比该国实际存在的东西更多的东西。一个自由政府基本上是一个进行劝说的政府；而像那些被劝说的人民和劝说者那样，政府本身也是如此。我们的极端无知对我们行政许多方面的影响是

显而易见的。根据现在流行的看法,英国的对外政策许多年来一直是不连贯、没有结果和草率的;它瞄准的目标不是遥远的经过预先设想的,不是建立在任何稳定的预先设定的原则基础上的。关于对这种决定性批评意见要作多少修减才应该接受我没有讨论的余地。不过,我完全承认,我们最近的外交政策已经遭到非常严肃和严厉的指责。不过,作为走自己政策路线的英国人,如果他们走上了一条良好的政策路线的话,那难道不是个奇迹吗?在所有的国家中,难道他们不是与世界上其他国家处于最分割的状态吗?无论在处境上还是在心态上都处于褊狭的状态吗?难道他们不是处于普通欧洲事务的潮流之外吗?就现代世界而言,难道他们不是不具备特殊的教养和文化,并且经常鄙视这种文化吗?谁会指
278 望这样一个民族理解外部世界新奇而怪异的事件呢?英国议会在外交政策方面已经显得缺乏效率,对此我们丝毫不感到惊奇,我认为它是好样的,而且作为处在我们民族心底的那种粗陋而模糊的想像力的标志,我们已经做过的事是做得不错的。

还有,与纯粹议会制宪法不同的英国宪法这个概念本身包含着“富于尊严的”的部分——即那些并不是因其内在的用途而是因其对一个粗陋而缺乏教养的人群所具有的意象性吸引力而得以保留的部分。所有这些因素都倾向于降低单纯的效率。他们像装在中世纪钟表里附加的、纯装饰性的轮子一样——这些轮子告诉人们月球或无上天体当时所处的年代;——它们使小人或小鸟戏剧性地进进出出。所有这种装饰性作品构成造作和谬误的渊源;它使人们难以准确地标出时间;而每个新轮子就是一种新的不足的渊源。因此,如果赋予一个人权威不是因其工作上的合适性而

是因其想像性效率,那么通常他就会糟蹋良好的行政。他可以将
一件良好的细活儿以外的事情干得更好,但是却会糟蹋这件细活
儿本身。英国贵族通常就是这类人。他们对民众的影响现在依然
具有巨大的价值,而从前则有无穷无尽的价值。但是没有人愿意
选择一个贵族之家的少爷作为可堪造就的行政人才。他们在事务 279
性知识的获取、事务培训和事务习惯方面有着特别的劣势,而没有
特别的优势。

我们的中产阶级也非常不适合于为我们提供我们应该拥有的行政人才。我现在不能讨论我们针对我们的教育所说的一切是否是有根据的;一位出色的法官称其为“做作、不足和不健全”。我不得不说,它不能像应然的情形那样使人成为合适的事务人。直到最近为止,成为一名银行职员所需的那种基本的学识和习惯有着罕见的价值。使人适合于从事实际生活中最高职位的那种教育依然非常罕见;甚至连这样的教育究竟是什么人们尚无一致的看法。我们的公务员不能像有些外国的相应官员那样出色——在我们的事务教育赶上它们的教育之前情形就是如此。①

不过,尽管使我们的行政状况恶化的无知是巨大的,但是,还有更大的一个原因。可能比我们的行政状况更好的外国行政只有两个,这两个都拥有我们所没有的某种东西。两种行政都是由一个天才的人物经过审慎的设想并在一种特别设计的基础上设置的。拿破仑在一个法国革命留下来的清晰的舞台上做大。人们曾

① 令人欣慰的是,这种劣象正在消失。近二十五年来我们中产阶级教育状况有了很大的改善。——原注

经认为他的帝国大厦是富有创意的，这是不真实的。托克维尔和拉维涅已经证明，他只不过是跑上了一座显眼的建筑物，而这座建筑物是对一座潜藏的以前被旧的统治集团中世纪式的复杂性所隐
280 藏的建筑物的模仿。而我们现在关心的不是拿破仑的创造性，而是他的功业。无疑，他将法国的行政建立在了一个有效、连贯和持久性的体制上；接下来的历届政府不过是按照从他那里继承下来的那个机制操作。腓特烈大帝的所作所为在新的普鲁士王国的作用也是一样。法国和普鲁士的体制都是在文明时代形成并发挥其相应作用的新型机制。

英国的官府自从它们组建以来从未被安排得相互间有个照应，而是各行其是。盛行于英国中世纪公共机构中的那种自由贸易风气是非常奇特的。我们的三个法院——王座法院（the Queen's Bench）、普通诉讼法院（the Court of Common Pleas）和财政法院（the Court of the Exchequer）①为了收取诉讼费而将原来协议议定的范围延伸到了全部的诉讼领域。如古谚所云："能增加法庭收入者即为好法官。"（"*Boni judicis est ampliare jurisdictionem.*"）中央行政部门财政部从来不过问这些法院这样收了多少钱；而只要不要求上交什么，人们就会心满意足。只是在去年，这种体制的许多残留物之一突然出了点问题，而这使公众吃惊不小。专利局的一位职员将一些费用据为已有，而这些 19 世纪的人们自然认为，我们的主要金融大臣，即财政部长，应该像法国的情形那

---

① 英国的法院体制纷繁复杂。根据 1875 年的英国《法院组织法》，这三个法院都属于高等法院。1881 年，英国国会又将三个法院合并为王座法院。——译者

样对此事负责。只是，不知怎的，英国的法律有些不同。专利局受 281
财政大臣管辖，而大法官法庭是众多的靠费用竞争过日子的机构之一。于是，看好这些费用就成了财政大臣的事，而作为一个百忙中的法官，他当然照看不好。的确曾有某个国会法案要求专利局将所收费用上交财政部；而且，人们也认为财政大臣应该对此事负责。只是，这样想的人是不知实情的。按照我们的制度，财政大臣是财政部的敌人；有大量的立法是旨在针对他而对财政部进行保护的。直到几个月以前，还存在着一个肥得流油的叫做“财政审计官”的闲职。这个职位旨在防止财政大臣对财政部进行侵害；而其上一个任职者蒙特亚哥勋爵曾经说，他是英国政制的枢纽。我没有解释他所说这句话含义的余地，也没有这个必要；紧要的一点是，由于一系列历史遗留下来的复杂机制，在一个不涉讼机关犯事的某个职员竟不受其自然的上司——财政大臣——的控制之下，而在遥远的对他一无所知的法官的控制之下。

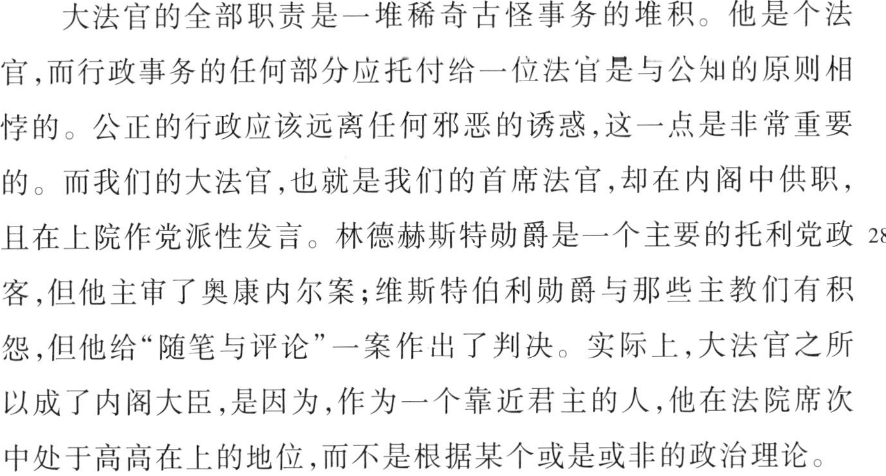

大法官的全部职责是一堆稀奇古怪事务的堆积。他是个法官，而行政事务的任何部分应托付给一位法官是与公知的原则相悖的。公正的行政应该远离任何邪恶的诱惑，这一点是非常重要的。而我们的大法官，也就是我们的首席法官，却在内阁中供职，
且在上院作党派性发言。林德赫斯特勋爵是一个主要的托利党政 282
客，但他主审了奥康内尔案；维斯特伯利勋爵与那些主教们有积怨，但他给“随笔与评论”一案作出了判决。实际上，大法官之所以成了内阁大臣，是因为，作为一个靠近君主的人，他在法院席次中处于高高在上的地位，而不是根据某个或是或非的政治理论。

一位朋友曾告诉我，一位富有洞察力的意大利人曾向他问及

一些英国高官,而他对如何解释他们的职责,特别是解释其职责与其职衔之间的关系的问题感到非常困惑。那位意大利人不能理解,为什么首席财政大臣按惯例与财政部没有关联,或者说为什么林业部门要负责城市下水道系统的事务。这次谈话是在畜疫发生前好几年的事情,但我想听人解释一下枢密院负责处理这次疫情的理由。当然,人们可以举出一个历史的理由,但我要的是一个行政的理由——一个不是表明它是如何获得这种职能、而是表明为什么它在将来仍然会保持这种职能的理由。

我们的公共机关的安排是不成体系和随意的。但这一点与它们为了一个它们所共有的目的所做出的安排的差异性相比并不更显著。由于它们都受一个议会官员的最终引导,因此,它们得用最好的方法将该部门全部更紧要的事项向该官员汇报。当新人掌权
283 时,他需要被告知相关的事情。由于多数事务是大同小异的,因此向外部长官汇报的机制多半也应该是相同的。不管怎么说,如果有所不同的话,那么这种差异应该是有理由的;如果是相同的话,那么也应有相同的理由。但就已被界定的常任长官与议会首脑之间的关系而言,几乎不存在两个完全相同的机关。请看:陆军和海军在性质上是最类似的,但在陆军内存在着一个叫做骑兵卫队(the Horse Guards)的永久性外部机构。没有任何其他机构与它相类似。在海军内,有一个奇怪的畸形机构——海军部委员会(the Board of Admiralty)。这个委员会也与每一届政府共进退,其职责是教导海军大臣一些他所不懂的东西。海军大臣和该委员会之间的关系从来就没有被人们轻易地弄懂过。其与战争部和骑兵卫队之间的关系也是极端叫人摸不着头的。即便是现在,一个与

它们相关的议会文件刚被呈递到下院。下院认为，这个基本的支配性文件不能不发给乔治·刘易斯爵士，因为其时他已担任了三年的战争部长。还有无穷无尽的让人琢磨不透的细节，因为它们必定要涉及这些部门由来已久的争辩。在贸易部委员会里，只存在一个假想的委员会；它很久以来就不复存在了。甚至主席和副主席也不定期为执行事务而碰头。后者的权力是只在主席不在时才管事，而如果两人关系生疏，而且主席喜欢独自行动的话，那么这位副主席就看不到任何文件，且做不了任何事情。在财政部，也 284
存在着一个委员会的影子，但其成员没有任何权力，而恰恰是属于甘宁所说的为撮合成一个议院、保留一个议院并为阁臣们喝彩而存在的那些官员。印度事务部有一个固定的“议事会”，而主管我们其他附属地和殖民地的殖民事务部却没有、从来没有一点“议事会”的痕迹。这些不同的机构中的任何一个可能是无可厚非的，但是所有这些机构加在一起则几乎不可能是正常的。

实际上，一个由一位常任长官统领的常设机关的真实结构在英国只被人们讨论过一次。这是一次独特而非同寻常的讨论，而且当时人们作出的决定是含糊的。当时东印度公司被撤销，因此不得不组建一个新的印度事务办公室。已故的詹姆斯·威尔逊，一个对行政事务有着无与伦比的判断力的人，当时坚持认为不应该任命一个名义上的议事会。他认为，一个真正的内阁大臣的议事机构要由一群特定的领着高薪、事务繁忙和负责任的干事组成。大臣需要时，可以单独或集体地与他们进行协商。威尔逊先生认为，这些干事肯定是能干的，因为没有任何一位大臣愿意通过任命一个傻瓜到一个与他本人如此贴近并且可能贻害无穷的职位上而

牺牲他自己的便利和危及自己的名声。一个委员会的成员很容易是一个无能之辈；如果其他的成员和主席是能干人的话，加上一两个蠢货尚无大碍；他们只管领薪而什么也不做。但是一个常任的负责对许多重要事务进行实际控制的主干事必须是能干的，不然
285 的话，他的上司就会受到责难，因而就会在议会中引起“摩擦”。

这里我不讨论，也没有能力讨论什么是组合公共机关以及让它们适应一个议会长官的最佳方式。但是我可以说，威尔逊先生所提出的那个计划在我们行政中最成功的那一部分——方法与手段——中被遵循。当财政大臣准备预算案时，他要求税收部门的负责人对公共收入进行评估。这种评估是建立在这样一个初步假设基础上的，即上一年度的税收计划继续执行，不作变更；如果后来想进行变更，他同样要求就此提供一份报告。如果他要重订财政法案，他要表达的想法——无论是口头的还是书面的——就是国债办(the National Debt Office)和财政部最能干和最有责任心的人的想法。格拉斯顿先生，作为这一代最为伟大且在任何时代都非常伟大的财政大臣之一，不厌其烦地表达过对这些精干而负责任的顾问们的感激之情。一个人越是有自知之明，就越习惯于人们的通常行为，就越热衷和欣赏源于能力和经验的负责任的协商意见。这个原理会成善果，这一点是没有疑问的。一个明确的公认的事实是，我们的预算是世界上最好的。为什么我们行政行为的其他部分不能做得同样好呢，如果我们真的使用同样的方法的
286 话？

鉴于这种观点并不声称是基于我本人的了解，而只是为善意

的权威提供建议,我就保留它初写成时的原样。不过,最近的经验似乎表明,在所有重要的行政部门中,应该有某个常任责任人。不断变换的议会首脑总可以通过这位责任人行动,从他那里了解一切情况,并向他传达一切情况。与海军部和内务办公室的工作相比,财政大臣的日常工作微不足道,因此一个主要头领在那里没有多大必要。不过目前的优势证据是,在所有重大事务部门,某种此类的头领是必要的。

八、意想中的制衡

287 在以前的一篇文章中，我曾就王室型和非王室型议会制政府进行过详尽的讨论。我说过，在一届内阁形成时以及在其存续期间，一个真正圣明的君主是有着奇特作用的。我还证明，那种认为立宪君主在这些时候发挥不了什么作用、履行不了什么义务的想法是不对的。不过我还论证了一点，即做一个合适的立宪君主所需的气量、气质和能力也是非常罕见的，至少像一个伟大的专制君主一样少见。一个普通人在这个位子上容易做出的坏事至少像好事一样多——可能坏事更多。但是在那篇文章中，我未能充分讨论国王在一届政府终结时的作用。因为那时，英国政府最独特的作用——解散平民院的权力和册封终身贵族的权力——开始发挥了。而在解释了贵族院和平民院的性质之前，不存在我提出关于
288 国王对它们采取这种独特行为观点的前提了。此后我们讨论了两院的职能，也谈到了内阁的改换对我们行政体制的影响；因此，现在我们就能够讨论国王在政府终结时所能起的作用了。

在这个问题上我可能显得有些过分拘泥于形式。但是我是刻意这样做的。在我看来，我们的政府在解散平民院和增强贵族势力方面的作用构成我们全部政府职能中最重要而又是最不被人们欣赏的作用，而在抄袭这种英国政制时，由于对这些东西缺乏了解

而已经导致的错误是数不清的。

霍布斯很久以前曾告诉我们，而现在所有人都明白的一点是，在每一个国家的每一个地方都必须有一个至高无上的权威，一个终局性的权力。政府的理念就包含着这一点——当这种理念被人们恰当地理解时。但是存在着两类政府。在一类政府中，最高的决定性权力在所有的环节都是一样的；而在另一类中，决定性权力在不同的环节中是不同的——一会儿落在了政制的这一部分，一会儿又落在了另一部分上。美国人以为他们制宪时在一个最重要的原则上是在效法英国的——让一种事情决定于一种最终的权力，而让另一种事情决定于另一种最终的权力。但事实上，英国政制是一种相反类型的东西。在英国政制中，所有的事情只决定于一个权威。为了获得一个二者之间一个生动的概念，让我们看看美国人的所作所为。

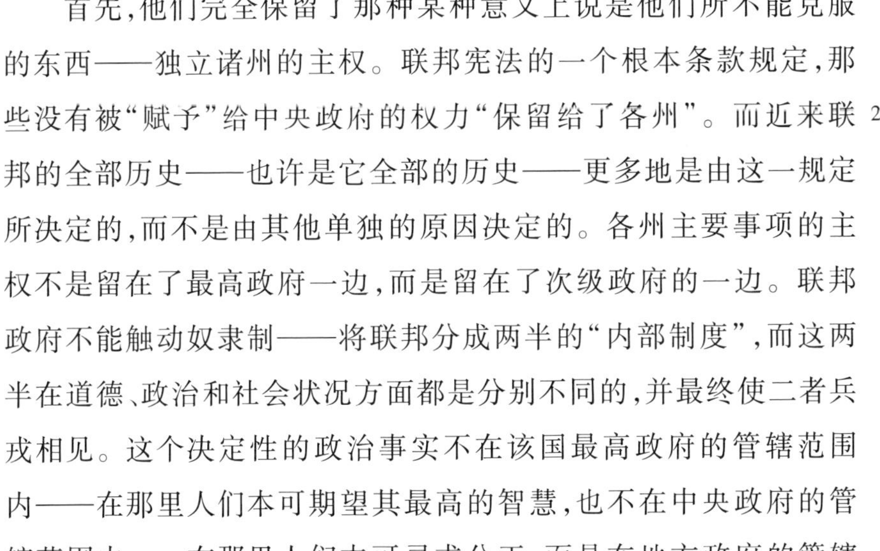

首先，他们完全保留了那种某种意义上说是他们所不能克服的东西——独立诸州的主权。联邦宪法的一个根本条款规定，那些没有被“赋予”给中央政府的权力“保留给了各州”。而近来联 289
邦的全部历史——也许是它全部的历史——更多地是由这一规定所决定的，而不是由其他单独的原因决定的。各州主要事项的主权不是留在了最高政府一边，而是留在了次级政府的一边。联邦政府不能触动奴隶制——将联邦分成两半的“内部制度”，而这两半在道德、政治和社会状况方面都是分别不同的，并最终使二者兵戎相见。这个决定性的政治事实不在该国最高政府的管辖范围内——在那里人们本可期望其最高的智慧，也不在中央政府的管辖范围内——在那里人们本可寻求公正，而是在地方政府的管辖

范围内——在那里蝇头小利肯定会被考虑到，而且只有低能的人才会得到任用。在美国，只有一件事情堪与奴隶制相比拟，而这件事情也受到了各州政府的根本影响。他们的超民主不是联邦立法的结果，而是州立法的结果。联邦宪法将其结构中的一个主要条目托付给了那些次级政府。它的一个条款规定，联邦议院所需选票应与各州立法机构所需票数相同；而当每个州为自己的立法机构确定了选票时，所有的州一起就为联邦下院确定了选票。根据
290 联邦宪法的另一条规定，在选举总统时，由各州确定选举团成员资格。自由政府的一个首要因素——确定多少人在其中享有一个份额——在美国不是有赖于政府而是有赖于特定的附设性地方敌对团体，有时就像目前南方的情形那样。①

不容置疑，制宪者们当时在这个问题上是没有多大选择余地的。他们中的最睿智者渴望为中央政府争得尽可能多的权力，而给地方政府留下尽可能小的权力。但是一个声音喊了出来，它声称这种智慧会导致暴政并妨害自由。在这种情况下，地方性猜忌轻易地占了上风。全部的联邦政府实际上属于这么一种情形，在这种情形下，我已说过的政府中富于尊严的因素与其实用的因素是不相重合的。在每一次联合的起始阶段，各州是吸引和保有民众爱心和忠心的旧有政府；联邦政府是一种有益的东西，但它是新的而且是没有吸引力的。它必须向州政府做出诸多的让步，因为它的动力来源于它们：它们是人们自愿服从的政府。当各州政府不再如此被人们钟爱时，它们就会像那些意大利和德意志小邦那样消失；联邦是不需要的，一个单一的中央政府统治一切。

① 指南北战争时期的美国南方的情况。——译者

不过,美国宪法中主权性权威的划分比这要复杂得多。留给
联邦政府那部分权威本身也是呈分立与再分立状态的。国会支配 291
着法律,而总统支配着行政。总统可以对他不喜欢的法律进行否决,但是当两院同时以三分之二的多数再次通过该法律时(像最近已经出线的情形那样),它们可以推翻总统的否决而创制法律。于是在不同情形下,这里存在着三个不同的立法权的储藏地:首先,当国会和总统意见一致时,就是国会和总统。其次,当总统有效地行使起他的权力时,是总统;然后,当国会推翻总统的否决时,就是必要的国会三分之二的多数。而总统在执行一项他所不赞同的法律时无需过于积极。他的确可能由于露骨的疏忽大意而遭到弹劾,但是在刑事性不作为和热心的作为之间,是存在着无限的程度问题的。约翰逊先生[①]不像林肯先生那样执行“自由民局法”(the Freedman’s Bureau Bill)[②],而林肯不仅批准了它,而且愿意把它付诸实施。美国宪法中有一个特别的机制,这个机制使最高立法权在不同的情形下呈现出不同的形态,并使它在任何情形下都与行政权分离。

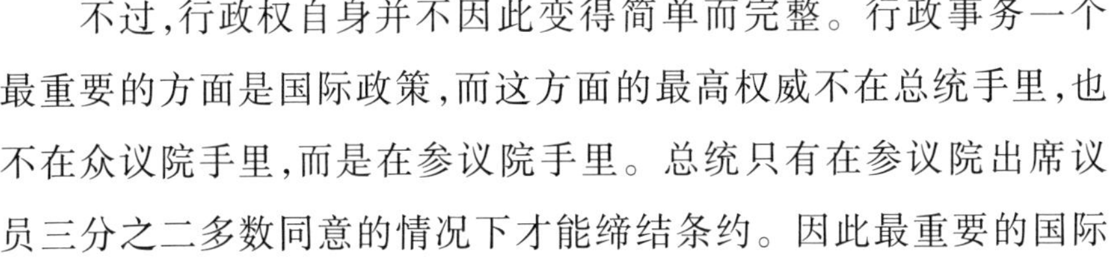

不过,行政权自身并不因此变得简单而完整。行政事务一个最重要的方面是国际政策,而这方面的最高权威不在总统手里,也不在众议院手里,而是在参议院手里。总统只有在参议院出席议
员三分之二多数同意的情况下才能缔结条约。因此最重要的国际 292

① 他于1865年林肯被刺后继任美国总统。——译者

② 1865年3月林肯在任时通过的一项法案(the Freedman’s Bureau Bill)。法案规定成立自由民局,并拨十万英亩土地给该局,由它出租给自由民。1866年2月,国会通过延长自由民局活动两年的议案,遭约翰逊总统否决。——译者

事务问题的决定权掌握在参议院手里，而这是与任何普通的行政和立法问题都不同的。它被放到了一个独成一类的位置上。

还有，宣战权在国会，但根据它们最近法律的规定，它们会发现要想强迫总统缔结和约是非常困难的。无疑，宪法的制订者们的意愿是，国会应该能够控制美国的行政，就像我们的议会能够控制我们的行政一样。他们将物资供应的决定权专门赋予给了众议院。但是他们忘了照看好“纸币”。而现在人们认为，总统有权根本不经与国会商议就发行这种货币。最近那场战争的最初时期就是由林肯这样进行的。他不依靠国会的授权，而是依靠这种发行的特权。这听起来像是玩笑，然而这种发行纸币的权力被认定为是属于作为武装部队总司令的总统的——属于所谓“战时权力”的一部分——这个事实是真的。事实上，刚过去的那场战争缺钱花，而政府以一种最情愿的方式筹集到了钱；而国民们则由于乐于不被加征税收，因此完全同意这种做法。但是这样就形成了这样一个事实，即，通过先例和认定，现在总统已经拥有了一项不经国会同意甚至违背它的意愿而继续进行战争的巨大权力。如果违背美国人民的联合意志，总统当然会是无能为力的。此地人民有着极大的天赋，总统从不会想到要违背他们的意志。但是，当国家分裂成两派时（像最近的情形一样），其中一派分到了总统这边，而另一半分到了国会那边，那么现在总统所拥有的毫无疑问的发行纸币
293 的权力可能赋予他继续战争的权力，尽管国会可能要求停止战争。

最后，那些非常重要问题的全部领域从国家普通权威管辖中撤离了，而保留在了特别权威管辖之下。“宪法”不能由宪法框架内的任何权威加以改变，而只能由它以外的权威加以改变。宪法

的每一次变动，无论多么紧急和多么微不足道，都必须得到各州或立法机构的一种复杂比例的批准。后果是，那些最明显属于恶的东西不能快速得到补救；为了规避那些捉弄性条款的显义，必须虚构最荒唐的故事；一种笨拙的操作和奇怪的技巧构成了一个求快不求精(rough-and-ready)的民族的政治特性。美国人进行的实际辩论和法律研究经常像受托执行一个没立好的遗嘱的人所进行的辩论一样——他们所表达的意思是好的，但是遗嘱永远不能得到全面的执行和简单的辩护。它受到了旧遗嘱中古旧词语的妨害。

这些例子(还可以加上其他例子)证明了——如同历史证明的那样——美国制宪者们的主要意图。他们不情愿将绝对主权放置在任何地方。他们担心这种东西会产生暴政；乔治三世[1]曾是个暴君，而不管怎么说，他们不愿意制造出一个乔治三世来。人们认同的理论认为，英国宪法将主权权威分立开来了，而美国人如法炮制，也将他们的主权分离开来。 294

结果现在是看得见的。在他们历史的关键时刻，他们缺乏现成的决定性权力。在进行了一场大规模的叛乱以后，南方处在了其征服者的脚下；它的征服者不得不解决如何对它进行处理的问题。[2] 他们必须决定一些条件，在这些条件下，那些分裂主义者们将重新成为同胞公民，重新投票，重新被代表，也许重新进行统治。最棘手的问题是将前不久的敌人化为自由的友人。他们巨额公债的安全性，以及与这种债务相关联的他们未来的信用和未来战争

① 美国独立战争时期在位的英国国王。——译者

② 这篇文章是在内战刚结束时写的，不过我不知道这个重大的问题如今是否已经得到了妥善的解决。——原注

中的全部权力可能依赖于他们这样一种做法，即他们不将权力赋予给这样一些人，这些人可能在这种债务中看出了他们自己征服的代价，并可能倾向于否定这场征服的意义，因为他们自己的债务——他们防御的代价——已经被人们否定。还有，一个从前受奴役的种族现在处在那些曾经憎恨和鄙视他们的人的支配之下。而那些解放了这个种族的人注定会为它的新生提供一次公平的机会。奴隶从前是通过他的枷锁得到保护的，他不过是一个有用的物件；但现在他属于他自己，只有他自身在他的生命中享有利益；而且他被那些“卑劣的白人”统治着，他蔑视他们的劳动，而他们用仇恨的眼光打量着他。迄今为止一个政府所可能面临的最深重的道德义务和最可怕的政治问题如今摆到了美国政府面前。但是没有作出什么决定，也不可能作出什么决定。总统想走一条路，也
295 有阻止任何其他路径的权力；国会想走另一条路，同样有权阻止任何其他路径。国家主权分裂成几个部分导致了没有主权的局面。

1787 年的美国人以为他们是在抄袭英国宪法。但他们实际上是在创制一种与英国宪法相对应的东西。就像美国的政制是一种复合性的政制，在这种体制下，最高权力被分放在诸多的实体和职能机构中一样，英国政制是一种简单的政制，在这种体制下，解决所有问题的最终权力掌握在同一些人的手里。

英国政制中最终的权威是新选的平民院。无论它决定的问题涉及行政还是立法；无论是涉及基本政制的重大问题还是涉及日常琐碎的细小事件；无论是事关宣战还是继续进行战争；无论是事关税收的加征还是纸币的发行；无论是事关印度还是爱尔兰或伦敦，一届新议会可以独断地并最终地予以解决。

像曾经解释过的那样，平民院可以将一些不重要的事情交付
贵族院复决，并将一些它不太关心的事情交付贵族院进行搁置性
否决。但是当它知道深受大众认同时，以及当它被新选出时，它是
绝对的——它可以随心所欲地进行统治和作出决议。而且它可以
采取措施以确保它所议决的事情是绝对算数的。它能保证它的命
令会得到执行，因为是由它，也只能由它，任命行政官员；它可以对 296
玩忽职守的行为施加最严厉的惩罚，因为它可以撤换行政官员。

为了实现自己的意愿，它可以选择那些想法相同的人。美国国会两院中的法定多数根据明确的立法可以推翻它们的行政班子；而我们立法机构中的民众分院可以组建和撤销我们的行政班子。

简而言之，英国宪法是在选择一个单一的最高权威并使这个权威能够发生作用的原则基础上创制的；而美国宪法的原则是，拥有诸多的最高权威机构，并希望这种主体的多样性能够弥补其次要性。美国人如今称颂他们的政制——自欺地进行称颂。不过，要不是他们富有政治天赋；要不是他们在表面上言辞如此激烈的同时在行动上却保持一种特别独特的温和性；要不是他们崇尚法律，而迄今为止还没有哪个民族对法律表现出了如此的尊崇，且远远超过了我们；——要不是存在这些因素的话，美国宪法中权威的多元性可能很久以前就将它带到了一个糟糕的方向。我听一位精明的律师说过，聪明的股东会签订任何解决问题的契约；同样，我相信，马萨诸塞州的人们可以制定任何宪法。不过，政治哲学必须分析政治历史。它必须区分什么是适合于民众的利益的，什么是适合于法律的利益的。它必须仔细考量宪法每一部分的精确效

297 果，尽管这样它会破坏多数人心中的许多偶像，并且在只有极少数人才意想得到的地方察觉出实用的秘密来。

单一性和统一性在政治活动中的重要性我想是没有人能够怀疑的。我们可以区分和界定它的各个部分，但政策是统一的和整体性的。人类事务的交叉性要求一种单一的决定力量；用一种分散的力量去雕琢每一个人工的物件，结果只会造成一种驳杂的拼成物，如果这种力量存在得足够持久以便能够做成任何东西的话。英国宪法的精致之处在于，它达成了这种统一性。在英国宪法里，主权权力是单一的、可能的和美好的。

这种成功主要是因为英国宪法有一个特别的规定，这个规定将行政机构的选择权放在了"人民院"的手里；但是，如果不是还存在两个部件——我姑且称之为宪法的"安全阀"和"调制器"——的话，这种成功还不会完全获取。

安全阀是指我在关于贵族院的那篇论文中已经非常详尽地谈到了的宪法中那个特别的规定。行政首脑可以通过选任下院成员的方式消除下院的阻力；如果他找不到一个多数，他可以制造一个多数。这是一种最真实的安全阀。它使民众意志——行政机构是这种意志的代表者，也是这种意志的被指定者——能够在宪法的
298 范围内将宪法的一个分支所不喜欢和抗拒的意愿和观念付诸实施。它使一种被抑制的权力的危险聚积得到了释放，而这种聚积是可能使宪法受到冲击的，就像类似的聚积已经经常冲击了类似的宪法一样。

而我冒昧称之为我们单一主权的调制器的东西就是赋予行政首脑解散本可能成为握有至上权力的议院的那种权力。立法机构

中民众分支作为一个主权者的缺陷在前一篇文章中已得到详尽的阐释。这些缺陷可以简单地总结为三个方面的责难。

首先,多变性是一个挑选性议院最常见和最不可克服的弊端。在我们诸多的殖民地里,只要是议会制政府不成功的地方,或者说是被认为不成功的地方,这种弊端就是首要的破坏力量。议会不可能被诱以维持任何行政班子;它挑选了一个接一个的大臣,而结果是根本不可能存在任何政府。

其次,对这种多变性的补救本身又导致了另一个弊端。一个有凝聚力的多数和一个持续的行政班子在议会制政府下面得以形成的惟一方式是政党组织;而这种组织自身又倾向于增加党派间的暴力和敌意。它本质上就是将整个国家交给了国家的一部分进行统治。议会制政府本质上是一种派性政府,而且只有当各派别具有凝聚力时,这种派性政府才是可能的。 299 243

再次,像每一个其他类型的主权者一样,议会有它特殊的情感、偏见和利益;而且它可能违背国民的愿望甚至有悖于国民的福利而追求这些东西。它除了拥有多变性和党派性以外,还有它的自私性。

我们宪法的调制性车轮产生其效果的方式是显而易见的。它不影响议会作为一个种类的权威,但它影响单个议会的权力。它使某个议会外的特定人说:“你们这些议员没有克尽你们自己的职守。你们是在以国民为代价满足议会的多变性,沉溺于派性精神,以及自谋利益。我要看看国民们是否认可你们现在的所作所为;我要从第一议院上诉到第二议院。”

欣赏我们宪法这一特别规定的最好办法就是在动态中观

察——看看像我们以前对英国皇家其他权力所进行的审视那样，它是在多大程度上依赖于于一个世袭性国王的存在的，以及在多大程度上是可以由议会选举产生的首相来行使的。当我们对被要求行使这种权力的个别人的性质进行审视时，我们就有了关于这种权力本身的生动印象。

首先，关于议会在选择首相时的多变性，谁是对这种现象进行制约的最佳人选？显然是首相本人。他是对他的政府的维持最感
300 兴趣的人，因而也就是最有可能有效和灵活地使用这种政府赖以维持的权力的人。一个外在的国王的干预有时会引起麻烦。一个多变的议会可能总是希望国王的多变性可能是与他们的多变性偶合的。在乔治三世对其政府进行攻击的日子里，首相常被习惯性地剥夺了应有的权力。阴谋诡计大行其道，因为人们总是怀疑那位受国王憎恨的首相是否会被允许对阴谋家们提出控诉；人们还怀疑是否有可能进行密谋的国王任命一个合谋者取代他的位置而为首相。议会的多变性在将解散它的权力赋予被它任命的人手中时就会受到更好的制约；如果把这种权力放在一个沾不着边的外在权威手上，那么情形就会糟糕些。

但是，与此相反，党派激情和议会的自私自利性所受到的最好的制约是来自一种与议会没有关联或者说不依赖于议会的权威——设想这种权威在道义和智识上与这种被赋予职能的履行是相等同的。显然作为一个由政党中的多数人任命的首相有可能分享该政党的情感，它也不得不承认他分享着这种情感。与实际事务的接触当然可能使他免于许多偏见，免于过分狂热，免于许多错误。现任保守党政府里包含着不止一个视他的党为智识上粗野无

文的成员；这种人要么从来不讲他们的行话，要么屈尊地用一种“旁人”的口吻讲些这样的行话；他将他们积淀的偏见视为他赖以生存的“潜在能量”，但是在靠这些能量过活的同时又蔑视它们。301
几年以前，迪斯雷利先生称罗伯特·皮尔爵士的内阁——最后一届拥有实权的保守党内阁——为一种“有组织的伪善团体”，其“头部”的观念与其“尾部”的感应是如此的不同。也许他现在明白——如果说他并不总是能够明白的话——唐宁街的空气会给那些住在那里的人传输某些观念，而那些根深蒂固的异端偏见不久就会在有如巨大旋涡和洪流的事务性工作中消弭和停歇。帕麦斯顿勋爵也是一个典型的这方面的例子。作为一位领袖，他对他的追随者的心态总是予以绥静而不是予以激扰，予以平缓而不是予以激怒。不过，尽管众多难题的镇静效果通常会使首相不再成为一个极端的派性主义者，但是在某种程度上他必定是个派性主义者，而且可能是一个激烈的派性主义者；而在这种情况下，他不是一个对党派进行制约的合适人选。当议会中的主流派别的所作所为不为国民所喜欢时，人们应该立即提出呼吁，因而议会应予解散。而一位热心的首相是不会提出呼吁的；他会自行其是；他会以为他是在提供良好的服务，尽管实际上他也许不过是将一种不成熟理论中的狭隘原则推到了一种不受欢迎的境地。在这个时刻，一个立宪国王——像利奥波德一世[1]曾经做过的那样和阿尔伯特王子[2]可能已经做过的那样——就是无价之宝了；他可以也愿意

① 1830 年比利时独立后实行君主立宪制，利奥波德成为第一任比利时立宪国王，是为利奥波德一世。——译者

② 维多利亚女王（1837—1901）的丈夫。——译者

防止议会做出伤害国家的事情。

还有,对于议会的自私性,外在的制约也显然比内在的制约有
302 效的多。一个由议会选出的首相可能带有那些挑选他的人们所带有的不良冲动。议会的自身利益和徇私舞弊的嗜好对他来说的确是非常次要的事情。他最关心的会是他自己内阁的持久性和利益——不管是腐败还是非腐败的利益。他不情愿做出任何粗俗的不受欢迎的事情来。按照自然的秩序,一届新的议会不久就会产生,而他不会愿意伤害那些选举人的感情,而这届议会必定从这些选举人中产生。不过,尽管该大臣的利益与令人触目惊心的营私舞弊行为不一致,但他会倾向于做一些有节制的舞弊行为。他会随流俗,他会试图给那些龌龊的事情穿上漂亮的外衣;做一些恰好既能使议会满意又不至于得罪国民的伤害来。成为一名共犯时,他不会退缩;他只会设法不让这次犯罪走向极端。一个外在、公正和精干的权威——如果这种权威能够找得到的话——的干预会毫无疑问地限制一个挑选性议会的觊觎心和宗派性。

但是,这样一个首脑能够找到吗?我觉得在一种情形下这种首脑已经被找到。我们的殖民总督们恰恰就是这样一些头领。他们总是精明的,因为他们靠一个艰难的行当度日;他们几乎肯定是公正的,因为他们来自地球的远方;他们肯定不会带有任何殖民阶级或团体的私欲,因为远在他们能够实现这些私欲之前,他们会已
303 经走到了世界的另一边,忙于应付其他的面孔和心智,而几乎听不到在一个他们多半已经遗忘的地区所发生的事情。一个殖民总督是一种超代议制权威。他受到了一种智慧的激励,这种智慧与那种地方议会的智慧是不同的,即便说不是高于它的话。但是,即便

在这种情形下,这种外在权威的优势是以沉重的代价获得的——一种不容忽视的代价,因为它经常是一种值得付出的代价。殖民总督是一种对其所辖殖民地不享有永久利益的统治者。当他被派遣到那里时,他也许还得在地图上寻找这块地方;他要花上数年的时间才能真正了解它的诸多派别和争论的问题;尽管他自己不怀偏见,但还是容易成为他周围当地人偏见的奴隶。他不可避免地而且几乎是受人称颂地以一种不利于殖民地——对于殖民地的利益他也许看不清楚——而有利于他自己——对于他自身的利益他看得清楚明白的——的方式进行统治。一个殖民总督的首要愿望是不与人产生摩擦,不做任何可能给他国内的上司——殖民办公室(the Colonial Office)——造成麻烦的事情。否则的话,就可能导致不时的和不信任的述职,因而可能有损他的前程。他肯定会给殖民地人留下这样的印象:他们所拥有的统治者对他们只是一知半解,而他对他们的关心还不如他对他们的这种了解。我们难说欣赏我们殖民地人的这种普遍感受,因为是**我们**任命了**他们**的掌权人;而如果我们换一种情形,即通过某种政治变形而做出的是另一种选择——如果是**他们**任命了**我们**的掌权人的话——那么我们就会理解这种感受。那样的话,我们马上就会说:"一个从新西兰来的人怎么可能了解英格兰呢?一个渴望着得到一些绝然相反 304
的东西的人怎么可能关照英格兰呢?我们怎么可能信任一个靠着来自一个遥远权威随时变化的恩宠过日子的人呢?我们怎么可能诚心服从一个只不过是碰巧说相同语言的外国人呢?"

我详细论及了几点影响殖民总督制度优点的弊端,是因为这是超议会皇家制度最有利的情形,也因为考察一下这个问题我们

会清楚地明白这个制度所面临的实际困难是什么。对它我们是如此熟悉,以致我们对它还不了解。我们就像这样的一些人,他们对某个人认识了一辈子,但是当这个人表现出了某些随意的观察者们一眼就看出来的明显特征时,他们还是感到相当吃惊。我认识一个人,他不知道他妹妹眼睛的颜色是什么,尽管他在二十年的时间内每天都看到她。毋宁说,他之所以不知道是因为他就是这样打量她的:那句哲学箴言是再真确不过了,即我们常忽视我们思维中稳定的因素,尽管它可能是最重要的,而几乎只关注那些变动的因素——那些最富有差别的因素(像如今人们所说的那样)——尽管它们容易成为不太有活力的因素。但当我们通过一个相反的殖民总督的例证觉察到一个立宪君主在行使解散议会职权时所承担的任务是多么艰巨时,我们立即就会明白,一位世袭君主要想具有必备的才能是多么的难得。

一般而论,一个世袭国王充其量不过是一个普通人。他受过的事务性教育几乎肯定是糟糕的。对事务他极难能有兴趣。从青
305 年时代起,各种诱惑都诱使他沉湎于欢乐;他的整个青年时代可能是在一个拥有确定继承权的人所处的不良环境中度过的,这种人由于没有任何被指定的工作而无所事事,而且如果想做一些选择性的工作的话,他还有可能被认为是越俎代庖。一个立宪君主多半是一个被毁了的普通人。他不必由于某种需要而被强迫做事,而这在专制君主那里是家常便饭;而可能毁掉一个专制君主的诸多诱惑又使他在事务方面成了废人。历史也似乎显示,世袭皇族由于受到其腐化环境的持续影响而在血液中聚积了某种黑色的污点、某种可能会影响其判断力的遗传性和扩散性毒素,这使他们忧

郁的心情更加灰暗,也使他们的欢娱之心多半悬上愁云。一直有人说——不一定中肯,但有可能接近真理——“1802 年的每一个世袭君主都是不清醒的。”[①]这种类型的君主在他们应该解散议会的时候可能拂逆一个踌躇满志的内阁的意志而抓住最恰当的机会吗?要想有效地做到这一点,他们必须能够觉察到议会的错处,而国民们也意识到议会的错处。而要想知道议会的错处,一个人必须是一个像样的政治家,如果不说是伟大的政治家的话——必须是某种政治家。他必须具有非凡的自然活力,因为否则的话就无法领悟国家政策的硬性原则。他必须是勤劳不辍的,因为否则的话就跟不上与这些原则关联的相应细节以及这些原则所必须适用于其中的数不清的场合。而一个生性普通且被生活惯坏了的人不 306
可能具备这两个条件中的任何一个。他肯定不会是既睿智又勤劳的。一个处于深宫之中,听惯了阿谀奉承的君主可能只会对公共舆论作出不恰当的判断。他可能有天生的发现舆论的智慧,但是他的生活不会教会他如何应付舆论,而有可能弱化他应付舆论的能力。

不过,有一个更糟糕的情形,乔治三世的生活——他的生活是一个汇集了立宪君主诸多缺点的博物馆——所揭示的情形。议会可能比民众更睿智,而国王的心态则可能与民众相同。在对美国的战争的最后岁月里,当时承担首要责任的首相诺思勋爵是不赞成继续进行战争的。他知道这场战争是不会胜利的,议会也同样

① 其时,大革命后的法国正在拿破仑的统治下扫荡着欧洲的封建势力。——译者

知道。如果诺思勋爵当时能够手拿一份和约来到议会的话，议会说不定会欢呼雀跃，而议会领导下的国民们尽管对战争的失败感到伤神，但也许仍然会感到满意。当时的舆论更像美国当今的舆论，而不像我们当今的舆论。比起我们当今的舆论来，当时舆论的形成慢得多，而且更容易受到中央政府突然冲动的影响。如果诺思勋爵能够将当时政府集中的精力和权威投入到缔结和执行和约
307 的善举中来的话，几年的流血本来是可以避免的。但是首相的身后存在着一种权力；乔治三世极欲将战争继续下去，而国民们——由于看不到这场冲突是多么无望，不理解他们的固执正在引起多么大的持久性厌倦感，加上无知、沉闷和无助——也愿意继续战争。即便诺思勋爵想求和，并因而说服了议会，他的所有努力也会白费；一种更高的权力能够而且愿意吁请明智而倾向于和平的议会调动起忧郁而好战的国民们来的。我们的宪法对议会特殊弊端的制约被滥用来限制议会的智慧。

我们对内阁制政府性质的研究越深入，我们就越畏缩于在关键时刻让这种政府精致的机制经受一种来自一个漫不经心的、无能的和或许是半疯狂的外来人的打击。主要的可能性是，在某个重大场合，首相和议会真的比国王睿智些。首相肯定是能干的，而且肯定极欲作出理智的决定；如果他作不出这种决定的话，他会失去他的位子；而国王即便是错误百出但能够保有他的位子。前者的判断力自然是明察秋毫的，但要受到可能的严厉惩罚的磨砺；而后者的判断力自然要逊色得多，却会免于这种惩罚。议会在多种情形下也是一个由健全、谨慎而务实的人们组成的。原则告诉我
308 们，将一届议会感到满意的政府予以解散和在民众的呼声下解散

议会的那种权力不是一种一个普通世袭君主终究能够妥善行使的权力。

相应地，这种权力已经差不多（如果不说是完全的话）超出了我们宪法现实的范围。如果女王通过政变突然废掉一届深得议会中多数人信任和支持的内阁的话，那也许就没有什么东西会比这种做法更让英国人吃惊了。从理论上说，这个权力无可争议地属于她；但是它已经远远地超出了人们的心智，以致如果她使用了这种权力的话，那就会像樱草山发生火山爆发一样让他们心惊肉跳。最近的一次类似事件是一次不得被热衷者视为先例的事件。1835年，威廉四世解散了一届政府，这届政府虽然由于失去了其在平民院中的领袖而显得涣散，但却是一届实际存在的政府，并在贵族院中拥有一个愿意接任的首相人选，且在平民院中拥有一个愿意继任的领袖。国王以为舆论正在抛弃辉格党人，而偏向托利党人；进而认为他应该通过排斥前者来加快这次转换的速度。但是此次事件的结果表明，他是判断失误了。他的感觉的确没错。英国人民的确在放弃他们对辉格党人的忠心，因为该党没有一个深得人心的领袖，没有一个自由主义理念能够在其身上人格化并成为一种激情的领袖——一个有着被反对的积习，因而在任期间经常出错的团体；一个天生处于一种人所共知的冲动而走上权位的团体，而对这种冲动他们只是一知半解，而且也许是被不到一半的人分享着。但是国王的策略是错误的；对于民众的反应他不是在给予助益而是在给予阻碍。他强行拉进了一个托利党政府，这届政府是 309
不成功的，像所有聪明人所感觉它必定是的那样。民众对辉格党人的厌恶还不过是一种初始的没有成效的态度；而国王的干预是

对他们有利的，因为这种干预看起来与人民的自由不符。威廉四世觉察到了舆论的某种初始变换，就此而言，他是对的，但是他不过是觉察到了一种错觉性变换。人们所想望的是自由统治的延长。人们开始时的不满只不过涉及辉格党领袖们的个人缺点和自由原则的其他暂时的非本质属性，而不是那些内在的原则本身。于是，最后一次由皇室废掉内阁的事件的结局是这样的：这种做法反对的是一些正确的原则，助长的是一些错误的原则。而且伤害了它本想给予帮助的党派。有了这种警示以后，我们的君主有可能奉行一种目前一长串静悄悄的先例所引导的政策——将一届受议会信任的内阁留给议会来判断。

的确，议会中超越国民精神的党派精神以及议会与国民真实利益相冲突的自私性所引发的危险在一个国家里构不成大危险，在这种国家，民众的心智带有稳定的政治性，而且在这种国家，民众对他们所派代表的控制是不间断的。对一种业已形成的舆论的持久违抗在我们的平民院里几乎是不可能的。国民们不断地关注着政治，每个议员都诚惶诚恐地担心会失去他被人珍视的位置。这些危险属于早期分散的社区。在这些社区里，不存在任何令人
310 感兴趣的政治问题；距离偏远，没人对议会的过分行为做出警惕性舆论判断；很少有人在乎在议会拥有席位，而就在这些少数人中，不少人从性格和履历上讲待在议会里不如不待在那里。一个成熟的政治国家中实行的议会制政府的一大弊端，是议会在选择内阁时的多变性。这里国民们几乎控制不了它，而且除了在极有限的范围内以外，他们对它进行控制也不是一件好事。议会对政府优点和缺点的判断一般是取决于这样一些事情的，这些事情近在咫

尺的议会看得清楚,而远距离的国民们却看不清楚。但是当牵涉到个人问题时,多变性就开始了。这样的一个平民院是不难想像的,它对所有的政客都不满,它由多个小党派组成,通过小群体进行表决,不稳定地服从任何领袖,而给每一位领袖机会和希望。这种议会需要可予以解散的紧急制约。但这种制约(如已经被证明的情形那样)来自首相比来自君主好。而我们宪法近些年来的实践表明,这种制约权的使用正在逐年从君主的手里向首相的手里集中。女王现在几乎很难拒绝给予一个不受议会信任的首相解散议会的机会,就像非经首相同意,她在首相受议会信任时不能解散议会一样。

我们会发现,我所称之为我们宪法的安全阀的情形也是一样。
一位温良能干的世袭君主比一位首相能更好地充当这个角色,但 311
是首相也能应付裕如;而且一位能做得更好的君主一百年才能出现一个,而可能做得更差的君主每天都会出现一个。

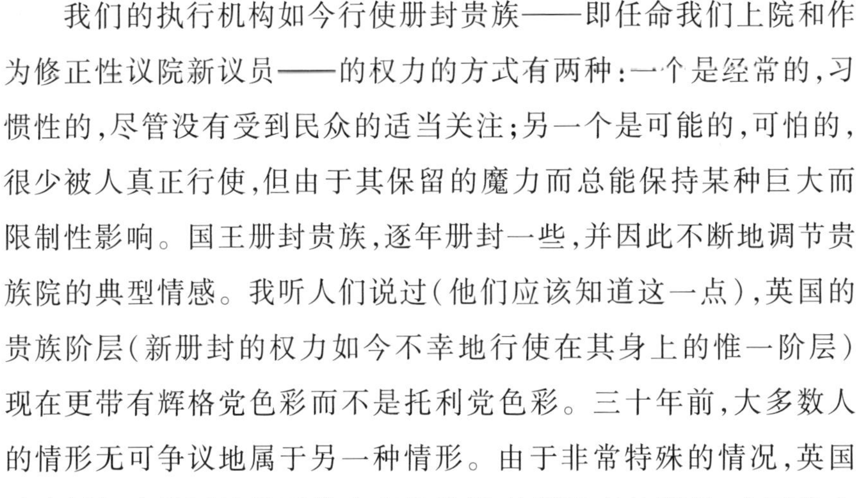

我们的执行机构如今行使册封贵族——即任命我们上院和作为修正性议院新议员——的权力的方式有两种:一个是经常的,习惯性的,尽管没有受到民众的适当关注;另一个是可能的,可怕的,很少被人真正行使,但由于其保留的魔力而总能保持某种巨大而限制性影响。国王册封贵族,逐年册封一些,并因此不断地调节贵族院的典型情感。我听人们说过(他们应该知道这一点),英国的贵族阶层(新册封的权力如今不幸地行使在其身上的惟一阶层)现在更带有辉格党色彩而不是托利党色彩。三十年前,大多数人的情形无可争议地属于另一种情形。由于非常特殊的情况,英国政党间权力的更迭并不像众多的推测者所预言的那样,也不像众

多的现时语汇所推定的那样。在从安妮女王逝世到诺思勋爵和福克斯先生结成联盟的这段时间内,辉格党人执政大约七十年(只有非常短暂的间歇);而托利党人执政约五十年,直到 1832 年;而从此以后,辉格党除了非常微不足道的几个间歇期外,一直居于主导地位。结果是,每个持续执政的政党拥有调制上院以适应它的
312 观点的方法。在第一个改革法出台前,长达半个世纪的大量托利党册封曾致使贵族院偏执地带有托利党色彩,但奇妙的是,现在托利党人数量在减少。爱尔兰贵族和苏格兰贵族——由一个几乎没有变化的选民团体任命并只体现该团体大多数人意志(听不到任何少数人的声音)——提供了一个不可改变的托利党因素。但是,允许改变的那个因素已经发生了变化。不管如今的英国贵族阶层是不是主要由托利党人主宰着,它肯定不是 1832 年那种托利主义模式的托利党。增加的辉格党人的确来自这样一个阶层,这个阶层通常更接近于托利主义意识而不是辉格主义意识。人们应该期望促使发生有机变化的巨大动力并非来自那些巨额财富的拥有者。新增贵族与旧贵族们很微妙地匹配着,并因此更轻易地形成了一种更大的也更具渗透性的调制。一个对比性群体的增添会激发原来的酵母,但是那些同类异种的诸多成分的精巧融合已经在不刺激旧有原物的情况下使新的组合物得到了调制。

这种贵族册封的通常使用权总是操控在首相的手里,而且其典型使用有赖于它被放置的这个位置。作为执政党领袖的他,是对永久性议院进行逐步调制的合适人选。这个议院也许开始时对他怀着敌意,但不管怎么说,他可以通过增加册封而使这个议院与他所代表的舆论最好地协调起来。几乎没有任何一种被人们创制

出来的政制拥有一种能够对其第二议院进行如此精致、如此具有 313
伸缩性和如此衡常调制的机制。如果册封终身贵族的权力得到加大的话，那么，负责任的行政机构对贵族院的缓和性影响本会呈现出这类事物可能的那种良好情形。

为了使贵族院陷入困境而进行的突变性贵族册封的情形就完全不同了。如果有一个能干而公正的国王在身边的话，那么这种权力掌握在国王手中就再好不过了。这是一种只在重大场合才行使的权力，在这些场合，人们怀着远大的目标，而党派纷争得不到减缓。这时，这种权力就成了一种总结性的决定力量，因此它当然最好放在一个既能干又不偏不倚的人手里，而不是放在一位首相的手里，因为首相在某种程度上说必定是一个党派中人。在一个决定国家命运的极度危机时刻，一位贤明、镇定而睿智的君王的价值是不可估量的。他可以防止经年累月的混乱，避免流血和内战，自己赢得声名而被人感恩戴德，并且可以化解每个党派与其对手之间蓄积已久的内部仇恨。但是问题又来了，在这样一个时刻找得到这样一个君主吗？在这个时候拥有这样的君主的机会有多大呢？人所共知的世袭制的偶然性一般必定带给我们的那种君主在这种时刻又有什么用呢？

如果从我们在这种稀有事件业已拥有的有限经验中寻求这些问题的答案的话，那么这些答案是不会令人满意的。在英国历史上，真正接近突变性贵族册封——那种突然改变贵族院多数的册
封——的事例只有两起。第一起发生在安妮女王时代。安妮女王 314
时代的贵族多数是辉格党人，而通过大量而迅速的册封，哈莱内阁将它变成了一个托利党多数。这个事件的公众影响是如此巨大，

以致在后来一个任期内，诸多最有争议的内阁建议之一就是一个要求拿掉王室无限册封贵族的权力、并使贵族的数量固定下来——就像平民院的人数是固定的一样——的建议。但是国王原本与这件事没有什么关系。在所有被放置在高位的人中，安妮女王是力量最微弱的人之一。斯威夫特[①]曾尖刻而公允地说，“她在一个时段对他人所示的关爱不会超过一个朋友”。而就在那时，她的关爱集中在了一位女仆身上。她的女仆叫她册封贵族，于是她就进行了册封。她采取最极端的措施支持一个声名狼藉的内阁，而她给予的这种支持又是反复无常的。威廉四世的情形更富有教益。他是一个非常认真的国王，但同时他又是一个极端虚弱的国王。他与葛雷勋爵关于这个问题的通信——或者说他的秘书的通信，因为他雇佣了一位非常精明的人将他所思考的东西，或者说至少将他周围的那些人所思考的东西记录了下来——占据了一本大部头书一半以上的篇幅。这是一个离奇的身居高位但又力量微弱、优柔寡断的例子。在写了无数封书信以后，国王同意册封一批数量合理的贵族，如果这是通过改革法二读所要求的话。但是
315 由于托利党人中“弃权者”的放弃，册封未就二读就以超过九票的多数通过，于是当林德赫斯特勋爵提出了一条至关重要的修正案——该修正案可以使并且旨在使改革法成为一纸具文——时，国王拒绝册封贵族，或者说至少拒绝册封足够数量的贵族。结果是，出现了严重的危机，而且几乎是一场革命。好心做蠢事，历史上几乎难以找到比这更明显的例证。凡是仔细阅读了这段历史的

① 乔纳森·斯威夫特（Jonathan Swift，1667—1745），英国讽刺作家，《格利佛游记》的作者。——译者

人都不会怀疑，册封贵族的裁量权当时放在葛雷勋爵手中比放在国王手中要好得多。国王是否会行使这个权力？他会在多大程度上行使这个权力？当时主要是这种不确定性激发了反对派。事实上，当发生了革命时，你可以将这个权力放在一个弱者的手里，但是你不能让这个权力保留在一个弱者的手里。它会从弱者手里转移到强者手里。一个普通的世袭君主，如威廉四世或者乔治四世，在最需要行使册封贵族的权力的时候是不适合于行使这个权力的。一个半疯的国王如乔治三世者就更糟。他可能会在没有必要的时候不可理喻地行使这种权力，而在需要的时候他又会疯疯癫癫地拒绝行使这种权力。

一种假想的对首相的制约的存在事实上是一种弊端，因为它妨碍了一种真正制约的实施。通过法律规定非经某种大多数——比如说经下院四分之三的多数——表决，不得册封超乎寻常数量——比如说每年超过十名——的贵族，这样做是不难的。这将保证：首相不得将我们宪法的这种保留力量当作一种通常的力量加以动用；除非整个国家确定地希望动用这种力量，否则的话他不得予以动用；它应该保留在革命发生时才动用，而不是为了行政而 316
动用。安妮女王和威廉四世的例子证明，将这种关键而极端的力量托付给一位世袭君主的靠不住的个人特质和习惯性平庸进行考验是达不到任何目的的。

也许有人会问，我为什么要用这么长的篇幅讨论一个表面看来如此脱离实际而且从某个角度上讲与我要讲的主体无关的问题。没有人要求安妮女王逊位；如果说世上有什么人是处于安全无虞的位置上的话，那么她就是处在这种位置上的。就在这些文章中，我已经证明，我们的民众是不会服从其他的任何人的，她所受到的尊戴是所有次要力量赖以形成的潜在能量——像如今的科学所说的那样，也是诸多次要的职能赖以获取其效力的能源。但是，只要我们不只关注现时，且不囿于我们这个单个的国家，而是放眼整个世界和着眼未来，那么就没有什么问题比这个问题更具实际意义的了。

世上生成的东西是某种特定事实的东西。每一个世纪的测验——而不仅仅是前一个世纪的测验——是对结果的测验。世界各地都在兴起新的国家，而在这些国家并不存在固定的受人尊崇的渊源；因而它们不得不创造这些渊源，不得不通过明显的功利手段形成必须产生忠诚的体制。这种事实甚至是我们这个时代欧洲最伟大最新颖的智识领域。其中一个是商务。商业的物质成果我
317 们看到了太多，以致我们忘了它的精神成果。它产生了这样一种心态，这种心态重物欲，而轻思想，不识文字的精妙。它的座右铭是，所有的劳动都应该得到利润。我们已经“弃刀剑而就账目”，这不仅是真实的，而且由账目引起的战争和由刀剑引起的战争一样多。今天的战士——最伟大的战士——不是一个浪漫的动物，这个动物受到疯狂情感的驱使，充满了对一位情人或者君主的幻想，并作无谓的冲刺；而是沉静而严肃的男士，他埋头于图表，精确于数目，是战术大师，忙于微不足道的细节，像据说是威灵顿公爵曾说过的那样想得最多的是他的士兵的鞋子，而蔑视所有雅致和善辩的风度；或许像毛奇公爵那样，“在七种语言中默不作声。”我们已经走到了一种由数字进行统治的舆论“气候”之中，在这种气候下，正是我们那位被我们视为神权支持者的俾斯麦伯爵将国王

们左右肢解，将结果测验适用于每一位国王，并不让其中任何一位无所作为者不得存活。在过去五百年中，大部分人类的主要作息方式的确已经发生了巨大的变化。从前，他们要么在生气勃发的行动中要么在毫无生气的安逸中度日。一个封建时代的男爵除了进行战争和追求女性——二者都是极其刺激的事情——和被称为“不荣耀的安逸”之外没有什么事情可做。现代生活很少有什么激动人心的东西，但富于静悄悄的行动。它的永恒的商业产生了一种“股票持有”的习惯——一种询问每一个人、每一件事和每一个机构“得了，我们上次道别以后你干了些什么”的习惯。

我们的物理科学很有同样的倾向。而这门学问正在成为千百万人的主流文化，并且开始对我们普通文艺的渗透已经到了很少有人能完全看出来的地步。它的两个特点就是朴实和实证：它看 318
重那些最“愚笨”的事实，就像有人曾经所说的那样，以及其对实证的不停渴望——通过艰辛的观察以确保它们是事实。古老的思维激动人心的一面已经消逝了一半，或者说被分散到了生活的平静欢娱之中，而不是集中在剧烈而令人渴望的阵发性情绪之中。一位老哲学家——比如说笛卡儿——曾设想，从那些通过精心的设想认知的原始真理中，他可以通过纯粹演绎演化出整个宇宙来。他认为，精心的自我追问和推理可以悟出所有东西的道理。灵魂自身能够说出它想要说出的全部的东西，如果它真的处于静独状态的话。人类可能的最大乐趣是这种哲学无需对任何事情进行观察就向它的崇拜者们所许诺的东西——做到永远正确和永远推理的乐趣。但是，现在我们最雄心勃勃的哲学规划是以一种完全不同的方式开始的。达尔文是这样开始的：

“当我以博物学者的身份参加贝格尔号皇家军舰航游世界时，我曾在南美洲看到有关生物的地理分布以及现存生物和古代生物的地质关系的某些事实，这些事实深深地打动了我。正如本书以后各章所要论述的那样，这些事实似乎对于物种起源提出了一些说明——这个问题曾被我们最伟大的哲学家之一称为奥秘中
319 的奥秘。归国以后，在1837年我就想到，如果耐心地搜集和思索可能与这个问题有任何关系的各种事实，也许可以得到一些结果。经过五年工作之后，我专心思考了这个问题，并写出一些简短的笔记；1844年我把这些简短的笔记扩充为一篇纲要，以表达当时在我看来大概是确实的结论。从那时到现在，我曾坚定不移地追求同一个目标。我希望读者原谅我讲这些个人的琐事，我之所以如此，是为了表明我并没有草率地作出结论。”

如果他希望最终解决他的大问题的话，那么必定是通过鸽子饲养式和其他类型的人工品种培育式的细心试验来完成的。他的主角不再是一个自闭而兴奋的哲学家，而是“那位最富有技巧的饲养者约翰·西布赖特爵士(Sir John Sebright)。关于鸽子，爵士曾说，他会在三年的时间内提供任何给定的羽毛，但要想得到头和喙则需要六年的时间。”我不是说新思维比旧思维好，就此评头论足不是我的事情；我只想让人们想起——鉴于没有什么东西能够比实例更能让人们想起——即便是我们最雄心勃勃的科学乍一看来已经变得多么实事求是和多么曲尽其微。

在我们如今的移民习惯不断创设的新社会中，人心的这种没有诗意的转换是变本加厉的。与旧有的英国人的心态相比，在美国人心态中，因而在殖民地人心态中，存在着一种朴实无文，一种

动辄说“事实如此，不管你们设想些什么”的倾向。内战前，我们喜 320
欢说美国人崇拜万能的金钱；现在我们意识到，当他们情愿时，他们几乎可以随意地抛撒金钱。不过我们想表述的只对了一半——他们崇拜的是可见的价值：显然的、不可否认的、突出的结果。而在澳大利亚和新西兰，同样的变化也甚嚣尘上。它产生于同荒野的斗争之中。有形的困难是早期社会的敌人，而一代接一代的人不断同这种困难进行的斗争在他们的心灵上留下了现实的印记——对于我们这些习惯于一个古老而复杂社会里无名的恐惧和半想像的危险的人们来说是一种痛苦的印记。与“古老”的英格兰相比，各地的“新英格兰们”是些无心的人（如果我可以这么说的话）。

因此，当被殖民的新社会不得不选择政府时，他们必定选择一种其所有的机构都带有显而易见的功用的政府。我们发现，美国人对我们女王不可告人的秘密和威尔士亲王惬意的静处发笑。事实上，我们无法说服这些没有诗意的灵魂，让他们相信立宪君主制是一种理性的政制，是适合于一个新时代和一个未开化的国家的，而那些重新开始的国家可以从这种政制起步。对他们来说，那些怀着良好的意愿周游世界却对实际事务一窍不通的小王子们就是一种移动的广告，该广告告诉人们，这种政制从界限上讲是欧洲的，从起源上讲是中世纪的；尽管它在一些古国尚能发挥很大的作用，但在新国家它是没有地位或者说发挥不了什么作用的。无情的现实主义——一些优秀的批评家在这个 19 世纪最典型的文学
领域中所发现的东西在 19 世纪的政治学中也找得到。炫耀功能 321
是其创造物的必备特征。

因此，最深的意旨与本文的问题相关联。如果说世袭君主制

对于议会制政府来说是属于某种基本的东西的话,那么我们很可能已经使这种政府威信扫地了。不过准确的观察表明,这种君主制不是必须的东西;一般来说,它甚至在很大程度上不是有用的。尽管一位高度勇敢和果决的国王——一位拥有国王这个位置所需天赋的国王——总是有用的,而且在少有的时刻是无价之宝,但是,一位普通的国王,也就是说与生俱来的国王,在艰难的危机时刻是无用的;而在事物的一般过程中,他的助益既不可能也没必要——他将无所事事,而且无所求。不过令人欣慰的是,我们发现,一个新的国家无需陷入那种宿命的与总统制政府相伴随的权力分立状态之中。如果其他条件具备的话,它可以在非皇室型议会制政府形式下确立那种现成的、经过妥善安排的、与属于英国宪法的权力态势相同的政制。

九、内阁制政府的前提及其在英国的特有形式

内阁制政府是罕见的，因为它的前提有很多。内阁的存在需 322
要几种民族特征的共存，而这些特征并不是经常在世上同时看到的，而且应该以一种比它们通常更清晰的方式被感知。人们以为，拥有某种智力和一些简单的美德就是惟一的前提条件。这些智力和道德品质是必要的，但是其他很多东西也是必要的。内阁制政府是一种由立法机构选出的委员会政府，因此它有着双重的前提条件：首先是那些对于所有经选举产生的政府来说必要的条件，其次是那些构成这个特定的经选举产生的政府的前提的条件。存在着属于“类”的前提条件，而附加的条件则属于“种”。

选举产生政府的第一个先决条件是选举者之间的互相信任。我们已经如此习惯于听从当选大臣们的领导，以致我们容易认为全部人类都会乐于此道。知识和文明至少在这个方面取得了进步，即我们本能地、没有争议地、几乎无意识地允许一定数量的特
定人物为我们挑选统治者。对于我们来说，这似乎是世界上最简 323
单的事情。但是它却是最需要认真考虑的事情。

半野蛮人的独特标志是普遍的不信任和乱猜疑。处于几乎是最有利的时代和地点的人们都扎根于其出生地，按当地的思维方

式思考问题,而不能宽容其他思想。即便是邻近的教区也受到猜疑。其居民有着不同的习惯——不同之处几乎难以察觉,但确属不同:它们说着不同的方言;使用一些特殊的语汇;传统认为,它们的信仰是可疑的。而如果说有些邻近的教区受到猜疑的话,那么邻近的郡就会受到更多的猜疑。一种确定的新箴言、新思想和新方式从这里开始:远古的界标从一种陌生世界的感觉开始。如果邻近的郡是可疑的话,那么一个遥远的郡就根本不可信赖。人们知道的是“从那里来的流浪者”,此外他们一无所知。北方人所说的方言不同于南方人。它们有不同的法律,另一种贵族集团和另一种生活。当偏远的地区在人们心中属于一片空白,当邻带关系是一种微妙的情感关系,当地方性成了一种激情,在这样的时代里,遥远地区之间即便在细小问题上的协同合作也是不可能的。任何一方对另一方在良好的信用、良好的感觉和良好的判断方面都没有足够的信任。任何一方对对方都没有足够的指望。

如果在一些细小问题上都不能指望出现这种合作的话,那么
324 在最重要的政府问题上——选择行政者的问题上——这种合作就更不可想像。设想 13 世纪的诺森伯兰同意与索默尔塞特郡联手挑选一位大治安官(a chief magistrate)是荒唐的。它甚至不会与它联手挑选一名刽子手。即便是现在,如果这个问题被解释得清清楚楚的话,两个地区依然都不会喜欢这种做法。而在郡级选举会上,没有人会说:“本会现在的目标是向如美国人所谓的‘选举团’选送代表,向将任命我们的首席行政官——我们的像他们的总统那样的一个人。来自本郡的代表将与来自其他郡和城区的代表们会面,并进而选举我们的统治者。”在昔时,这种赤裸裸的表

白是不可能的；它会被认为是离奇古怪的，如果用在今天的话。幸而选举的过程非常间接而隐秘的，以致我们几乎觉察不到那种人们相互之间巨大的政治信任。最好的商业信誉对于那些给予这种信誉的人们来说似乎是自然、简单和显而易见的。他们不与人就此进行争论或者思考。最好的政治信誉也是类似的：我们信任我们的同胞，而意识不到我们在信任他们。

一个经选举产生的政府的另一个非常少有的条件是一种平静的国民心态——一种能足够稳定地承受显而易见的革命所必备激情的心理状态。没有任何一个野蛮、半开化国家拥有过这种心态。你不能告知今天英国的那些没有受过教育的民众“去选举你们的 325
统治者”，他们会发狂的。他们会想像出一些假想的危险，而如果试图进行选举的话，会导致某种形式的强制篡夺。自由国家里神圣威严机构的一个不可限量的优势是它们能够防止这种崩溃的发生。选择我们统治者的激动情绪由于这样一个事实而被避免了，这个事实是，显然存在着一个不经选举产生的统治者。更贫穷而更无知的阶层——那些最容易情绪激动而且最容易被激动的情绪所误导的阶级——真的以为是女王在治理国家。你没法跟他们解释“统治”与“治理”之间的细微区别；在他们的语言里不存在足以解释这种区别的语词；在他们的心灵里不存在足以理解这种区别的观念。主要权力与主要地位的分离是一种他们甚至难以想像的东西。他们以为他们是由一位世袭女王——一位受着上帝恩宠的女王——统治着的，而实际上他们是由内阁和议会——由像他们自身并由他们自己选出来的一些人——统治着的。显而易见的威严唤醒了崇敬意识，而那些通常非常缺乏威严的人于是抓住这个

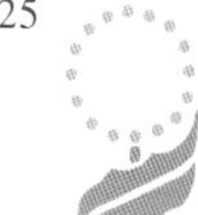

机会藉此进行统治。

最后，所有经选举产生的政府的第三个条件是我可以称之为**合理性**的东西。所谓合理性，我指的是一种包含着智识的东西，但又不完全如此。由全部民众来选举其统治者必定要求他们能够形成某种清晰的长远目标的概念。多半情形下，环绕着国王的“神性”完全使人们难以形成任何关于他的固定概念的东西。你以为
326 你忠诚的对象由其内在本性被拔高到你的上面，如同他的外在地位在你的上面一样。你在情感中将他神话化，就像人们曾经在理论上将他神化一样。对于人类来说，这种幻觉一直且现在依然有着不可估量的益处。诚然它妨碍人们选举他们的统治者；你不可能赋予这样一个人以这种幻觉，他昔日的身份跟你一样，而明天又被神化，他的身份是你选择的结果。但是，尽管这种迷信妨碍了人们对统治者的选择，但它使不经选举产生的统治者的存在成为可能。没受过教育的人们以为，他们的国王头戴神圣的王冠，经过兰斯(Rheims)圣水的洗礼，源自安茹家族①，是一种与任何非来自皇家的人——不带王冠、没涂圣油的人——不同类型的人。他们认为有一个人由于拥有神秘的权力，因此他们应该服从；因此他们的确服从了他。只是到了稍后的时代，那种显见的经选举产生的统治者的统治才成为可能的——此时世界更大了，其经验更丰富了，其思想更冷静了。

这些条件对选举产生政府带来了些微的限制。而内阁制政府

① 安茹家族(the House of Plantagent)，诺曼王朝亨利一世死后无嗣，经过近二十年的王位继承战争以后，到1154年才确定由亨利一世的外孙来自法国的安茹伯爵亨利二世继位，是为“安茹王朝”，亦称“金雀花”王朝。——译者

的前提条件还要罕见。它不仅要求有我已经提到的这些条件，而且还要求有一个良好的立法机构的可能性——一个能够选出一个像样政府的立法机构。

而一个能够胜任的立法机关是非常罕见的。任何常设立法机构，任何创制和废止法律的经常性执行机制，尽管在我们看来是很自然的，但是与人类根深蒂固的观念是完全相悖的。绝大多数国家将他们的法律视为要么是某种上天赋予的、因而是不可改变的东西，要么是一种从过去继承下来而将传递到未来的基本习惯。327
英国议会现在的突出功能是立法，但原来完全不是如此。它原来倒是一个**保存性**机构。王国的习惯——流传下来的原初法律——亦即装在法官们心中的法律非经议会同意是不得更改的，因而每个人都觉得这种法律除非在严重的、特殊的和非常的情形下以外，否则的确是不得予以改变的。议会被人们看重的用途与其说是改变法律，不如说是防止法律被改变。而这就是它的真实用途。在早期社会，法律的稳定性远比它的完美性重要。草昧时代人们制定的法律肯定包含着许多错误的概念，而且会造成许多罪恶。人们追求的不是立法的完美，这种完美在一个粗糙、痛苦而封闭的生活中也的确不被人们所想望。但是这样一个时代看重稳定性。人应该享受其劳动成果，财产法应该被人们知悉，婚姻法应该被人们知悉，生活的全过程应当保持在一个可以计算的轨道上，——这些观念被早期时代的人们看作是“至善”，半开化人类的第一需要。在那种时代，人们不希求法律的制定，而希求法律的稳定。这种激情是如此有力，这种力量是如此强大，社会的连带是如此微弱，以致一种几乎是不可改变的法律的庄严景象成了保存社会的必须东

西。在人类社会早期阶段,所有的变化都被看作是一种罪恶。而
328 多数变化也的确是一种罪恶。生活条件简单而不变,因此只要人类对他们自身有所了解,那么任何像样的规则都是管用的。习惯法是对暴政的最初制约;现代社会所不屑的以及现代进步被妨碍的那种固定生活程式是对粗鄙权力的一种原始制约。政治便捷性的观念那时还没有开始形成;而抽象正义的意识是微弱而模糊的;对世代相传下来的习惯固定模式的严格遵守则构成一种没有被破坏、被搅扰、被中断的生活的基础。

在这样一个时代,一个不停地开会、总在制定和废止法律的立法机构不仅是一种畸形的东西,而且是一种无用的东西。但就世界开化地区的现状而言,这些问题是不复存在的。现代文明社会普遍存在一种渴求设立调整性立法机构——一种应当使沿袭下来的法律适应每天都在发生变化的现代世界新需求的立法机构——的要求。现在已不再需要保持恶法,因为有必要制定一些法律。文明已经健康得足以承受法律的改良。而就一般历史而论,内阁的罕见多半是由于不间断的立法机构的更加稀缺。

不过,其他条件即便在今天也限制了内阁制政府的领域。必须有这样一种可能:不仅要有立法机构,而且要有一个能胜任的立法机构——一个愿意选举并愿意维持一个讲求效率的行政机构的立法机构。而这绝非易事。我们无需为寻求部分存在于平民院并
329 更充分更自由地延伸在改进平民院的计划中的那种精致而复杂的机构而自扰,这诚然是正确的。我们现在关心的不是完美和精致;我们寻求的只是简单的适应和纯粹的胜任。

适应的条件有两个。一个是必须有一个良好的立法机构;另

一个是必须保持这种良好状态。而这两点绝不是表面想来那样紧密联系的。要使一个立法机构有效率,必须使它有足够的实质性事务可做。如果让一套最好的人马几乎无所事事,他们就会在无所事事中进行争吵。当大问题完了的时候,小派性又开始了。而一个非常惬意的社会如果只有少量的新法需要制定,少量的旧法需要废除,简单的外交关系需要调整的话,那么就有极大的难度形成一个立法机构。没有什么事情需要它进行立法调整,没有什么事情需要它解决。相应地,存在着这样一个极大的危险,即由于没有其他事情可做,这种立法机构可能开始就它的选举性事项进行争吵;关于阁臣们的争论可能占据其全部的时间,而这种时间还得不到良性利用;川流不息的走马灯式的衰弱政府由于不能进行管理和不适合于进行管理可能被内阁制政府的可能结果所代替——一批长期掌权的足够多的人马却人浮于事。当然,议会所需非选举性事项的精确量不可能得到正式的述说。在宪法理论中没有数量和数据。所有我们能说的是,一个没有什么事情可做的议会如 330
果说将与有很多事情可做的议会一样有效率的话,那么必定在所有其他方面要强得多。一个冷漠的议会可能由于严肃事情的镇定效果而大有改观,但是一个没有这类事情可做的议会必定有内在的优长之处;不然的话它会一败涂地。

保持一个良好议会的难度显然小于首先建立这种议会的难度。有两类国家能选出良好的议会。一类是这样的一种国家,在这种国家里,民众充满着智慧并生活得舒适。只要没有真正的贫困,只要教育得到了普及,而一般人都具有政治智慧,那么由民众选出一个公平的立法机构就不是难事了。这个目标大致上在英国

北美各殖民地以及在全美国各自由州已成为现实。在这些国家，不存在真正的贫困这类事情；我们这里的穷人们所难以想像的身心舒适在那里可以通过健康的勤奋而轻易获得。教育是有教无类的，而且在快速推广。从旧世界来的没有知识的移民经常夸奖他们自己所缺乏的那种智识优势，并且对他们在这样一个基础文化如此普及的地方所显出来的劣势感到懊恼。这种新社会的最大困难通常是地理上的。人口大多处于分散状态；而当人烟稀少时，讨论就成了难题。但是在一个很大的国家，就像我们在欧洲所看到
331 的那样，一个真正聪明智慧、真正受过教育、真正舒适的民族很快就会形成良好的舆论。没人能够怀疑，如果新英格兰诸州要组成一个单独的社会的话，它们会拥有一种任何其他大多数民族——尽管数量上相等——所不曾拥有的教育水准、政治能力和智力状况。在这种类型的国家中，由于所有的社区都适合于选举一个能够胜任的立法机构，因此就有可能——甚至容易——创设这种立法机构。如果新英格兰诸州[①]作为一个单独的国家而拥有内阁制政府的话，它们将因政治睿智而闻名于世，就像它们现在因普遍的欢快而闻名于世一样。

这些社会的结构诚然是建立在平等原则基础之上的。任何一个此类社区能够完全满足政治理论家们提出的严格要求。它的理论认为，所有人都有资格获得同等的政治权力，而他们获取这种资格只有建立在这样一个基础上，即在政治上他们是同样睿智的。

① 英国在北美殖民最早的地区之一，指位于美国东北部的缅因、佛蒙特、新罕布什尔、马萨诸塞、罗得岛和康涅狄格六州。——译者

但在一个农业性殖民地的初创时期,这种主张是像政治学所需要的那样接近真理的。在这样一些社会里,不存在大资产、大资本和上流阶层——每个人都舒适而平淡,根本没有人与众不同。在一个新殖民地,平等不是人为地确立的东西,它确立了它自身。有一个故事讲的是,在西澳大利亚最早的居民中,一些富有的人自费带进了一些劳工,也带进了供乘用的马车。但不久他们就不得不尝试看看他们能否住在车厢里。在主人们的房屋做好之前,劳工们都已经跑走了——他们在为自己盖房和开垦土地,而那些主人们 332
则被留在他们的车厢里了。是否真有这么回事我不清楚,但是我知道这种事情是经常发生的。一直有人不停地试图将英国式等级社会移植到殖民地,但是他们总是从一开始就失败了。底层的粗野阶级觉得他们与顶层的优雅阶级是平等的,或者是比他们更强的。他们进行了自我转换,因而迫使“缙绅阶层”实现他们的自我转换。精致的金字塔底部延伸到了国外,但其顶部坍塌而且消失了。在农业性殖民地的早期时代,不管你是否拥有政治民主,你必定拥有社会民主,因为是自然而不是你造就了它。不过最终,财富增加了,不平等也就开始出现了。张三和他的孩子们勤快,因而发财了;李四和他的孩子们懒惰,因而失败了。如果制造业在更大规模上得到了确立——多数新兴社会甚至力图通过保护措施来确立这些东西——那么不平等的倾向就会加剧。资本家成了一个腰缠万贯的单元,而他手下的劳工则成了一群穷光蛋。经过世代的教育以后,就兴起了各种类型的文化——在一个由受过适度教育的人群组成的大国中会出现了一个有高度教养的由成千上万人组成的上层。从理论上讲,人们渴望这个拥有财富和闲暇的最高阶层

能够远超过其单纯数量比例的影响：一部理想的宪法会为它寻找一种精致的手段以使其精微的思想能对周边粗陋的思想有所启
333 迪。不过随着世界的进步，当全部人口像我所设想的情形那样富有教养和充满智慧，我们就无需关注这一点。伟大的社会很少——除了在过渡时期以外从不曾——受其最高深思想的支配。而如果我们能使它们受到一种得体的有能量的思想的支配，那么我们就有足够的理由对我们的事业感到满足。我们已经做了超出人们预期的事情，尽管不是全部能够被想望的事情。不管怎么说，一种伊索克拉底式(isocratic)的政体[①]——一种赋予每个人投票权、而且是同等的投票权的政体——在一个有着健全的教育和智识的社会实行内阁制是可以想像的情形。它满足了基本的条件：存在着一个有能力选举议会的民众群体，而这个议会又有能力进行挑选。

而假如民众群体没有能力进行选举——而这就是除了极少数民族以外多数民族的情形——那么内阁制政府是怎么可能的呢？只有在我可以冒昧称之为充满崇敬心的国家才有可能。人们老觉得这一点奇怪，但的确存在着这样一些国家，在这些国家里，数量上占多数的愚者部分希望由数量上占少数的智者部分来统治。这个数量上的多数——是出于习惯还是出于选择不是实质性的问题——愿意并渴望将选择其统治者的权力赋予某个特定的经过挑选的少数来行使。它放弃了自身的权力而站在了它的精英集团的一边，并同意服从该精英集团可能信任的任何人。它将一个受过

① 指古希腊城邦民主式的政体。伊索克拉底(前436—前338)，古雅典雄辩家和政论家，推崇雅典式民主，主张希腊各城邦联合起来进行反波斯的战争。——译者

教育的少数确定为其第二位选举人——确认为它的政府的挑选人,而这个少数既有能力又不受抵制。它对某些高级人怀着一种忠诚,而这些人是适合于选出一个良好的政府的,并且不会受到任何其他阶层的反对。一个处在这样一种欢娱状态中的国家在建立 334
内阁制政府方面有着明显的优势。它拥有选举立法机构的最佳人选,因此人们完全可以期望他们能够选出一个良好的立法机构——一个能够选出良好政府的立法机构。

英国就是充满崇敬心国家的典型。而它成为这样一个典型的方式是极其离奇的。中产阶级——由受过教育者组成的一般多数——在现时构成英国的主宰力量。当今的"公共舆论"就是那些"坐在微型汽车后边的秃头人的意见"。它不是贵族阶级的意见,也不是最有教养和最雅致阶级的意见,它仅仅是那个普通的受过教育群体但也属于一般人的意见。如果你观察一下选民群体,你会发现他们并不是一些非常有趣味的人物;而如果你看看幕后操纵和控制选民群体的那些人,你会发现他们更缺乏趣味。可见形式上的英国宪法是这样的——民众对一个经选举产生的少数表示服从,而当你看到这个经选举产生的少数时,你会感觉到他们尽管不属于最低阶层,也不属于一个不受尊重的阶层,但是他们却属于一个高度理智的阶层——如果他们停在一排人中间的话,他们就是世界上一个大国最不愿意给予专属优先选择权的那群人。

事实上,英国民众与其说是向他们的统治者不如说是向某种 335
另外的东西表示了敬意。他们是向我们可以称之为社会的剧院表演(the theatrical show)的东西表示敬意的。某种场景从他们面前经过;某种有大人物出场的盛大仪式和有漂亮女人出场的景观;某

种展示财富和欢娱的奇妙场面，而他们就被这种场面镇住了。他们的想像被限制了；他们感到与展现在他们面前的这种生活不相匹配。宫廷和贵族集团拥有足以支配大多数人的高贵品质，尽管哲学家们从中看不出任何东西——一个可见性问题。廷臣们能做其他人做不了的事情。普通人大可以试图与舞台上的表演者们一比高低。上层世界从外面看来是一个舞台，在这个舞台上，演员们能够比观众更好地扮演他们的角色。这种表演在每一个地区都演示过。每一个庄稼汉都觉得他的房子不如贵族的，生活不如贵族的，老婆也不如贵妇人们。戏剧的高潮是女王：没有人会设想他的房子能与宫廷相比；生活能比女王，身家能比女王。在英国存在着一种强加在许多人头上并随意地引领着其想像的充满魔力的场景。像一个庄稼汉来到伦敦发现自己面对着一些不可思议的机械物的盛大表演和巨型展示一样，在我们的社会结构方面，他会发现自己面对着一些政治物的大型展示。这些展示物是他从来没有想像到的，也是他不能理解的——他觉得自身几乎没有什么东西与这些东西类似。

哲学家们可能对这种迷信嗤之以鼻，但是它的结果是不可估
336 量的。通过这种庄严社会的盛大场景，无数愚昧无知的善男信女被诱以服从少数选民——那些年收入十英镑的城区房主和年收入五十英镑的乡村租地经营者[①]——这些人没有任何可观的东西，没有什么炫目和刺激人想像的东西。给人印象的不是心智，而是

① 根据1832年的《议会改革法》，年收入达十镑以上的城市房主和年付十镑以上房租的房客以及年收入十镑以上的乡村土地经营者和年收入五十镑以上的租地经营者都有选举权。——译者

心智的结果;而最大的结果就是社会的壮观场景。这种场景总是新鲜的,同时也总是不变的;在这种场景中,偶然的东西过去了,留下的是实质;一代人逝去了,另一代人接踵而来,如同笼中之鸟和圈中之畜。这种场景中的角色像一种长生生物的肢体一样,它们似乎在发生悄悄的变化,就像今年活生生的生活奇妙而完美地取代去年的生活一样——这不仅仅是一种比喻。英国国家表面上的统治者们像一个壮观游行队列中那些最显要人物一样:游行者们受这些人物的影响,观众向这些人物喝彩。真正的统治者隐秘地坐在次等车厢中,没有人关注他们或者过问他们。但是,由于那些超过了他们并行进在他们前面的人的光耀,他们被人们默默地、无意识地服从着。

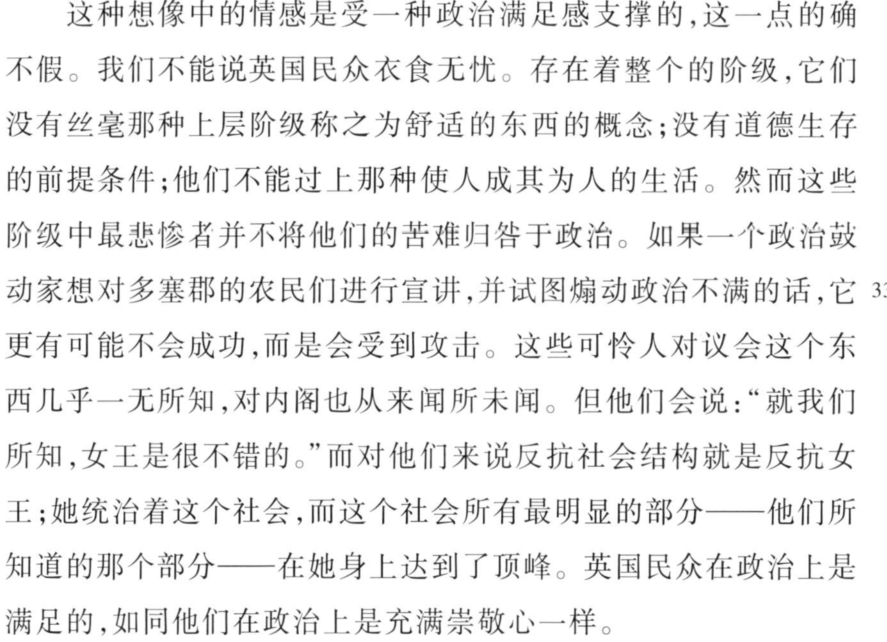

这种想像中的情感是受一种政治满足感支撑的,这一点的确不假。我们不能说英国民众衣食无忧。存在着整个的阶级,它们没有丝毫那种上层阶级称之为舒适的东西的概念;没有道德生存的前提条件;他们不能过上那种使人成其为人的生活。然而这些阶级中最悲惨者并不将他们的苦难归咎于政治。如果一个政治鼓动家想对多塞郡的农民们进行宣讲,并试图煽动政治不满的话,它 337
更有可能不会成功,而是会受到攻击。这些可怜人对议会这个东西几乎一无所知,对内阁也从来闻所未闻。但他们会说:“就我们所知,女王是很不错的。”而对他们来说反抗社会结构就是反抗女王;她统治着这个社会,而这个社会所有最明显的部分——他们所知道的那个部分——在她身上达到了顶峰。英国民众在政治上是满足的,如同他们在政治上是充满崇敬心一样。

在一个充满崇敬心的社会,尽管其最低层阶级是愚昧的,但是要远比任何类型的民主国家更适合于内阁制政府，因为它更适合于达到政治至善。最上层阶级可以在其中进行统治；而作为统治阶级，它们必须比底层阶级具有更强的政治能力。一种劳动者的生活、不完全的教育、单调的职业——一种手用得多而脑子用得少的职业——远不能像一种安逸的生活、经久的教育、丰富的阅历和一种不停地使用脑子进行判断并可不断由此而得到提高的职业那样产生具有如此伸缩性的思想和可适用的智慧。一个充满崇敬心的国家尽管远不如那种其穷人没有崇敬心的国家幸福，但是却远比它更适合于建立最好的政府。在一个充满崇敬心的国家，你可以使用那些最好的阶级；而在那些每个人都认为不比其他任何人差的国家，你只能使用最差的阶级。

显然没有什么困难能比建立一个富于崇敬心的国家的困难更
338 大。崇敬是传统的；人们并不将它给予那些被证明是好的东西，而是那些古老的东西。某些国家中的某些阶级保留着一种公认的显著政治优先秩序，因为它们一直拥有这种秩序，也因为它们继承了某种华丽的东西，这种东西使它们觉得这种秩序是值得的。但在一个新殖民地，在一个美德可能是平等的社会，在一个不存在美德和时宜的传统标志的社会，政治崇敬之心只有在首先证明了它的存在、其次证明了其政治价值以后才能向更高的文化表示出来。但提供这种证据以使低文化的人感到满足几乎是不可能的。在世界未来更好的年代，这一点可能实现；但在现时代，前提条件几乎是不存在的。如果进行有效的公开讨论的话，如果这种讨论是公正进行的话，那么要想让人们对有教养的少数人的统治给予一种理性的默认，那几乎是不可能的。到目前为止，这些少数用强制进

行着统治——不是诉诸多数人的理智，而是诉诸他们的想像和习惯；诉诸他们根本就不知道的关于一些遥远事情的想像，诉诸他们了如指掌的关于近处事情的惯例。

因此，一个富有崇敬心的社会如果其大多数民众是愚昧的话，那么它就处于一种机械学上所谓的不稳定平衡(unstable equilibrium)状态。如果平衡曾一度被打破的话，那么就没有返回平衡状态的趋势，反而会远离这个平衡状态。一个在其尖上获得平衡的锥体是处在不稳定平衡状态中的，因为如果你哪怕是轻微地推它一下，它就会越来越远地离开它的位置，并落到地上。同理，在一 339
个民众愚昧无知但富于崇敬之心的社会里，一旦你让这个愚昧的阶级开始进行统治的话，那么你就可能永远告别这种崇敬之心了。他们的煽动者会进行灌输，他们的报纸会详述这样一点：眼下王朝(人民)的统治比逝去王朝(贵族)的统治好。一个民族很少听取它比较感兴趣话题的两方面的意见；公共机关站在可以接受那方面的一边，而实际上只有公共机关的看法才能被民众习染。一个民族从不会听取人们对它的批评指责。没有人会告诉它那个被它推翻的受过教育人的统治比它的统治更好更明智。除非是在发生了可怕的灾难以后，一个民主国家永远不会归还已经转让给了它的东西，因为这样做就等于承认它自身的劣势。除非出现某种几乎难以承受的不幸，否则的话，人们永远不能说服它承认这一点。

十、它的历史，以及这种历史的效果——结论

340 关于英国宪法的历史，要想说出任何值得一说的东西的话，[①]那么可能似乎需要写出一本书；而如果这件事由一位能干的作者着手进行的话，那么还可能写出一本新的大部头来。关于这个主题，还从来没有任何人通过结合最新的研究成果和最成熟的哲学的方式进行论述。自从哈兰[②]的杰出著作写成以来，政治思想和历史知识都已变得更加丰富，而我们可以通过将我们有力的运算适用于已经增加的事实来写一本专著。我不是说我能够写出这么一本书，但是存在着一些我也许可以予以适当串合的显著特点。这些特点之所以能够被串合，既因为人们过去对它们感兴趣，也因

① 自本书第一版出版以来，已经出现了几本有价值的著作。这些著作在很多问题上对我们早期的宪法史给予了诸多的说明。特别是斯达布斯先生的《英国宪法史宪章和其他例证选集——从最早的时期到爱德华一世时期》(Stubbs: *Select Charters and Other Illustrations of English Constitutional History, from the Earliest Times to the Reign of Edward the First*)；弗里曼先生的《英国宪法发展讲演录》(Freeman: *Lecture on the Growth of the English Constitution*)以及他的《诺曼征服史》一书中关于盎格鲁—萨克逊宪法的一章。但是，就我在写本书这一段落时所想望而人们也极其渴望我们应该论及的整个主题而言，目前尚缺乏一本大部头的权威性著作。——原注

② 哈兰(Henry Hallam, 1777—1859)，英国历史学家，著有《英国宪政史》，叙述1485—1760间英国宪法发展的历史。——译者

为它们现在具有重要性。 341

在所有已经进入文明状态的草昧国家中，我们发现存在着某种共通的政体，或者说某种政体的萌芽。这些国家起初实行的似乎是一种协商性和试探性的专制主义（a consultative and tentative absolutism）。在一些有生气的国家，早期的国王并不像如今的专制君主那样专横；他没有用以镇压叛乱的常备军，没有用以刺探不同政见的有组织的特务机构，没有发达的用以抹平顺服生活惯例的官僚机构。早期的国王的确由于宗教律令而被圣化，他本质上是一个另样的人，一个高于其他人的人，一个按神意被圣化，甚至是一个为上帝所生的人。但是在那些能够实现自由的国家，这种宗教统治从来不是绝对的。诚然，没有法律上的限制：这些字眼本身不能翻译成那些时代的语言。我们关于法的观念——关于一种由人的权威所施加的统治，这种统治可以在这种权威愿意时由这种权威加以改变，而且习惯性地被如此改变——无法向早期国家灌输，因为它们将法律视为一种半为铁律半为神启的东西。法律“出自君主之口”，他制定法律就像所罗门作出裁判一样——包含在具体的案件之中，而所倚仗的权威不仅来自他自身，而且来自上天。神意宣示者遇到神意的限制是不可能的，而其他渊源的法律又是不存在的。不过，尽管不存在法律上的限制，但是存在着一种可以称之为人类天性中非信仰部分服从法律的实际限制——自由人不可分割的顽固性。他们从来不会完全按要求行事。

对于早期的皇室来说，像荷马所描述的希腊的情形和我们完全可以想像的其他地方的情形那样，总存在着两个附属物：一个是 342
由“元老们”——有分量的人物——组成的议事会（the council）。

国王可以向它提出咨询,并从其辩论中设法发现他可以干些什么和不该干些什么。除此之外还有一个被一些人称之为纯粹听人言说的民众大会(assembly),而我认为最好称之为试探性(tentative)机构。国王来到他的集聚在一起的民众中间,形式上是为了宣示他的意志,而实质上是用正宗的现代话语说,是为了“投石问路”。他是神圣的,这一点没有疑问;他是受欢迎的,这一点是非常可能的;还有,他有一半像一位受欢迎的首相对一个情绪激昂的议院作演讲;他的权威和权力是有限度的——他可以通过试探他的训令是受到了人们的热情欢呼,还是只有空洞的耳语和发人深省的沉默来发现这种限度。

对于那个时代和那个地方而言,这种政制是好的,但其中存在着一个致命的缺陷。政府赖以建于其上的崇敬性联想(reverential associations)是根据一种法律传达的,而使政府得以运作所需的权能(capacity)又是根据另一种法律传达的。民众的崇敬之心向着上帝所生的国王家族;它是由继承传达的。但是,旋即,这个家族就会传到一个小孩或者一个傻瓜,或者一个由于某种缺陷不能任事的人手里。于是我们到处可以看到那句古老谚语的真理:自由在软弱君王的治下生成。于是,那个听人言说的民众大会不仅开始耳语,而且开始说话;然后,那个严肃的议事会开始与其说是提
343 出建议,不如说是进行灌输;与其说是劝诫不如说是责成。

格罗特先生已经详尽地告诉了我们自由的希腊城邦是怎样从这些早期王国的附属物中衍生的,以及它们是如何逐渐形成的——那些寡头国家是如何扩大了议事会权力的,而民主国家是如何扩大了民众大会权力的。历史上类似希腊城邦的情形不一而

足，但实质都是一样的。早期希腊人和早期罗马人社会的政治特征是，他们从君主制下的附属机构衍生出了那些共和国的机构。

英国的历史实质上也是一样，尽管它在形式上有所不同，而且其演变更缓慢更持久。它的规模更大，要素更多。一个希腊城邦很快就摆脱了它的国王们，因为君主国的神圣性无法承受一个充满激情而喜欢谈论的大多数人的日常检视和不断的批评。在希腊各地，奴隶人口——最无知的，因而也是最不受智识影响的那部分人口——被忽略不计。而英国开国时是一个幅员辽阔的王国，不同种族的人居住其中，这些人都不适合于提出平实的批评，而都易于受到皇室迷信的支配。在早期英国，皇家制度也不仅仅是一种迷信。要想稳住一个分裂的、武装的和不安分的国家，就需要一个非常强大的行政者[1]；因而，政制发展的问题就成了一个微妙的问题。在一个同质的国家里形成的自由政府可能拥有一个强有力的主政者，但是在过渡状态中，当共和国处于发展而君主制处于衰落的过程中时，这种主政者必定是虚弱的。这种政制是分裂的，因而 344
其行动必无力且少功。不同阶层的英国人也在不同程度上有了进步。自中世纪以来，上流阶级状况的变化是巨大的，而且一切都是一种改善；但是低层人的状况很少有什么变化，而且许多人认为，在一些重要的方面，他们的景况甚至是恶化了，即便在其他方面有所改善。英国宪法的发展当然是缓慢的，因为快速发展会摧毁当政者因而毁了国家，还因为那些为数众多的很少发生变化的阶层对于我们宪法中的任何突变毫无准备。

我不想论及征服以前的时代，而且，甚至盎格鲁—诺曼人制度

① 这里的行政者(the executive)指的是国王。——译者

的确切性质也许是模棱两可的:至少在许多情形下一直存在着许多的争论。政治热情,无论是辉格式的还是托利式的,在过去一直想寻求一种模式;而由于社会的整个状况是模糊不清的,先例随着人的无常性和事件的偶然性而变化,因此别出心裁的鼓动一直是一个令人愉悦的领域。而我有必要说的一切是完全显而易见的。王国中有一个大“议事会”,国王将英国最有影响的人——他最需要这些人为他提供咨询意见,并最渴望了解这些人的性情——招进该议事会。起初,究竟谁参加这个会议是不清楚的和无关紧要的。我无须区分“议会里面的大议事会”和“议会外面的大议事会”。渐渐地,由英国国王召集的议会呈现出了贵族院和平民院
345 这两种精确而特定的形式,像我们如今从外部对它们所审视的那样。但是它们的真实性质是有区别的。如今的议会是一个行使治权的机构;而中世纪的议会,如果我可以这么说的话,是一种表达性(expressive)机构。它的职能是告诉主政者——国王——什么是国民们所希望他做的;从某种程度上说,是用新的智慧引导他,而从更大程度上说,是用新的事实引导他。这些事实就是他们自身的感受,这些感受也是民众的感受,因为他们是民众的一部分。从这里,国王得知,或者说有办法得知,国民们会容忍什么和不能容忍什么;也就是说,他可以干些什么,不能干些什么。关于这一点如果他有闪失的话,就会出现反叛。

众所周知,英国宪法的历史可分为三个主要时期。第一个时期是前都铎王朝时期。这个时期的英国议会似乎在获取异乎寻常的力量和权力。国王的称呼未定;一些君主是低能儿。许多雄心勃勃的人想“与民众为伍”。那个时期形成的某些先例在几个世

纪以后当自由的时刻真正到来时仍然用一种无可辩驳的权威被人们援引着。但是这种快速发展的原因不久就产生了一种更加突然的衰落。混乱成就了它，又毁了它。当时的社会结构是封建的；城镇不过是一种附属而无关紧要的东西。主要的社会力量是一种贵族力量，这种力量与士绅和自由民联合，并依赖经过宣誓的家臣的效忠。这种力量的主导者是上层贵族，他们是这种力量的效率所 346
在。但是这些上层贵族将其自身驱逐出了舞台。依附于“红玫瑰”或“白玫瑰”集团①的大贵族们，或者那些摇摆于二者之间的贵族们，逐年变得更贫穷、更稀少和更弱小。当这场大搏杀在包斯华兹一役②结束时，大部分势力最大的参战者消失了。那些发动了这场内战的躁动不安又踌躇满志的富裕贵族们被战争击垮了。亨利七世建立了这样一个王朝，在这个王朝里面，存在着一个咨议性议会，但很难有一个控制性议会。

前都铎时期的协商性政府（consultative government）与某些法国哲学家所如此称呼的现代政府很少有什么相似之处。我觉得，法兰西帝国是这样称呼它自己的。但是它的议会是一些对称的“赝品”。它们是通过投票普选产生的，而那些选区曾经以期望平等相标榜，并且仍然保持着某种平等面貌。而我们英国的议会是一种不对称的现实的东西。从某种意义上说，它们也是选举产生

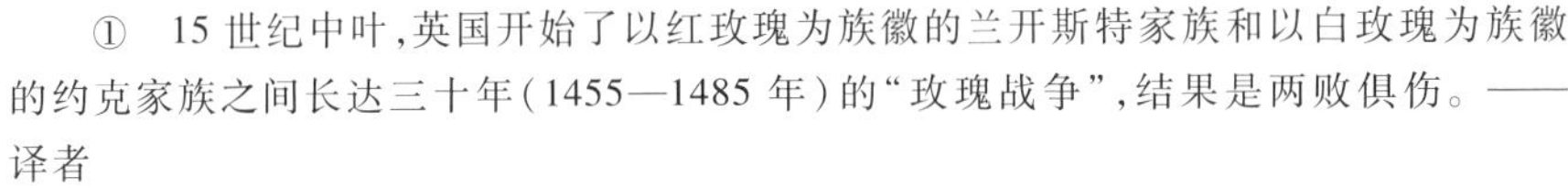

① 15世纪中叶，英国开始了以红玫瑰为族徽的兰开斯特家族和以白玫瑰为族徽的约克家族之间长达三十年（1455—1485年）的“玫瑰战争”，结果是两败俱伤。——译者

② 1485年，兰开斯特家族的远亲亨利·都铎在包斯华兹（Bosworth）击败了约克家族的理查，玫瑰战争随之结束，从此开始了都铎王朝的统治。亨利·都铎即亨利七世。——译者

的；郡长有权向选区发送令状，就是说，他可以部分地挑选议会的选民团体；而在每一个郡都存在着对选举权的争夺，以致最强大的地方派别得到了它，无论多寡。但是在当时的英国，存在着一种巨大而清晰的想了解国民心思的愿望，因为有一种真实而紧迫的必要性。国民们被要求做点什么——帮助国王进行某场战争，偿还某笔旧债，分布它们的力量并在该时代的危急时刻提供协助。对于前都铎时期的国王们来说，拥有一种虚设的议会是适应不了它
347 们的需要的；那样它们会失去它们惟一的**感知者**，它们惟一的体察民意的工具。也不是他们希望制造出这样一种议会时就能够制造出这么一种议会。这种意义上的工具是中央化的行政机构，而当时并不存在什么能将乡村地区的意见进行规整，并使其调适于首都心愿的省督。打量那种选举方式时，一位神学家会说这些议会不过是一些有影响的英国人的“偶然”集合。如果人们想让这个说法变得准确的话，会给这个说法加上许多的更正和限制；但这个说法本身恰恰说中了那些议会的主要精妙之处。如果不说是英国人的“偶然”集合的话，那也是“未经设计”的集合；没有任何政府制造了它们，也不能制造它们。他们是诚信的协商者，其意见或智或愚，但无论怎么说具有无上的重要性，因为他们的合作是眼前的事情所需要的。

作为一种实在的权力，立法权在那些古老的议会中处于次要地位。我相信，就我们所知，理查一世[①]统治时期没有颁布任何法

① 理查德一世（Richard I，1157—1199），1189—1199 年间任英国国王。绰号“狮心王”。——译者

令，而前都铎时期颁布的所有法令在一个靠立法过日子的现代议会事务官看来也是少得可怜的。议会在立法方面的消极行为构成它全部理念的基础，而且贯穿于它的用途的每一部分。国王如果不先看看他的臣民们是否愿意，就不能变更当时几乎被认为是神圣的普通法律令，这一点构成这个“试探性”体制的基本部分。国王在做出这种格外特殊的行为——那些时代的人们是这样看待原始立法的——时不得不走一步看一步。立法最终是他的事情；他 348
在与他的贵族和平民进行协商以后颁布法令。他说的话是给予这些法令以神圣的稳定性的金口玉言；但是，他只是在与他的臣民进行协商以后才敢改变那些调整他的臣民普通生活的规则。如果他不是这样的话，那么在一个不像我们现在这样惧怕内战的粗野时代，他就不会得到人们的顺从。那个时期的许多最重要的立法是一些宣示性法令。它们并不通过内在的权威声称要求未来的法律应该是个什么样子，而是说明或者标明现在的法律是什么样子；它们是由来已久的习惯的宣示，而不是设定新义务的令状。即便是在“大宪章”中，新法律的观念仍居次要地位，它是一种新旧法律的大融合。它是一种对于飘忽不定的习惯中不肯定的而且一而再再而三地被立为法律的东西的严密界定。实际上，这些大“宪章”与其说是我们通常意义上的法律，毋宁说是不同阶层和群落之间签订的确认古老权利或者是声称确认这些权利的条约。它们是中世纪社会的“安排性契约”，这些契约不时地被人们重申和确认，而主要的争论当然发生在国王和国民之间——国王想试探国民们会让他走多远，而国民们则窃窃私语并心存戒意，想试探他们能够阻止多少行政法令，以及能够抗拒它的多少要求。

詹姆斯·麦金托什爵士[①]说,《大宪章》“将征税权转到了自由
349 的保护之下”。但是它绝没有起到这种作用。这种自由从前就存在,被课税的权利是它的花穗和例证,而不是它的基础和原因。在征税前与王国的大议事会进行协商的必要性和议会在同意给国王输送钱物之前可以宣示它的不满的原则不过是前都铎时期原始理论的明显例证。这种理论认为,既然国王总需要帮助,那么他在做任何事情之前都必须与王国的大议事会协商。自税权(the right of self-taxation)被正当地写进了“大条约”[②],但是,如果没有迫使国王签约的武装力量和贵族组织的话,它就会成为一纸死契。它是结果,而不是基础;是例证,而不是原因。

持续多年的内战[③]摧毁了古老的议事机构(如果我可以这么说的话):就是说,摧毁了大贵族集团的三个部分,而这三个部分是该集团最有实力的成员;累坏了那些小贵族和乡绅;推倒了贵族组织,而这种组织构成此前所有有效反抗国王行动的基础。

英国宪法的第二个时期是从都铎家族的即位时开始的,并延至1688年。它实质上是新的大议事会成长、发展和逐步获得至上权力的历史。从亨利八世时期盲从的议会发展到伊丽莎白女王时期窃窃私语的议会、詹姆斯一世时期已有反意的议会,再到查理一世时期反抗的议会,这些尽人皆知的许多历史发展步骤我没有必

① 詹姆斯·麦金托什爵士(Sir James Mackintosh)是19世纪初叶活跃于英国政坛的辉格派理论家,主张进行议会改革。他的议会改革主张促动了后来1832年的英国议会改革法案的出台。——译者

② 指1215年的《自由大宪章》。——译者

③ 指红白“玫瑰战争”。——译者

要和理由再行讲述。这些步骤不一而足，但是其能量只有一个：英 350
国中产阶级——我是在该词最有概括力的意义上使用该词的——的成长及其在新教教义影响下的生气勃发。麦考莱勋爵[①]说过，如果没有受到宗教理论的推动的话，单单政治原因在当时是不足以激发人们对国王进行这样一种反抗的。我想没有人会怀疑他这么说是对的。当然，英国人不时地从天主教走向新教，又从新教走向天主教（更遑论新教又有几种形态和派别），恰如最初的都铎王朝的国王和女王们所希望的。但是，这不过是前清教时代的情形。英国民众处于一种未定状态，就像胡泊尔（Hooper）告诉我们的，他父亲“不信仰新教，但也不是不倾向于它”。不过，一种强烈的福音派新教精神（我们现在应该这样说）和一种更加强烈的反天主教的精神渐渐地进入了中产英国人的心中，而且在这股力量中加进了一种他们从来不想要的纤维质料以及一种他们几乎总是想要的热情和激情。因此就有克伦威尔创建了英国宪法的说法。当然，表面看来，克伦威尔的功业随其肉身而逝；他的王朝被毁弃，他的共和国被撇在了一边；但是那种在他身上达到顶峰的精神从来没有再次陷入沉沦，永远没有停止作为这个国家的一股强大的力量，尽管这种力量是一种潜在的火山式的力量。查理二世[②]说他再也不会因为任何人和任何事的吸引而出门旅行；而且他清醒地意识到，尽管他在伍斯特（Worcester）遇到的那些人可能死了，但

① 托马斯·B.麦考利（Thomas B. Macaulay，1800—1859），辉格派史学家，曾任下院议院和陆军大臣。著有《詹姆斯二世登基后的英国史》。——译者

② 查理二世（Charles II），克伦威尔护国制结束、斯图亚特王朝复辟以后即英国王位的君主（1660—1685）。——译者

是那种使他们热血沸腾的精神依然在其他人身上活着并保持着青春的活力。

351 不过,克伦威尔的共和国和严格的清教教义是完全为多数英国人所憎恨的。它们像——如果我们可以进一步冒昧地这么说的话——法国和其他地方的“红色”因素一样——构成整个国家惟一的革命力量,并因而受到憎恨。这种力量靠它自身做不了多少事;的确,仅仅看其外表就会倾向于吓坏和疏远那些温和、沉闷同时也是雅致和理性的阶层。它自身是无力对抗由英国人冷漠天性造成的坚硬黏土的。但是让这种火红的因素裹上一身像样的泥土,在得体的、有教养的和充满贵族气息的阶级能够参与进来时给它在某种场合爆发的借口,他们就会用它来进行征服,而它是能够在他们的掩盖下伪装起来的。

这样一种借口在1688年找到了。詹姆斯二世[①]由于某种不可思议和顽固的蠢举不仅激怒了那些一直与他父亲为敌的阶级,而且惹怒了曾经与他父亲为伍的那些人。他既得罪了清教阶层又得罪了国教阶层;既得罪了所有辉格派贵族和一半的托利派贵族,也得罪了持不同政见的资产阶级。当王室制度通常的支持者及其通常的反对者同时出现时,议会的统治就确立了。但其效果在很长时间内是虚弱的。我们的这次革命一直被称为一种最低限度的革命,因为至少从法律上讲,它只改换一个朝代;不过恰恰就此而言它给普通大众造成了最大的冲击,因为这些大众看到的就是这

① 詹姆斯二世(James II),“光荣革命”前(1685)即位的斯图亚特王朝最后一位君主。“光荣革命”时被迫“自行退位”,被信奉新教的威廉和玛丽取代。——译者

种朝代，而看不到任何其他的东西。主流贵族集团的支持将大部分充满崇敬之心的阶层聚合在了一起，但是这种聚合是不完全的，不轻松的，也是不心甘情愿的。怀着粗俗偏见的大众在多年的时 352
间内左右摇摆。如果有一位能干的斯图亚特家族人能够以不容置疑的虔诚宣称信奉新教的话，也许他就能够将汉诺威家族（the House of Hanover）[①]推翻。人们与生俱来的对世袭性权利的崇敬之心是如此的强烈，以致在乔治三世即位之前，英国政府一直在经受着一种竞争性君主的不停的消磨。

这是我不厌其烦地坚持认为的那种东西的结果。不过这种东西是最有必要予以坚持的，因为它是全部话题中的一个基本要点。很多英国人——高层的更有教养的那部分人渐次理解了立宪制政府的性质，但是民众并不理解。他们将国王视为政府，而且仅仅将国王视为政府。这种体制是通过贵族集团所施的法术得以实行的，主要是通过那些庞大的辉格家族连同它们的附属组织的影响得以实行的。没有这种帮助，理智和自由是不能将它们聚合在一起的。

尽管国会的统治在1688年毫无疑问地确立了下来，但是自那以来这种统治的施行方式已经得到了改变。起初，议会不知道如何行使这种权力；党派组织和由党派任命的内阁以一种已经被麦考莱描述得如此精妙的方式成长了起来。直到最近一个时期，国

① 根据1701年的“王位继承法”，威廉死后英国王位由詹姆斯二世的幼女安妮继承；安妮死后由信奉新教的詹姆斯一世女儿的后裔汉诺威选侯继承。王位继承法排除了信奉天主教的国王复辟的可能性。1714年，汉诺威家族开始入主英国，首位国王为乔治一世（1714—1727）。——译者

王被认为在某种最不可琢磨的程度上干预了对那些将构成内阁阁员人选的选择。当乔治三世最终在1810年变得疯疯癫癫时,所有的人都认为,当乔治四世作为摄政王掌权时会推翻博斯瓦尔(Perceval)先生的政府,而授权葛雷勋爵或格伦威尔勋爵(Lord
353 Grenville)这样的辉格派领袖另行组阁。托利派内阁当时正在进行一场成功的反拿破仑的战争——一场生存之战。但是这时百姓们心想,乔治四世是一个辉格派人物,而这样一个时刻不更换政府的必要性并不比这个想法更有分量。诚然,在法国大革命前,他的确是一个辉格派人物,其时他在圣詹姆斯大街与福克斯先生[①]一起过着一种不堪描述的生活。但是,葛雷勋爵和格伦威尔勋爵是严谨的人,因而没有受到不道德的东西的影响。不管摄政王曾经拥有何种自由主义意识,恐怖统治吓掉了他身上(像其他人身上的一样)的这种自由主义意识。根据另一位君主的说法,他觉得"他是以一个皇家主义者的身份活着的"。不久就显出了这样一种迹象,即他极想挽留博斯瓦尔先生,而极想与辉格派勋爵们争吵。众所周知,他保留了那届他发现其在任的内阁;但是人们本以为他那时可以更换它。这是一个耐人寻味的事例,它足以说明我们关于议会专制行为的理念事实上是多么富有极端的现代色彩。

通过如此粗略涉及的斗争步骤(以及其他的一些我没有篇幅也没有必要提及的步骤),我们可以看出,希腊城邦里出现的那种表面上和事实上的变化已经出现在英国了,尽管只是实际上而不

① 指查理·詹姆斯·福克斯(Charles James Fox 1749—1806),曾历任海军大臣、财政大臣和外交大臣。他同情法国革命,反对英国对拿破仑的战争。——译者

是外观上的出现。同样，这里君主制的附属物被转换成了共和制的精髓。只是在这里，由于一种数量更大的异质政治人口的存在，因此我们有必要在偷偷添进新的现实的同时保留昔时的表象。 354

这段漫长而奇特的历史几乎已经在我们现时政治状况的每一个部分留下了它的痕迹。其效果处于我们众多最重要的争议的根部。而且，由于这些效果没有被人们正确地感知，因此许多这样的争议被误解了。

英国人一个最为奇特的特性是，他们讨厌掌握着行政权的治人者(the executive government)[①]。在这个方面我们不是“一个非常现代的民族”，像美利坚民族那样。美国人将它们的行政机构看作是他们任命的代理人；当它对日常生活进行干预时，他们认为它是依据握有主权的人民的命令进行干预的，因而当人民进行自我干预时，不存在对自由的侵犯或放弃。法国人、瑞士人和所有呼吸着19世纪空气的民族也这么想。这个时代的实质需要要求有一个强大的行政机构；没有这种机构的国家不可能像拥有这种机构的国家那样清洁、健康和充满活力。经过界定，一个自称为自由的国家不应该对行政机构心存任何戒备，因为自由意味着该国家或者说该国家的政治部分支配着该行政机构。但我们的历史颠倒了英国人的感觉：我们的自由是无数个世纪反抗握有行政权的治人者的结果，这种反抗有合法的，也有不合法的；有大胆的，也有怯懦的。相应地，我们继承了冲突的传统，并在完全的胜利中保存了

① 在英国宪政语境下，“executive”和“government”很难分别理解为“行政的”和“政府”。前者可用以指称国王，后者在白芝浩看来是二元的，即包括国王和内阁。故此译。——译者

它们。我们不把国家的行为看作是一种我们自身的行为，而是看作一种异己的行为；不是看作我们自己集合希望的圆满结果，而是
355 看作一种外在强加的专制。我记得在1851年的调查中曾听到一位非常敏感的老太太说过：“英国的自由走到尽头了；”如果政府可以这样纠问，如果它可以询问谁在你家睡觉，或者你年龄有多大，那么，她争辩说，它还有什么不能问的和什么不能干的呢？

英国人的自然冲动就是对权威的反抗。高效的警察制度的引进不受人青睐。我认识一些人——是老人，我承认，他们至今仍将警察看作是对自由的侵犯和对法国宪兵的模仿。如果最初的警察一开始就佩戴了钢盔的话，其结果可能是令人怀疑的。可能会有人发出军事专制的抗议声，而英国人与生俱来的不屈从的天性可能战胜了那种非常现代的对完美和平与秩序的热爱。政府是一种外在的机构，这个观念仍然支配着我们的想像力，尽管它实际上不再是这样的，而且尽管在平静和需要智识的时刻我们完全知道它不是这样的。也不仅仅是我们的历史产生了这种效果，我们可以忽略这一点；而这段历史的结果产生了一种合力。我们的二元政府是这样起作用的：当我们想指出对行政者的反感时，我们就提及对王室的戒备，这种戒备是如此根深蒂固地扎根在宪政权威的本质之中；尽管有法律的规定和事实的存在，但不愿意承认女王是由民众任命的代理人的人还是如此之多，以致将她的特权说成是某种不受欢迎因而是不可信任的东西就成了一种美好的修辞性强调。我们政治本性决定了我们的执政者不可能像瑞士和美国的执
356 政者那样受人喜欢和信任。

从相同的历史和相同的结果中派生出了我们对那些“地方性

权威”的宽容，而这种宽容使许多外国人感到迷惑不解。在与国王的斗争中，这些地方中心成了后盾和支点。就早期议会而言，是地方机构向议会——郡议会和市议会——派送了议员；而通过这种方式且因其自由的生活，议会也是自由的。如果活跃的真正机构没有派送代表的话，它们将处于无权状态。很大程度上这就是为什么我们古老的投票权如此多样化的原因。每一个城镇里不管什么人，只要他们碰巧是当地最强大的，政府就让他们挑选议员。他们将“自然选择”的试验适用于这些选举机构；无论哪群人，只要在当地强大到足以进行选举的地步，就可以进行挑选。后来，在内战期间，很多社团如伦敦社团（the Corporation of London），是重要的反抗基地。伦敦的情形是典型而了不起的。也许，如果有某个机构而不是另外一个机构被如今一个有教养的英国人所小视的话，那么这个机构就是伦敦社团。他会把它与这样一些情形联系在一起：保存完好的继承性权利的滥用、大量收入的隐瞒不报、一种拒主要市政府于古老拱门之外的制度、百余个可恶教区的恒久不变以及一大堆奢侈而无益机构的维持。由于缺少所有那些使巴黎变得美丽而辉煌的东西，于是我们有理由谴责伦敦社团；由于诸多使伦敦变得低贱而肮脏的东西的存在，于是我们也有理由谴责伦敦社团。不过在无数个世纪里，伦敦社团一直是一个自由的堡
垒。其对长期国会[1]有意识的及时而有组织的资金支持使这届议 357
会充满了它在任何其他地方都难以找到的生机与活力。长期国会

① 从1640年存在到1653年的那届革命与反抗的国会。内战前于1640年4月召开过一次只存在三个星期的国会，是为“短期国会”。——译者

的主要爱国者们都曾在该市避难，而最接近英国“永久会议”的东西是伦敦市政厅里的那个委员会；在这个委员会里，所有的成员“既来者都可以发言”。直到乔治三世时期，该市仍是一个有益的大众判断中心。在这里，像在其他地方一样，我们将一些零碎的支架放进了我们的政体，而我们的政体就是由这些支架构成的。

德·托克维尔①的确曾坚持认为，在这件事情上，英国人不仅仅从历史的角度讲是可以原谅的，而且从政治的角度讲是正当的。他发现了一种可称之为社团崇拜的东西。在法国，由于基本不存在任何民众自我组织的权力，由于每一个问题都必须问及长官（prefet），并由他在每一次运动中都采取主动，因此，一个孤独的思想家自然不会思考那些他知道其弊端的夸张的东西，而是去思考那种相反的他不知道其弊端的夸张。而在像英国这样一个国家，由于事务是一种时尚，由于我们可以为每一种权力的滥用组织一个警戒委员会以及为每一种补救组织一个行政委员会——作为一种政治训导，而这就是德·托克维尔的观点，因此我们无需计较赋予了外围机构多大的权力，以及中央机构保留了多大的权力。我们受到过市政机构所可能给我们的训导——这方面我们经历多多。现在我们已经很成熟了，因而可以摆脱一些幼稚的东西。

同样的原因可以解释我们政体中数不清的异常的东西。我承
358 认，对于这些使我们最好的一些批评家们感到困惑的异常东西所导致的恐怖我并不完全持同情态度。那些由于特殊而令人羡慕的

① 夏尔·阿列克西·德·托克维尔（Charles Alexis de Tocqueville，1805—1859），法国历史学家和政治学家。著有《论美国的民主》、《旧制度和大革命》、《路易十五时代的哲学史》等。——译者

文化修养而习惯于从艺术的角度打量所有的事情的人会对这些奇异的特性感到惊诧，这是自然的。不过，习惯于分析政治制度的人会带着某种柔情和兴趣打量这些异常的东西，这也是自然的。他们或许拥有某种能给我们教益的东西。政治哲学依然是不完善的；它是在对政治和国家的常规标本进行观察的基础上形成的。就这些而言，它的教益是最宝贵的。但是我们不能忘记，它的资料是不完全的。当原始的设想能够成立时，人们可以吸取好的教训；而当这些设想不能成立时，这种教训就可能是误人的。一个具有哲学眼光的政治家打量一种政治异常现象就像一个具有科学眼光的医生打量一种罕见的疾病一样——对他来说，这是一种“有趣的病例”。这里或许依然存在着教益，尽管已经总结出了通常情形的教训。因此，我不能附和那种针对异常现象的大声疾呼；依我的判断，它很快就会迷失方向，并且会失去我们本来乐于寻找的东西。

不过尽管有这番赘语，我不仅承认而且认定，我们的宪法中充满了异乎寻常的奇特的东西，这些东西足以给人们造成妨碍且难以琢磨，因而应该被剔除掉。我们的法律经常使人们想起一个城市的郊区；在这里你很长时间都难以断定，那些街道怎么会以一种如此多变和蛇行的方式变得蜿蜒曲折。最后你会意识到，它们是一座接一座的房子绕开古老的绿荫巷陌渐积而成的；而如果你继 359
续放眼那些既存的田野，你通常会发现这种变化只完成了一半。同理，我们宪法的条文也是在古老的年代形成的，这些年代人口稀少、需求不多而且习惯简单；而我们表面上仍拘泥于它们的形状，尽管文明已经面临着它的危险、复杂和享受。这些数不清的事例中的异常现象标志着宪法斗争的古老边界。寻常的条文可以追溯

到已经逝去的斗士的力量;接踵而来的是在其他地方进行战斗的几代人;而那段关于只写了一半的一场战役的颇费踌躇的文字则作为一个永恒的限度被保留着。

我并不因为我们的二元政府①具有无数的偶然性而将其看作是一种异常现象,尽管一半的经常为人们所抱怨的表面特性是由此引出的。女王的表面权力和唐宁街②真正政府的并存恰恰适合于我们这样一个时代中的这样一个国度。③

① 在白芝浩看来,英国政府由国王和内阁两部分组成。——译者

② 英国政府所在地。——译者

③ 我们真正的政府隐藏得很好,以致如果你叫一位出租司机驱车前往“唐宁街”的话,他很可能没听说过这个地方,并且茫然不知所向。只有一个“隐秘的共和国”才适合于像19世纪中的英国人的这样一个人。——原注

附录：关于布鲁汉姆勋爵和罗伯特·皮尔爵士个性的两篇政论

布鲁汉姆勋爵的个性[①]

363 将亨利·布鲁汉姆(Henry Brougham)的著作收集起来是一个大胆、或许孟浪的想法。它们时间跨度大,题材涉及诸多方面,而且深深切入了一个时代的风貌,——以致在一系列书卷中它们几乎看起来不太自然。无疑,有些人,由于拥有一种广博的知识搜罗能力,已经将同样多的题材汇集成卷过;不少人已经涉猎了人类所有的知识领域;而另外一些人,由于拥有一种罕见的洞察力,已经用一种似乎是他们所独有的光亮烛照了同样多的领域。但是,这两种能力布鲁汉姆勋爵一个也不具备。他不断表现出来的天赋与那种依然洞察一切的想像力无关;他那多面而充满悟性的智力很少能够融合与集中。他兴趣广泛,又多才多艺。他毕生的事业是不平静的。由于多年奔波于一个时代的琐事之中,因此他一直是
364 在边跑边写。对拥有这样一种生涯的这样一个人的著作进行收集,就没有多少事情比这个更大胆的了。

这个版本本身似乎不错。这个部头携带方便,印刷精美,编排得体。其所包含的各类文章由作者进行过修正,不过不是过分的

① 英国皇家学会会员、法兰西科学院和那不勒斯皇家学院院士亨利·布鲁汉姆勋爵的著作由 London and Glasgow:Griffin & Co. 出版。——原注

修正。不过，它不是我们想谈到的那种集子。我们试图匆忙瞥视几页就其生平和个性进行评述。这种尝试是一种最难的事情。他还活在我们中间；我们没有后人所拥有的资料，可能也不具备后人的公正性。我们也没有当代人的那种熟悉的知识；布鲁汉姆勋爵施展他的雄才大略的那个时代是超越了年轻一代人的政治记忆的。没有足够的书籍记述三分之一个世纪以前的事件，我们只有传统；而如果陷入或者似乎陷入了谬误和混乱的话，那么这一点庶几可以成为我们的借口。

紧接着伟大和平的那些年月是一段沉闷和艰难的年月。战争的观念已经逝去，人们再也感受不到那种大较量的激动和兴奋。我们刚与现时代最强大的国家进行了一场成功的殊死较量：我们生存了下来，不过仅此而已；我们取得了巨大的胜利，但这种胜利没有什么结果。在韧劲和资本的帮助下，我们战胜了天才和勇猛；但是对欧洲可见影响的增加并没有接踵而至。拿破仑说，威灵顿媾和时像是打了败仗似的。我们拯救了欧洲大陆；这是我们自然的想法：但是欧洲大陆却走着它自己的路。它的现状中没有任何足以让普通英国人感到高兴的东西。国王和皇帝依然存在；“这 365
对外国人来说是很好的事情，他们一直如此；只是并不是很多国王能够交纳百分之十的所得税。”专制主义不可能在一个自由的国家受到欢迎。将专制主义变成了宗教的神圣同盟很难与英国宪法相协调。我们彻底打败了拿破仑，但是我们在他身后的状况中找不到快意。激励着我们心灵的事业不复存在；空气中不再弥漫着胜利的鼓噪。大陆事务是僵死、专制、沉闷的；我们很少屑于认为是我们造成了这种局面。带着怠倦的不满情绪，我们转而关注我

们自身的景况。

我们的景况是非常不能令人满意的。贸易萧条，农业毁弃，工人阶级不满。战争期间，我们的制造业呈现了最快速的成长势头；人们心存一种并非不自然的期望，即，普遍和平降临以后，增长的速度还要加快。人们认为，整个欧洲都会对我们开放；米兰和柏林敕令不再将我们拒之门外；拿破仑现在不再在"店小二之国"和它的顾客之间作梗；他现在困于圣赫勒拿岛，那么那些顾客们就肯定会购买我们的产品？他们不能，而这一点几乎被人们忘记了。用于战争的资金的枯竭在英国时常被人们深刻感觉到；贫困和资信不良状况持续了多年；而我们的工业依然在向前走，我们的工场并没有停下脚步。我们从来既不知道作为一个战争中的国家是什么滋味，也不知道作为战争场所意味着什么。就在我们的产业完全陷入停顿时，我们还从不知道我们的负担已有了惊人

366 的加重。虽然贸易信用有时出现紊乱，但是它还没有被摧毁。还没有任何形式的征税将我们最有效的客户斩尽杀绝。大陆那边，无论南北，尽管各地情况有所不同，但都已经遭受了这些罪恶。那些地方的人民生活贫困、受尽折磨且意志消沉。他们不能够买我们的产品，因为他们没有钱。由于手头储积着大量的准备输向大陆的商品，因此我们的外贸商们感到愤怒和不快。不满情绪在农村地区也存在。战争期间，英国农民不可避免地垄断了这个市场；当和平临近时，他们对外国谷物的厌恶影响到了立法。当时的内务大臣已经考虑到究竟 76 先令还是 80 先令是农民们应得到的价格补偿。最终一项谷物法得到了通过。但是没有任何法律能够为农民提供饥馑价格，这时国内粮食短缺而国外粮食充盈。当

“面包税”通过时,实际上出现了骚乱。1813 年,谷物的价格时 120 先令;当 1816 年这个价格降到 57 先令时,农人们的心情就变得郁闷起来了。提供的这种保护虽然不受穷人的欢迎,但也没使农民们感到满意。

制造业地区的下层阶级当然处于极大的困境之中。贸易的萧条不可避免地导致了工场倒闭和就业率低的结果。能够得到的工资极低。手工业工人们当时对工业的变迁尚不适应。即便是现在,贸易法会把他们引向多远的地方,这一点是近来的繁荣所无法
让我们作出判断的。而在当时,他们认定,他们之所以处于短缺状 367
态是国家的过错,然后是基本制度的过错,如果不说是特定政客的过错的话。他们认为,政府应该就对他们的补偿作出规定,并使这种补偿成为一种足够的补偿。在战争中最艰难的几年,“卢德党”(Luddites)的名称渐为人们所知晓。他们主要以破坏某些机器的方式表达他们的不满——他们以为是这些机器使他们失去了工作。和平实现以后,当时的记录中充满了“斯宾塞式慈善家”、“汉普顿俱乐部”以及类似的组织。它们都要求一场大变革——有的涉及纯粹的政治变革,其他的则涉及财产法和所有社会经济的变革。大型聚会在各地举行,颇有点像 1839 年的情形:一种普遍的反叛——无疑是一种一些头脑发热的梦幻家的疯狂梦想——被认为是已经真的被谋划出来。“激进”的名称开始与这种不满情绪联系起来。后些年明晰地要求实现宪章中的五点要求的那种精神此时通过耳语和威胁的方式得到了表达。

那些创造了新财富的资本家们的社会心态也不稳定。作为大量劳工的雇佣者,他们中的许多人倾心于托利主义;对他们来说民

众的统治意味着他们手下工人们的统治。一些最富有者和最赋有技能者开始与贵族阶层接近。不过,对于多数试图这么做的人来说,这种做法是徒劳的。他们和那些世袭性财富所有者之间存在着一种固定的巨大鸿沟。习惯、言谈、举止方面的对比差别太大。
368 二者在一些特定的观念方面可以耦合;他们可能同意支持同样的制度;可能本着一种保守主义信条而提出相同形式的主张;但是,尽管他们得出的抽象结论是相同的,但信守这些东西的方式——借用纽曼教父的一句精妙话语来讲——是绝然不同的。贵族集团那种精致、排他而怯懦的非流动性与制造商们的那种粗俗、教条和节俭是有区别的。当相反的气质倾向产生了——这是它们不久就会不得不产生的——一种意见的分歧时,二者之间的差别就更显著了。这种情形在英国并不十分新鲜。伯克先生讲到过首批东印度公司人向雅各宾主义转化的倾向。他说,他们不能忍受他们目前的重要性竟然与他们新近获取的财富不成比例。在本世纪,英国人没有在印度获取什么惊人的财富,但是兰开夏已经成了加利福尼亚。一些家族已经在那里兴起,这些家族妇孺皆知——当我们谈到财富时我们会想起它们;随着时间的推移,它们中的一些已在走进公认的殷实世袭性阶层。不过,这是时间的结果,而且在它出现之前,在新式财富和旧式财富之间并不存在这样一个邻近的阶层。据说罗伯特·皮尔爵士说过:“三代出一个贵族。”同时会不可避免地出现误解;相对旧布而言,新布太粗糙。此外,许多实际制度中产阶级看不过眼。法律的情状有违于他们的利益:要想讨回你的债,你只有通过花比债款更多的钱的方式,而这是他们所
369 不能接受的;而损失加大了,钱花在了“特殊事项”上——“花在了

摆弄一件明白事以迷惑和误导一位明白人的事情上。”“艾尔顿勋爵和财政法院，”如悉尼·史密斯所说的那样，“对人类来说是国中的负担。”受到一股强大的贵族势力和议会势力强烈支持的我们殖民地里的奴隶制的存在是与中产阶级的基督教原则以及简单人的自然情感相违背的。刑法的残酷——偷羊和在商店行窃也判死刑——与英国社会的这个第二等级的人文意识相左，而这个等级由于其阅读的习惯可以被称作是典型的熟悉圣经教义的阶级。一个并不十分聪明的政府所表现出的例行粗暴没有使这种感受减弱。政府的手法显得粗糙和具有压迫性。

还有，我们似乎为我们所不喜欢的东西付出了太多。战争刚结束时，百分之十的所得税的征收当然是带有沉重的压迫性的。公共开支无可争议地被认为是浪费的；它用来支付养老金、闲差（用兰开夏人的话说“那些懒惰者”）以及一大堆形形色色的项目，以致一个节俭的商人不会承认这种开支是必须的。即便到现在，在经过无数次削减以后，还在定期地导致“财政改革协会”、“行政联盟”和其他组织的出现。而这些组织的出现充分地证明了节俭的效率对庞大的数字和混乱的管理的敌意。自 18 世纪以来一直保留着一种腐败的传统，一种直接的钱权交易遍行于公共机关的印象；以及一种在黎格比（Rigby）或巴伯·多丁顿（Bubb Dodding- 370
ton）的时代真实的观念，而这种观念，像许多其他的印象一样，当它源于其中的那些事实已成过眼烟云时，它还会继续存在许多年。利物浦勋爵这样一个人执掌的政府与罗伯特·沃尔波执掌的政府是绝然不同的：人们要求尊重：拿钱是很少见的事。还有，在一些低层官员中间，存在着某种使现代纯洁的人们感到震惊的东西。

就业的规模大:如果当时的财政能够复活的话,它会对充斥于现代政府中无论哪方面的那种小气感到郁闷。在那时的乡村、城市,在慈善信托事务、在所有外围公共资金的使用中,也存在着小规模的挪用。这种挪用似乎冒犯了商人,商人用自己的眼光打量着这种现象,并将这种现象看成是证明唐宁街营私舞弊的明显例证。“里彻斯特学校只有五名小孩;他们可能值200英镑,而收入就是2000英镑,而受托人不计较收支平衡;英国的事情就是这么干的:我们保养了一个贵族阶层,”等等。全部的这种感觉在对于衰败城镇的厌烦上集中起来了。这个名称本身就够了:在财政部挂了两个明显闲差并在审计办公室帮闲而得到可观收入的迪瓦尔勋爵(Lord Devour)竟然能够向一个议院选送两名议员,而制造纽扣——“制造了世界上最好的纽扣,先生”——的伯明翰没有选送任何议员。这显然昭示了改革的必要性。坎宁先生有口才,但即
371 便是他也不能说“人民”是衰朽的树桩。加顿和老萨伦变得不受欢迎。权力的渊源似乎是荒唐的,权力的使用受到了污染。与北方行动组织的最初宪章主义意识一起出现的是日渐明晰的曼彻斯特哲学。这种哲学自那以后在谷物法联盟中得到了自我表达;而且,无论是好是坏,现在已经成了我们政治生活中一个极有分量的因素。两种信念都是不满的表现。而均衡力量没有找到。英国宪法规定,永远有一个等级是高居于激情和争论的风暴之上的,而这个等级是所有党派都可能尊重和景仰的。国王必须得到爱戴。但是要想得到实效,这种理论要求皇位应该由一个值得人们爱戴的人把持着。而那些时代的情形又不是这样的。名义上的王位拥有者是一位老态龙钟的人。一种长期由尘俗遗留下来的不治之症缠

上了他。实际的皇权拥有者则是一个体态臃肿的纵情声色者，他现在年事太高而不能寻求健康的欢乐，而对一些他一直沉溺于其中的糜烂追求感到有些厌倦。他宫廷内不光彩的丑行已经公开化了。不管有关加罗宁女王的真实情况如何，没有人能够说她受到了善待。不存在一种可以让受苦的工人们或者愤怒的中产阶级感到踏实的忠诚之心。在王国全境内，到处都是各种各样的躁动，一种朦胧而游移的不满情绪。

那个时代的官方心态也成问题。我们在西德莫斯勋爵（Lord
Sidmouth）的生平中找到了关于这种心态的推测记录。勋爵或许
比任何人都更多地包含着这种心态。他当过下院议长，并且颇倾 372
向于通过将中产阶级任命到议院的方式来消弭这个阶级的不满。
也许从来没有一个比他更认真的人充任过一个公职。如果说下院
的规矩有着直观的约束力的话，那么没有人更好地遵循了这些礼
仪。对他来说，“职杖”是一个“完美的顾问”；所有的混乱都是可
憎的。内务部的情形是一样的。卢德党人是一些不愿意服从议长
的人。宪政权威必须付诸实施。一个受苦的多数的要求与其说是
被忽略了，不如说是未被欣赏。用我们现在的话说，某种小气量贯
穿着当时全部的心态。最显著的特征是不情愿理解他人意见，不
情愿设身处地地想他人所想，不情愿揣摩他人不可避免的现状。
西德莫斯勋爵参阅了档案。他发现皮特先生用严厉的措施平息了
政治上的不满。相应地，他停止了人身保护法的实施，通过了六项
法案，导演了一场彼得卢大屠杀。他这么做不是出于一种有意识
的冷漠，而是出于一种沉溺的官位感，出于这样一种意识，即，这是
这个部门以前已经做过的事，因而理应再做一次。至于中产阶级

的改革意识，官样文章中从来不包含这种观念。或许这又是一场法国大革命：我们忍无可忍。

在这样一种主流心态和这样一种依附心态之间存在着一种日
373 常的摩擦。形势显然对产业人有利。其特性没有逃过约翰·艾尔顿勋爵敏锐的眼光。"如果，"这位保守党大臣说，"我的生活可以重新开始的话，我将从一个鼓动家开始。"亨利·布鲁汉姆的确是这样开始的。战争期间，他因表露贸易利益集团的怨愤而闻名。我们的政府选择了以一种特别容易伤害我们贸易的方式来进行这场战争。"拿破仑说过，任何船只都不得在接触英国港口以后再进入一个法国港口，或者进入一个由法国控制的港口。枢密院的命令说，无论任何船只在先接触大不列颠某个港口之前均不得进入任何这类的港口。"自然的结果是我们与大陆贸易的消失和与美国的争吵。国内的商人们则对这两种结果都感到惊愕。也许直到这个时候人们才知道我们的贸易阶层已经变得多么强大。各种集会在人口稠密的地区举行了，大量的请愿——那个时代的一种显著而重要的事情——呈递了。凡是存在对外贸易的地方都在以诉冤的方式表达它们的不满。下院的规矩远比现在更适合于从外部采取行动；而这是自然的，因为到那时为止，还没有多少从外部采取的行动，因而也没有必要提防这种行动。如上所述，请愿是大量的；而且每一次请愿者在呈递请愿书时都要发表演讲，以试图引起辩论，以及引出一些可能使内阁恼怒而使国人信服的话题。布鲁汉
374 姆先生总会站出来：①"人们几乎无时无刻不在察觉出某个错误的

① 这段以及下面的引语均出自1838年出版的《布鲁汉姆勋爵讲演集》和该讲演集引言；后者是他本人写的。——原注

声明或不合逻辑的论点；真理的事业几乎每个晚上都在赢得归顺者。”其结果是决定性的。“尽管遭到政府内外两方面重力的压迫，尽管起初受到了那种使博斯瓦尔先生成为他那个时代一流辩论家之一的精力、敏锐和活力的有力抵制；尽管在他死后，那位体制之父用尽了他全部的激情和关于这个问题的全部知识——不，尽管那届内阁在这个问题上拿它们的生存来冒险，”但是胜利却是属于请愿者们的。枢密院的命令被取消，而鼓动的实效得到了验证。1816 年的那届会议提供了一个更显著的使用同样的策略而伴以巨大成功的例子。战争结束时，政府不准备取消全部的所得税——法律声称这项税是“为了战争并在战争持续期间征收，且不得延期征收，”——而是决定“保留该税的一半”。“这个意图一宣布，人们就举行了几次集会。”它们呈递了几份请愿书。布鲁汉姆先生宣布，如果这项动议“在星期二强行通过，那么他将利用议会的规矩”。当然，人们对交钱的厌倦是决定性的。所得税取消了。在这几个情形下获得了如此成功的相同逼迫手段立即被用来发出
国家郁闷的声音；用来表达同样真实的各种形式的不满情绪，尽管 375
没有同样确定的目标。布鲁汉姆先生并不轻描淡写：“有一个方面的问题我将完全避而不谈——我指的是苦难的**程度**。现在人们普遍承认，几乎帝国所有地方都在遭受着这种苦难。关于这个问题，所有人的意见都是一致的；与此相关的陈述是没有疑问的，就像它们是让人痛心疾首的一样。”他也不回避细节。“我设想，”他对议会说，“一块 400 亩上好土地的农场每年收地租 500 到 600 镑。”“那将要求一个四年的周期——200 亩种谷物，100 亩休闲，100 亩收干草和青草。”他似乎还想证明，至少它不应“单独抵付石灰和各种肥

料的剧增”。接着他谈到了这个时代的商业狂热。“经过了几年的由敌人的措施和我们自己的报复措施(像我们所称呼的那样)所导致的挤压状态以后,当1814年春发生的那些事件突然间将大陆开放了的时候,就涌现出了出口各种商品的热潮。这个热潮只有通过反思先前那些使我们深受其害的限制措施才能得以解释,而且只有某些与南美投机相关的商业迷幻才能与之比拟。每一件可以运输的东西都运走了。所有可动用的资金都用上了。有了1806和1810年的经历以后,这种疯狂——我只能这么称呼——也降到
376 了那些处境最低贱的人身上。如果我讲述了我所知道的一两个地方发生了的事情,那么委员会就会对这种毛病略知一二。不仅职员和劳工,而且低贱的仆人们也将它们积攒下来用以防老防病的那几个子儿都用上了。一些人四处奔走,引诱他们在与荷兰、德国和巴尔干地区的贸易中一搏。他们拿他们手中那点可怜的钱冒险,以期获得无限的利润。这点钱与那些更正规的贸易商们的万贯家财一起走了:很快泡沫破灭了,就像先前的南海泡沫、密西西比泡沫和布宜诺斯艾利斯泡沫破灭了一样。英国货物在荷兰和北欧还不如在伦敦和曼彻斯特卖得多。在很多地方,它们积压着,根本就卖不动;结果是要么没有钱款返回,要么花了上千万镑而返回几镑。大投机商们破产了;中等的危如累卵,失去了在国内外继续经营的所有手段;那些更穷的被这种幻觉蒙骗的人失去了他们的可怜积蓄,而当另一个不幸降临他们头上时,他们就得吃救济了。而总的结果是颇为严重的商业萧条——绝对构成现在试图进行新的冒险者的一个警告——一种对工业品需求的急剧降低和间接的对农产品需求的严重压缩。”翌年是他所描述的前所未有的糟糕

年头。1812 年这一年是那个让人遭大罪的前一年,形势相比较而
言上升到了一个真正繁荣的一年。起初他讲到了“一个贸易的分 377
支——布品,此项贸易由于偶然的情况而不像其他主要产品那样
萧条。”接着他讲到了钢铁贸易,等等。他就这种萧条、不满和人
民的苦难提出了控诉。当然应当受到谴责的是政府。他认为,贸
易和制造业“史无前例”的困境“因我们所实行的与对外贸易相关
的政策而加重了;这种困境的延续在很大程度上是国人们深受其
害的沉重的税收压力的结果,而这种压力应该以各种可行的方式
予以减轻;国王陛下的大臣们所施行的外交政策体制不是那种能
够为本国人民带来商业利益的体制,而这种利益本来是英国在外
国的影响完全能够让他们期望所带来的。”由于曾经入读过爱丁
堡大学,布鲁汉姆先生并不厌倦政治经济学。他乐于讨论地租理
论和谷物法。他作了一次演讲,他认为这次演讲比他在议会里所
作的任何其他演讲都要成功得多。演讲的内容是支持卡尔克拉夫
特先生的修正案的;该修正案拟将王室禁卫军的预算开支从每年
385,276.96 英镑改为 192,638.49 英镑。外交政策是人们喜欢
谈论的话题。由于几乎得不到支持——就像他几年以后所说的那
样——他开始攻击神圣同盟。在复兴的日渐宽松的气氛中回溯以
往,他几乎对卡索里勋爵有了某种好感。他愉快地记得他那种十
足的勇气,带着这种勇气他镇定地面对世界上最挑剔的听众,而同
时除了用最龌龊的语言表述最下贱的事情以外,说不出任何东西。378
他也没忘记笼罩在托利方阵前的那种傲气,而在被辉格反对派的
火焰烧得不知所措,或者被坎宁先生的精彩表演弄得狼狈不堪以
后,他们的当选领袖走出前列,在展现他高贵身躯的优雅后敞开他

的大衣，露出了横跨雪白胸膛的天蓝色绶带，并宣布“他现在能够面对面地应对人们对他的指责和义愤填膺地驳斥他的对手大胆而冒失地提出的所有责难而感到高度满足。”不过，当时的“那个布鲁汉姆先生”并没有表示出任何倾慕之心；没有人提出了比他更强烈的责难；没有人的挖苦话比他的更刻薄；如果那位“胸佩蓝色绶带的高雅贵族”希望某个人走出议院的话，“来自北方剧团的那个人”或许就是这个人。他对国王和皇帝们也不留情：后来的岁月已经表明，他对当时的猥琐的专制主义和呆板的狭隘是多么不屑。布鲁汉姆先生的名字与教育改革运动密不可分地联系在了一起，这一点是众所周知的。不过不见得有人还记得这场运动在当时是多么不受欢迎。几年前，文德汉姆先生说过，“知识的普及是正当的，这一点可以得到许多高论的支持。而他承认他当时对此还持怀疑态度。人们说，看看与我们相比之下的那些野蛮人的处境吧。一
个处于野蛮人中间的野蛮人是感觉良好的，而只有当他逐渐被引
379 入到文明社会时，差别才能被感觉到。”“他的朋友约翰逊先生的
观点是，超过某种特定限度的教人阅读是不对的。”相同的感受还没完。皮尔先生用他最温和的语调攻击过教育委员会。斯图维尔勋爵曾不无俏皮地说：“如果你提供的有着高度教养人才的数量超过了需求的话，那么多余的部分就很可能变酸。”这就是当时几个最有学问的人的看法，而所有正统的意识都如此。半数的教区牧师认为，教育像共和制度一样，而共和制度是不讲求忠信的。但是，布鲁汉姆先生不顾所有这些反对意见——或许由于这些反对意见他反而更来劲——而总是乐于进行鼓动的。他是一种知识的宣讲者。街道上回荡着他的声音。他宣讲着字母的福音；整天给

初级读本唱赞歌。人们进行着实际的观察、谈论和演讲，而这些是所有现在的人都感到不快的。对于他当时所鼓吹的那种教育，可能存在异议。但无疑的是，那些当时为这种教育而辛苦奔走的人是值得称赞的，因为他们在当时恶劣的气候下将一种对于现在的人来说是乏味的平常话语当作一种乏味的反语进行了灌输。

如果我们试图讲述他在奴隶制问题、乔治四世和卡罗琳女王的问题上或者他与成百上千寻常政客们交往的问题上所进行的辛苦劳作的话，那是我们的篇幅所不允许的。这套书从战后和平时开始，但又延续了好多年。它的历史在议会的编年史中没有记载吗？你必须翻一翻——绝不是乏味的翻阅——那些陈旧的辩论记 380
录，并注意到布鲁汉姆先生名字的出现是多么频繁，你才能估量到他攻击的频率和他的劳作的那种令人厌烦的苦涩程度。有一个课题是属于他的，而不是属于其他任何人的——法律改革。在刑法的改良上，他把罗米里和麦金托什当成了同伴。他不停地陈述个体的怨愤，指责我们内政的那种麻木的心不在焉——他这么做时得到了他们以及其他一些人的支持。但是没有人像他那样如此大胆地——我们几乎说了如此粗鲁地——与我们的市民法理论粗俗的复杂性较劲。这个问题是最难应付的。英国商业和文明是在一种半封建法典的错综复杂性中兴起的，这种复杂性又由于缠绕着各地早期法庭的那种奇特的狭隘和诡辩意识而更加复杂化了。产生这种弊端的技术性使补救更困难。在改革的问题上不存在普遍的公众舆论。公众感受得到这种弊端，但没人能够判断一种补救措施的实效。那种认为这种精致的弊端是人类理智中最微不足道的古老信条依然存留在人们心中。如果布鲁汉姆勋爵回想一下有

381 多少他最先推广——如果不说最先建议——的改良措施已经被人们采取的话，他必定会感到些许自豪。有多少他先向议会提起的沉疴痼疾如今已不复存在，还有更多的东西如今被人们承认是弊端，尽管人们对根除这些弊端的方式有争议。关于法律改革的那篇演讲几乎是过去三十年内普通法或者市民法改革中所有举措和建议的总结。由单一的一个人对如此多的事情发起如此大胆的攻击在那个保守时代产生的影响是巨大的。"从没见过像他这么一个讨嫌的人，"一位大家熟识的老律师说；而他表达的是他的职业感受。除了所有这些小改革和次要的鼓动以外，布鲁汉姆先生还是一位教会改革和议会改革的大胆鼓吹者——那个时代最大的异端。如果我们加上这一点，我们就可以理解坎宁先生的那番讽刺话："在他议会生涯过程中，这位可敬而博学的先生支持和设想过几乎每一种可以在宪法中实践的创新；因此，大臣们要想做任何事情而不从他那里借鉴点什么的话是很难的。不管他们从哪个方向分手——无论向右还是向左——结果都一样。'喔，'这位可敬的先生说，'我就在你们面前；如果我不给你们暗示的话，你们不会想到这个。'"在安妮女王统治时期，有一个名叫丹尼斯的圣人兼严肃的批评家。此公年迈时突然觉得，他那个时代演出的所有好剧本都是他写的。最后在一阵极其壮观的欢呼雀跃和掌声雷动中
382 上演了一曲悲剧。在第一次雷动的掌声中，丹尼斯大呼说："那是我的雷声！"对于这位可敬而博学的先生来说也是一样，不存在为了世界上任何地方的利益的躁动，但他却为了他的雷声立马要求这种躁动。长篇大论地谈及这些过去的冲突可能使读者感到厌倦，但这是必要的。对这位前议长的乖常之处我们不陌生；但我们

忘了亨利·布鲁汉姆的所作所为曾经是多么大胆、有效和多样化。

在他的禀赋中,有几种东西使他特别适合于过这样一种生活。首先是一种富有侵略性的冲动气质。多数人可能承认,这个世界出了毛病;积弊似乎存在,有疑问的细节到处都是。几乎所有的人都认为所有的事情都可以变得更好一点。但是,怎样改造这个世界,去扶偏补弊,则是难题。停滞不动是人性的一部分。懒洋洋的保守主义是英国人天性的基础。“我的儿子,”一位讽刺家说,“要学会悄悄地承受他人的灾难。”这点我们容易学会。多数人有一条生活路线,这条路线设定了某些他们要履行的义务;但是他们不会被诱以从这条线以外开始。我们生活在“一个坚实的自足基础上”。“让疯狂的世界自行其道吧,因为它愿意自行其道。”英国教会的信条中,没有哪一条比告诫人们不要做职责以外的事情的那条更适合我们本能的趣味。“如果你做的事是不必做的事,”一位著名的政治家说,“那必定是做了错事。”我们是在轨道上行进。
布鲁汉姆勋爵与此相反。针砭时弊对他来说并不难。对他来说更 383
难的事是在一个没有弊端的世界里活着。极其容易激动是他的本性。他必须“发作”。他渴望消除腐败,并冲出来驳斥谬误。他全然没有那种宽容的平静心。

他的容易激动性不仅是热望的,而且是多面的。一般来说,那些竭力为他人做事的人从来有一种沉思的性格;他们在静谧之中思索出了某些想法、观念和感受;他们带着这些东西来到人群中间:但是他们从不参与大众的多面生活。这种生活甚至让他们感到恼怒。除了他们的思路外,他们没有别的概念;他们对一种思想进行抽象,被某个火热的念头弄得头昏目眩。布鲁汉姆身上没有

这类东西。他被他所看见的东西感染。刺激是来自外面的。他看到了法院的技术猫腻,看到了慈善团体滥用慈善资金,察觉到了乔治四世欺负卡罗琳女王,他去了老塞勒姆。他不沉溺于信条,而相信事实。于是他的活动多姿多彩。一种理论的信徒是专心的,因为理论的逻辑结果是有限的。但是一个敞开心怀的人,由于因其所见而引发,敏于洞察弊端,乐于改革任何他认为不对劲的事情,因此不会这么专心。生活的细节无穷无尽,而其中每一个细节都可能以多种方式出错。

布鲁汉姆的另一个德性是动辄发怒。文明的因循平静是不利
384 于形成敌意的。对一个平静的保守主义者来说,或许世界出点毛病是件快意的事。布鲁汉姆勋爵没有这种感觉。像一个位于大陆上的英国人一样,他是准备随时发作的。他是一个细节的先知;他对生活的灰尘忿忿不平;对公职人员的营私舞弊怒不可遏。被布鲁汉姆打了脚板的官方心态的回声最响。你这件事做得不对,那件事为什么漏掉了呢?文件C应放在第三档,文件D错放在了第九档。当官样文章受到质疑时,它很少能得逞。对待它,你应该像堂吉诃德对待他的头盔一样,无需检查,就把它看作是一顶最好的头盔。一个性情激烈而勤奋的人如果建议打开文件且要求不放过错误的话,就是一个令人尊敬的行政者的恐怖。“这样一个不切实际的人,先生,干涉公事,抨击私人个性,搅和与他不相干的事情。”这些就是一个为了他人的利益而忧心的人遇到的嘲讽。布鲁汉姆终其一生都遭受这种嘲讽。他的愤世嫉俗多得足以成为一名慈善家。

这多大程度上是出于脾性,多大程度上是出于公共精神,这一

点不是任何人可以试图猜说的。研究过布鲁汉姆生平的人都不怀
疑,天生乐于动怒是他的个性。但也没人怀疑他在许多大大小小
的场合都表现出了对公共福利少见的热情。他也许表现不出最理
想地管理世界的那种镇定自若。他的善良和行为的专一都缺乏连
贯性。一股激情爆发出来,一时间你就说不出他在哪里。不过,尽 385
管他是一个冲动的动物,但是他的冲动往往是慷慨而崇高的。他
所做过的事没人愿意去做,没人能够拥有那种强大的动力去做他
已经做了的事而不带多少常见的私心的事。激起那种最敏感的容
易激动的心情是不够的。在考量人性时,其在较大活动中没有什
么差别,这一点几成箴言。他的冲动中无疑有一丝深思熟虑。没
有人能够至少在冲动的间歇期间不对人、事和机会进行明辨而仔
细的判断而升任大法官。不过在进行了所有抵消、减损且不经任
何对不和善的暗示的消解以后,还会剩下——而在漫长的岁月中
人们会倾慕这一点——一个卖力的事不关己的行动原则。

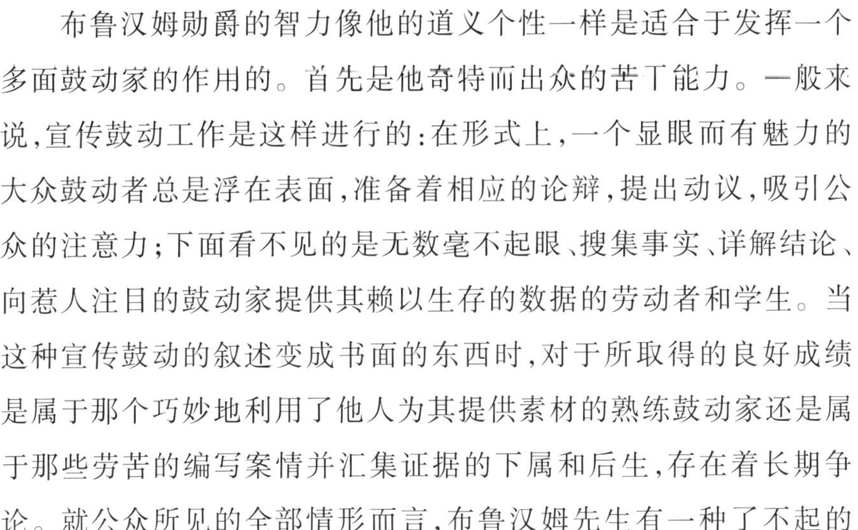

布鲁汉姆勋爵的智力像他的道义个性一样是适合于发挥一个
多面鼓动家的作用的。首先是他奇特而出众的苦干能力。一般来
说,宣传鼓动工作是这样进行的:在形式上,一个显眼而有魅力的
大众鼓动者总是浮在表面,准备着相应的论辩,提出动议,吸引公
众的注意力;下面看不见的是无数毫不起眼、搜集事实、详解结论、
向惹人注目的鼓动家提供其赖以生存的数据的劳动者和学生。当
这种宣传鼓动的叙述变成书面的东西时,对于所取得的良好成绩 386
是属于那个巧妙地利用了他人为其提供素材的熟练鼓动家还是属
于那些劳苦的编写案情并汇集证据的下属和后生,存在着长期争
论。就公众所见的全部情形而言,布鲁汉姆先生有一种了不起的

能力:他能够随人所愿地提出动议和发表演讲。他像一台提出修正案的机器。他可以让任何数量的人在他手下不停地工作。每一次鼓动都有一个拥有一间办公室的倾向;某个联盟、学会、劳工团体必须做它的具体工作。布鲁汉姆先生在成百上千的此种人中穿来穿去,收集全部的最新消息、数据的最小数,并迅即将它们配上热情的评论在听众中散发。这可能不是,也的确不是,最严格的最费力的那种活儿;那种急切的、累人的、多样的、自我强加的对分散而复杂的细节进行详细解读是一件远更耗人心力的活儿。就是这种活儿使人眼发花、脸发白、心发麻。一次五花八门的鼓动带来的兴奋可以多少使体力得到维持;最后的几笔——而这才是使人筋疲力尽的东西——无需绘制在任何一个题材上。不过,撇开所有的减损,这样一个职业需要耗费远远超过多数人所具备的生命、脑力和心力。

他的另一个优势是,他是极其常备不懈的。他能够做的事情,打个招呼他立马就做。在贺兰德勋爵的回忆录中提到的多年前发生的事件对此方面作了一次说明。“我们报业的管理,”他说的是1807年大选中的问题,“落在了布鲁汉姆勋爵的手中。我于1805
387 年通过阿兰先生结识了这位活跃而能干的人。当克伦威尔勋爵内阁组阁之际,他应我的提议写了一本名为《国家的现状》的小册子。后来他陪同罗斯林勋爵到了里斯本。他早年与废奴主义者的联系使他熟悉了发行政论文章的方法,并赋予他在与那些最有资格从事这些事情的人打交道时的某种分量。他广博的知识、超常的诚意、他的勤勉和他写作的习惯使他能够修改一些文章并自己提供大量的文章。在阿兰先生、我本人和其他一两个人的少许帮

助下，他在几天的时间内就让每一家书店充满了各种小册子——从多数伦敦报纸和全部地方报纸摘下的段落，并为王国各地大部分选区提供了手册，这些手册适应了地方候选人的利益，并都倾向于行动的实施、措施的解释和对辉格派对手的揭露。”

布鲁汉姆早就显出了的另一种才能是——这种才能像其他任何才能一样是一个伟大运动的重要领导者所必备的——高超的用人技巧。詹姆斯·麦金托什爵士在他1818年1月30日的刊物上说：“布鲁汉姆的谈吐和影射能力很强，以致只有他那并不总是藏得住的坏脾气才能阻止他操纵每个人，像他操纵罗米利一样。他 388
将别人引导到他的观点上来。他一般开始时表现的赞同他们的观点，不一会儿就进行反对。他的一种自然的坦率气质有助于这种操作，而不至于让人怀疑。他想把自己置身于一个反对派的前列，而在这个派别中，他并不受欢迎；他会征服恨他的下院，尽管该院现在已经开始怕他了。”一个察言观色者会认为他在布鲁汉姆勋爵身上看到了一种被坏脾气破坏了的圆通的机敏。这是他平生的特征。

五花八门的宣传鼓动所需的另一个基本素质是多才多艺。任何人都不否认布鲁汉姆勋爵具备这个素质。一个显属细心的观察家这样描述过他：“拿一天的日常工作作例证。在他早期生活中，当他在法院任职时，人们知道他一大早就参与巡回审判。在弄清他的当事人的案由以后，又驱车赶往议会竞选演讲坛，并在不同的地方向选民们发表富于感染力和激情的演讲。然后他坐在他的小屋里撰写对格拉斯哥学生的演讲稿，或者拟在《爱丁堡评论》上发表的文章。一天积极的奔波还要以为翌晨法庭事务作准备而告

终;然后,他并没有休息——普通人在如此劳作以后应该休息——他将晚上时间花在了高深的研究或者与某个阔别很久的朋友的社
389 交上。而第二天早上八点,人们就会看到他活跃于法庭事务中,为某个不幸的受政府迫害的人辩护;用他鲜活而有力的辩才让听众和他的同行律师们大吃一惊。可与他早年这样一天的忙碌相比的是一个更高阶段——比如说 1832 年——的一天的情形。细心的观察者可能看到这位新任大法官一大早就坐在他所主宰的法庭上,听律师的辩论,并用一种心力抓住案件的要点。这种理解力使他能够作出快捷而无碍的判决,而这种判决却在他职业生涯中给了他很大的伤害。如果这位观察者跟踪他的工作过程的话,他会发现他在上院开会不久就对那些贵族们就某个高深的法律问题进行讲解;而他讲解的敏锐连他的对手们都予以称颂。或者就人们极感兴趣的政治话题向敌人阵营里扔火把,并把他们从自觉稳操胜券的安逸中唤醒,而用更活跃的寻根问底的智慧去参与热烈的争论。然后,约莫一个小时后,他会跟随他去了机械学院,并听取一场关于教育的有说服力和激励人心的谈论,恰到好处地与其听众的独特能力相适应;而约莫到了十点,又到了马里尔本的文艺科学学院,用同样的普洛托斯式的智慧和不知疲倦及富有弹性的力量阐述物理科学的内蕴。在百忙之中,他还会找时间撰写一篇自然神论的论文,而这种论文不带任何匆忙或心急的痕迹,而是表现出了一种思想精深的哲学家的精心作品的那种平静。"对于这些
390 各种各样的努力的**质量**,我们可能有不同的评价,但是没人能否认,能够作出这么多努力的他具有很高的亚当·斯密所说的脑力劳动者所具有一项最重要的本领——"换手"的快捷性。

也不是这些能力中的任何一种就足够了，如果没有另一种力量的话。这种力量某种意义上是它们中最原则的东西——一种包容性智慧。在现时代，这是一种最罕见的才能。与人们追求的专业性相应的是一种心灵的怯懦。每一个学科都有一个精心研究它，也只研究它的人，这些人熟悉它的细微之处，并沉浸于它的细节之中。没有人敢放眼整个领域。“我已将全部的知识纳入我的领域，”培根如是说。这种观念，以及这种观念的表达如今似乎是荒谬的。知识世界里每个细节的概括正在变得更加全面。我们不久会就每一个细节在很小的尺度上制定出一个计划，但是在对知识全景进行观察时，我们正在失去其外表的全景式图景。专业人士不能描述总的框架，他太专注于细节，而不知道其他知识之间的关联，也没人敢侵入他的领域——侵入他“对生活的研究”——惟恐在只有他知道而且他可能反对的细节上出错。布鲁汉姆勋爵没有丝毫的这种胆怯。他喜欢用最大胆和最一般的方式传授知识的大要，就像它们给世人留下的印象那样，沉溺于其事务并熟悉其意 391
愿。他不拘泥于某个单一的课题，对那些拘泥于此的人他也没有丝毫的畏惧。他可能出错，但他提出的话题如那些熟悉其他话题的人、一个熟悉世情的人所明白的话题一样；他至少试图把握他所谈问题的一种包容性概念，并使人们感觉到它与现实和事务之间的联系。在其职业生涯的所有阶段他都显示了这种勇气，而这是其早期职业生涯中最宝贵的东西。对于一个追求用不同方式改善所有事物的人来说，没有什么东西比智识上的勇气更能成为一种非常重要的前提条件了。

他的演讲术也完全适合于一个多面鼓动者的个性。它虽粗

糙,但管用。它富于讥讽、漫骂和侵略性。它不避细节。它会随时对任何事情发起攻击。我们大可考究其作为一种行事艺术的诸多长处,但没人能否认它恰恰适合于一个多才多艺和冲动的鼓动者——适合于一个细节的论坛。

布鲁汉姆勋爵性格的缺陷——这些缺陷在有些情形下似乎不过是它精妙之处的不利一面——也适合于他的第一职业。第一个缺陷是,用一句话来说,一种深思熟虑的知性的缺乏。一个多面的鼓动者必定乐于领会任何事情,攻击每一件事情,指责任何人。而这不是一个渴望深思熟虑的心智者的生活。一个气定神闲的哲学
392 家,由于其审慎的立场、对他所掌握资料的怀疑以及得出结论时的慢条斯理,因此必定立败。他会在发起攻击时进行调查,说话时进行打听。他不会相机而动,因而丧失了行动的时机。而一种乐观和快速的智慧因其靠一个念头本身行事,因此几乎是排斥那种检验性的、瞻前顾后的和犹豫不决的智慧的。

一个拥有敏感判断力的人也不会承受这样一种职业的。一个鼓动者言多必失,而一个性情精细者则会失于相反的东西。口粗者某种程度上心粗。一个克里昂式的人物是不应该有失败感的。从来没有人高度评价过布鲁汉姆勋爵的判断力;但是过度地提高它也许又会削弱他早期的价值。你可以合适地雇佣某个纤弱妇人作驯马人,像用一个保持着精细判断的人从事鸣冤叫屈的工作一样。

粗硬的神经也不是什么不利条件。也许它们是基础性物质。非常精致的神经会从一种分散而嘈杂的生活中退却。六天时间中,不出三天那个敏感的身躯就会受到刺激,鼓动者会一筹莫展。

人们的确可能想像，在一个单一的崇高事业中，某种会照亮人们想像力的东西、会使人们内心感到激动的东西、某种最细腻的气质、某种最赋有诗意的躯体，完全可能使人兴致盎然。具备一点这些特质可能是必要的。作为一种信条的信徒必须有理解该信条的天性；他的想像力必须吸纳它，他的感觉实现它，他的本性吸收它。要想使更精致的性情中人感动，你需要更深沉的性情。也许即便在一种较恶劣的事业中，在某种应该抓住躁动的暴民、左右群众、 393
控制大众思想的情事中，尽管如同暴民宣传家的差事那样粗劣，但你需要精致的想像力。人们发现了它的某种痕迹——还发现了它的自然伴生物，一种甜润的性情——埋在了奥康内尔巨大的身躯和粗鲁的外表中。任何不带有诗意的人都不能接触那些爱尔兰人。布鲁汉姆勋爵就是散文本身。许多年前，他被说成是在交易过程领域内的知识超过了所有的人。“他”，一位讽刺家继续说，“被告知我们进出口的确切状况，而且几乎每一艘船只在利物浦或赫尔港卸货的时候，他都收到了提单通知。”对事务中人的冤屈进行解释无需诗意。它几乎无需最严厉的抨击。做一个“集合的米拉波”有某种近乎荒诞的东西在其中。

最后还有一种品性难以用书面语言描画，却又是布鲁汉姆勋爵最富有，而且或许对他来说一直比其他所有品质加在一起都更有价值的一种品性。在普通人的语言中，它叫做“魔鬼”，精于德语的人称它为“魔鬼因素”。它究竟是什么东西，人们难以用一句话表达。它最容易用相面术来解释。一些人的眼中有一种闪光似乎在说：“注意点，我是个危险人物。离我远点。”布鲁汉姆勋爵脸上就写着这种东西。一种难以琢磨的好激动的倾向就是它的最明

394 显的表现。如果它是一匹马，那么没人愿意购买它；他的那种眼睛，没人能保证他不发脾气。这种人通常不一定真的倔强，但是在困难中他们却不好接近。他们充满着一种不可克服的侵略性渴望。他们宁愿以卵击石，也不愿按兵不动。富有一点魔鬼气质对于一个鼓动家来说是难得的。

布鲁汉姆先生为他特殊的职业所进行的特殊调适使他在几年之内升迁到了一个英国人极少获得过的位置上——一个也许没有一个其他的人通过民众鼓动而得到过的位置上。当他在 1830 年成为约克郡的议员时，他成了这个国家的一个权势人物。他所鼓动的事业自身已经有了发展。中产阶级特别是商业阶级的权力得到了增长。艾尔顿勋爵正在隐退，西德莫斯勋爵已经隐退。我们现在称为自由的东西正蔚为风气。人们不再将半封建的宪法视为一种“思想的法度”。至少争论被认为是公平的。而这似乎是可能的和自然的。商人的影响随着商业的发展而增大，而且他们采用了那种不隐晦的、直截了当的、审慎的信条，而这种信条是符合他们的本性的。这一点没有人会感到惊奇。要解释改革是如何成为一种激情的要难得多。改革法危机期间，公众的心态是那些记不住它的人所难以理解的。那种大众的热情、剧烈的激荡、急促的观念转换、教区牧师和乡绅与那些他们曾分别长期进行布道和发誓的人的联合、那种“全部的法案，此外别无所求”的呼声，变得完

395 全陌生了。就像首届法国议会在公众的呼声下一夜之间清除了旧统治集团的基本弊端一样，我们的先辈们也立即热情洋溢地废除了衰败城镇和旧的代表制度这些半封建英国的残存的弊端。如今的法国人据说理解不了 8 月 4 日，我们也难以理解 1832 年。我们

陷入了一种冷漠之中。不过，我们无需理论教导就仍然可以理解这种热情对于当时的自由主义者而言是多么大的一种优势。多数辉格党内阁一直像低教会(Low Church)主教一样。现在人们有这么一种感觉，即那些主张自由的人不应该实行强制；他们取得了统治地位，但他们似乎不承认他们统治的继承性；一种模糊的半保守的情绪使他们没有得到信任。在1832年的动荡中，所有这些感受都不见了。托利主义被兴高采烈地废除了。

布鲁汉姆先生是那些最先分享这种有利因素的人之一。相传在首届辉格党内阁中，布鲁汉姆勋爵被委以检查总长之职，而他的答复只是不屑地将包含着这个委任的信件予以撕毁。这件逸事是真是假我们不能说，首届现代辉格党内阁出现在后历史时期。我们还没有足够的当代证据来证明它的细节：必须经过许多年以后，回忆录撰写者们才会积累这些证据。不过从精神上说，这个故事无疑是真实的。葛雷勋爵不想让布鲁汉姆先生当大法官，而布鲁汉姆先生又拒绝担任任何低于他的能力和影响的职位。事实上，首届辉格派内阁是处于某种困境之中的。一个成功的反对派应当
控制政府这样一种观念颇为人们所嘲弄。“先生，”一位对立宪政 396
府这一部分持怀疑态度的人会说，“我宁愿选择那位最使劲地向我的前任车夫扔石头的人做我的新车夫！”而不用援引这种批评家的长篇大论，我们必须承认这么一点，即，当那些因胜利而聚集在一起任职的人已经多年处于反对派地位上时，这个理论可能产生奇特的后果。这个党派不可能获取了官方的习惯；事务的传统不可能为他们所熟悉；他们长期的反对过程会将那些难以适合于进行平静治理的人逼上领导岗位。据说当葛雷勋爵内阁组建时，

人们就颇有些这样的感受;“那个一直受公众喜爱的人”,巴克斯通先生似乎应招管理戏剧演出审批事务了。严肃的英国人对政府的重心起了疑心。因此,让布鲁汉姆勋爵当大法官是特别不合时宜的。他太游移多变。你不能想像他会低声说话。当然,他对艾尔顿勋爵进行了多年的攻击,但是,他懂法律吗?他是一个太过活跃的人,但是,他会静静地待在大法官席上吗?关于他对他的职业的漠不关心,人们流传着一些离奇的故事。“可惜他不懂什么法,然而他竟然什么东西都知道一点,”一位显然对他只是一知半解的人会这么说。一位知道得更详细的人回忆说,当布鲁汉姆还是尼古拉斯·廷达尔先生寺院里的学生的时候,他的一位对他的能
397 力抱有极高希望的叔叔问廷达尔先生:“我想我侄子将全身心投入到他的职业中去?”“关于他的灵魂我什么也说不上,”这位著名的特别辩护人说,“而他的身体是很少在我的屋子里的。”撇开这种传奇表面的轻视不谈,这一点是不能否认的,即布鲁汉姆先生在法务方面的实践——尽管实质上广泛而有利可图——并没有表明他拥有一个倡导者所有的最精致的谨慎和最巧妙的策略。斯卡利特先生将判决书从他那里偷走了。“他重拳出击,先生,”一位律师说;“但他打错了地方。”这次任命勉强巩固了当时内阁的地位。布鲁汉姆先生是个英雄;布鲁汉姆勋爵是一个“必需品”。这个情形就像迪斯雷利先生当上了财政大臣一样。

随着岁月的流逝和摆在我们面前的真实情况,人们不难看出,这些预期在多大程度上是错的和在多大程度上被结果证明是真实的。所有关于布鲁汉姆不懂法律的念头立即被抛弃。一个具有他那样多元文化和非凡天赋的人,加上超强的记忆力以及在论辩方

面的丰富经验,是不会不懂法律的基本理论的,就像裁缝不可能不懂剪刀和布缝一样。布鲁汉姆勋爵曾经是,现在依然是一位有着相当成就的法务人,这一点现在是没人疑问的。不过同时,为这一点提供结论性证据的判断——对早期那些吹毛求疵者的断然驳斥——也会让我们难以给予他一个绝对公正智者的称赞。伟大的法官可分成两类——当事人的法官和法律从业者的法官。其中第 398
一类是这么一些人,他们总是对他们面前的特定案件作出正确的裁决,对所有与案件相关的情况有着健全的见解,能敏锐地认定事实,准确地衡量证据,公正地识别辩论。林德赫斯特勋爵或许是人们不难想像的这类伟大的法官。聪明人碰到了一个好案子,就会选择让林德赫斯特来裁断,而不让其他任何人裁断。如果诉讼中要考虑当事人的话,那么就无需更多的东西。不过,对于法科学生和法律职业来说,某种更多的东西是人们所想望的。他们不仅希望从一次司法裁决中寻求庭内就某个特定的争议作出正确的调整,而且还寻求一种足够的对可以适用于其他争议的原则的揭示。那种对他眼前的案件的精确特性有着特别精确的察知能力的法官只是很适合于决定该案的基本的和绝对必须的东西。他的精细识别会保证没有任何其他的东西是必要的;他不会为后代人提出结论;他让后代人决定自己的争议。另一类法官对他眼前的东西抱着一种职业的兴趣:他眼睛盯着的不是一个涉及张三或李四是否有权力得到一块可怜土地的不起眼的争议而是一次闪光的机会,通过这次机会,他可以决定某种他思考了多年而且已经有了现成结论的法律争议。于是,他所作的判决性质上就是论文。某种意义上说,它们是可以适用于手头案件的——它们可以对此作出 399

正确的裁决；但是它们对案件的原委问究得如此之深——作了如此多的原则说明——以致某些特定事实似乎不太显眼了，而显眼的是一般原理。读过已故科腾汉姆勋爵的判决词的人无不感到这种判词是就手头的事情在界定的基础上为未来岁月形成了固定的法律；他很可能为该案找到了某种在他的实践中出现过的权威性东西：他并不停下来询问那些诉讼当事人是否欣赏这种学问；也许他们不欣赏——可能他们宁愿给予他们自身一种更排他的突出地位。而这两种特质布鲁汉姆勋爵一个也不具备。他的智慧中缺少那种当事法官所特有的富于洞察力的精确性；而且，尽管学识渊博，他从来没有像一个寻求“原则”的法官所必定是的那样沉浸于他的职业。非经年复一年耐心的反思，没有人能够提供一种适合于所有过去的案件而且能够裁决未来案件的教条。他心里必须储藏着理论。没人能设想布鲁汉姆勋爵是这样一个人。人们没法认为他能平静地关注技术要旨，或者能够就抽象的法理进行经年的沉思。于是，尽管在他那个时代，他是一名胜任的——因为他迅速完成了那些该做而未做的事情——且最有价值的法官，但是不能说他在司法阶梯上取得了一流的地位。而我想这就是世人的评价。

关于大法官的政治职责以及布鲁汉姆勋爵对这种职责的履行是不易讲述的。其中许多必定是秘密的，而那些年代的历史尚不
400 能撰写。没人能怀疑他表现出了过人的精力、热情和力量，也没人怀疑他性格中的基本缺陷很快就表明他几乎不适合做一名行政官员。弗朗西斯·霍恩那在1802年就预测说，如果“布鲁汉姆从事于一个活跃的职业，他会表现出缺乏谨慎和克制”。关于这一点，

作为一个当代人读一读威灵顿公爵于 1835 年 9 月 15 日写给 R. 皮尔爵士的一封信是耐人寻味的:“国王陛下提到,布鲁汉姆勋爵[①]威胁说他不会向欲使议会休会的委员会交出大印,”而不一会儿他自己又更正说,“似乎布鲁汉姆勋爵没有威胁说他不会让议会休会,而梅尔波恩勋爵说他处于了一种极度亢奋状态,以致他想这么做。”我们必须等待布鲁汉姆勋爵的回忆录出来以后才会知道当时真实的历史;不过,我们从中看到的浮光掠影也呈现出了同样粗野和偏执的画面。

那个时代——英国很久以来最接近于革命的时代——的确有可能将一种好激动的秉性锤炼到极致,但同时也为一个卓越的治人者设定了范围。关于这一点,罗巴克先生(Mr. Roebuck)举出了一个奇特的例证:

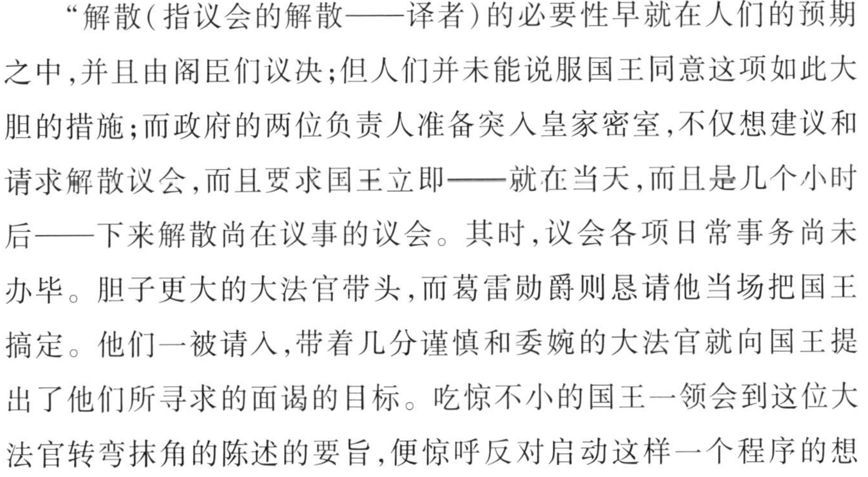

“解散(指议会的解散——译者)的必要性早就在人们的预期
之中,并且由阁臣们议决;但人们并未能说服国王同意这项如此大 401
胆的措施;而政府的两位负责人准备突入皇家密室,不仅想建议和请求解散议会,而且要求国王立即——就在当天,而且是几个小时后——下来解散尚在议事的议会。其时,议会各项日常事务尚未办毕。胆子更大的大法官带头,而葛雷勋爵则恳请他当场把国王搞定。他们一被请入,带着几分谨慎和委婉的大法官就向国王提出了他们所寻求的面谒的目标。吃惊不小的国王一领会到这位大法官转弯抹角的陈述的要旨,便惊呼反对启动这样一个程序的想

① 皮尔爵士回忆录的编者们没写出这个名字。不过如果他们不希望人们知道这个名字的话,他们应当把这一段删掉。每个人都知道是谁掌握着当时的大印。——原注

法。‘我的大臣，我怎能以这种方式酬答议会对我本人和王后的善意呢？他们刚批准了我一项极慷慨的内务开支清单，还给了王后一笔可观的年金，如果她活得比我久的话。’大法官承认，对于国王陛下而言，他们是慷慨而明智的；但是他又说，他们的继续存在与王国的和平与安全不相容。然后，他和葛雷勋爵都不遗余力地陈述他们所提请求的绝对必要性，并向国王表明，该建议是经由他的大臣们一致议定的，而且他们自身也感到在现议会的现状下，
402 他们难以董理国家的事务。最后这句话使国王感到，如果继续拒绝的话，其结果就会是一次总辞职；而就此而言，尽管他有自己秘不可宣的想法，他当时还是害怕的。于是，在找了不少小借口，并陈述了一些小小的暂时的困难以后，国王开始表现出要让步的意思。‘不过，我的大臣，一切都没有准备，高官们尚未被召集。’‘对不起，陛下，’大法官用极明显的谦恭姿态说，‘我们已冒昧告知他们陛下您将带领他们在适当的时候出面。’‘但是我的大臣，王冠、王袍以及其他所需的东西尚未准备好。’‘我再次恳请陛下原谅我的冒昧，’大法官说，‘它们都已经准备停当——相关的官员们都渴望在适当的时候以适当的形式出席。’‘但是我的大臣，’国王再次用他提出反对意见的方式说，‘你们知道这件事是绝不可能的；卫队和军队还没有接到命令，并且不可能及时准备就绪。’实际上这种异议是最难对付的。在这种场合对军队下命令总是由国王直接进行的，而且除国王外，实际上任何人都不能指挥军队从事这种事务；而且由于这位首相和斗胆的大法官也清楚地知道王室在这类事情上忌讳的性质，因此他们也在很大程度上对结果感到怀疑和担心。于是这位大法官经过某种真正的犹豫之后，又开始说话

了:'原谅我,陛下,我们知道我们要迈的这一步有多冒昧——鉴
于您为了您的王国的安全和您的人民的幸福而表现出了极大的善 403
意和焦虑,我们已经准备迈出这一步。我已经下了命令,而军队已经准备就绪。'国王在真正的愤怒中震惊了,脸面通红地咆哮道:'什么?我的大臣!你竟然胆敢这么做?闻所未闻!你,我的大法官,应当知道这种行为是叛逆,地道的叛逆,我的大臣。''是的,陛下。'大法官说,'我完全知道这一点。我完全知道陛下您为了您的人民的利益所拥有的善意和父亲般的焦急,我郑重相信国家的安全有赖于今天的程序,只有这个才能使我斗胆实施这么一项如此不同寻常而且在通常情况下如此不适当的程序。臣当怀着全部的谦卑之心臣服于陛下,愿意以自己的名义承担所有的罪责,并接受任何陛下可能认为必要的惩罚。只是我还是要恳请陛下听取我们的意见,并接受我们的劝谏,并且,鉴于你珍视你王位的安全和你的王国的安宁,请同意我们最诚挚的请求。'经过两位大臣的进一步劝谏以后,国王开始冷静下来,并同意了他们的建议。同意后,他又叮嘱,所有事项都应当以适当方式进行,并就仪式问题进行了悉心的指点。他将在议会闭幕式上所作的发言已经准备好了,就装在大法官的口袋里。这一点他也首肯了,并希望所有的人都要准时到场。临别时,他还对他的大臣们发了一句半是威胁半
是玩笑的话:不得在程序中过于放肆。" 404

随着梅尔波恩勋爵首届政府的倒台,布鲁汉姆勋爵的行政生涯也告结束。众所周知,罗伯特·皮尔爵士倒台,接着辉格党人重新掌权以后,他没有受到任职的邀请。自那以后至今已二十余年了,他不得不过上一种大致来说最考验他的政治名声、同时也许最

考验其真正的个性而不是任何与他心灵的品质和性格倾向相异的生活。许多最近的情形使我们明白,要想对一届政府——你能认同这个政府的一般倾向,但又倾向于批评它的具体措施——给予一种人们所称之为“独立的支持”和“友善的反对”有多难。那些皮尔派人士和约翰·罗素勋爵多年来多半就处于这种位子上,而且一般来说得不到人们的同情。由于他们原则上认同政府,因此他们不能反对被国人们视为要旨的东西;他们就细节提出的建议被人们认为是微不足道的。公众很少想到这类问题;而那些长时间思考一个问题,有着确定的思路和有组织的计划的人难免对处理这种问题的最小细节产生急切的兴趣:有时他们发现了那些不太关注的人发现不了的某种重要性;更经常的是,他们也许认为他们自己所创设并与他们的习惯和观念相类似的东西中存在某种特别巧妙性。布鲁汉姆勋爵就处在一种特别有此感觉的位置上。他早期生活中为之奋斗的各种观念一个接一个地获得了成功;他所
405 建议的各项改革都付诸实施了;他所针砭的各种弊端被废除了。原来的世界变成了现在的世界,但又不是被他改变的。要想让他心甘情愿地倾心于现存的自由政府是不可能的;分裂刚出现,也许太突然。一个生性充满渴望和激情的人很难在现政府有分寸的言辞、精选的场合和粉饰的平静中兴高采烈的。于是,布鲁汉姆勋爵多年来的生活一直不利于他的名声。在一些特定的场合,如在黑人学徒制的废除问题上,他可能获得某种类似他先前权力的东西。不过一般来说,他所处的位置一直是一个鼓动者的位置,其措施在被实质性地付诸实施,只是一些细节方面的区别不符合他的脾性和他的想像。科布顿先生将罗伯·皮尔废除谷物法的方式描述为

在三年的时间内用显微镜式的调整比例进行,如反谷物法联盟要求的 17 先令 6 便士,并确保另外的 2 先令 6 便士。而那时好激动的人们要求那最后的 2 先令 6 便士;他们不能忍受这种调整,不能忍受偏离他们一直想望的那种微小的差异。我们必须记住这一点与现在我们对布鲁汉姆勋爵的生活最熟悉的一面之间的关联。对于像他这样的一个如此活跃的人来说,停止活动是一种很少有人能够感受的痛苦。其他的人会继续干的,这一点并不使他感到欣慰;他们是一些坎宁派的人,这一点也不能使他感觉更好些。我们已经见证了布鲁汉姆许多的过火行为,但我们或许没有意识到他所受的诱惑和他的苦恼。 406

这就是布鲁汉姆勋爵生涯的概要。他一生包括起步早、有所间断地进行各式鼓动的时期;简短的普通行政间歇期——不过这个时期出现在一个特别非常的时候;一个年事极高且远离实际事务活动并被迫通过提出各种反对意见和不同形式的挖苦讽刺而别具一格的时期。关于他的偏执和激动的奇闻逸事使他的晚年岁月黯淡无光。关于这些我们不能说得太多。他多样的性格中有许多层面,其中的一些我们应该通过它们自身来观察。

与他政治生活联系最紧密的是他作为一个法律改革者的生涯。我们已经讲述过他早年这方面的辛苦劳作。我们说过,如此专注地献身于这一事业的人中,很少有人揭露了这么多的弊端,提出了这么多的补救措施;他的早期活动之一是已经或即将大部分在这个课题上被完成的半个——而且远不止半个——项目。不过称颂必须到此为止。布鲁汉姆勋爵将借以让后人知道的完整而详尽的改革是不多的;与他的权力、勤奋和机会相比,这些改革算不了什么。没有什么东西是他更不具备条件从事的。一个揭露某种弊端的壮怀激烈的人很少拥有消除这种弊端的那种机巧、痛苦和仔细分析的能力。布鲁汉姆勋爵曾经作过一次财产转让制度方面的演讲。第二天,一位这方面的著名教授说:“我不愿意让他来就我的财产签一份契约。”作为一位法律改革家,如欲善其事,就须具备有关财产转让方面的能力。他必须记住整个课题——要领悟
407 哪些东西是纸面上所必须的,要区分个人的权利,要通过甚至是形而上学的精妙辨明从他所要消除的弊端中能够保住的优长的东西。他必须就即将在复杂的未来施行的条款的制定,就不干预过去的复杂机器的条款进行推敲。他必须具备一个法典编纂者的心智。而像布鲁汉姆勋爵这样的一个冲动的人是不能指望拥有这种心智的。一个沉静而耐心的人,居于静室,长于细微事务,出于性情上的渴望,习惯于精细,将最后的极端的完美放置在他可能试图做的任何事情上,才是做这种活儿的人。你不能指望一个鼓动者拥有这份沉静的精巧性。在一个正在出击的拳击师和一个精细的正在施行截肢手术的手术师之间存在着同样的差别。

同样平静心态的缺乏影响了他另一种追求的精度,而这种追求初看起来是没有多大必要的——演讲术的追求。我们容易忘记这一点,即演讲术是一门富于想像力的艺术。在我们的事务习惯中,修辞的名声已经狼藉:我们最伟大的艺术家们都力图掩盖这方面的完美之处。他们希望他们讲述的效果似乎是其所讲述的东西本身产生的,而不是他们的讲述方式产生的。但是当人们陈述一种悠久历史中的事件时,在用富于技巧的叙述进行陈述时,真正想
408 像力的使用并非因此而不存在,每一个事实显得天然适得其所,所

有的细节看似恰如其分——借用另一个行当的比喻来说，从散漫而凌乱的物品中集聚的一群。更明显的是想像力在表达深厚感情，甚至普通感情时，或者在描述崇高目标时的前提作用。想像力只在宁静的心灵中才起作用，这现在似乎成了规律。生活的喧嚣和冲动与它格格不入。人们说，“除非诗性像薄雾一样自动曼妙地从沉思的半散漫的闲逸中兴起，否则的话我就不会写诗。”

> 我在考文垂等候火车；
> 在桥上与仆人和搬运工闲逛
> 看着那三座高高的尖塔；在那里我将
> 城市的传奇编织在这座桥上。

布鲁汉姆勋爵不会这样等待。他会冲进城里，提出改进意见，谈论桥梁科学，向当地人解释它的历史。好静的人还会以为来了二十个人。当然，某种意义上说，这是值得羡慕的；这种生气与活力是不多见的。即便是那些“仆人和搬运工”也不会对这种富于攻击性的智慧无动于衷。不过同时，任何有关古老故事的轻描淡写的图画都不会在它的想像中产生。城市的传说会抛到九霄云外：想像的天仙般的霜花会消逝，话题会涉及该搬运工长子的上学问题。伟大政治雄辩家的稀缺性很大程度上就在这种情况下显现了出来。只有那些直面生活的浮躁的人才具备它的素材；只有那些 409
退隐沉思的人才具备它的功力。拉马丁先生为那种拥有行动的机会并拥有危险的悠闲功力的人画过一幅显眼的画像：“维尔涅奥陶醉在这种艺术的、音乐的、激动人心的快乐生活中；他抓紧时间

享受年轻时光，似乎他感到年轻时光很快就要结束。这种生活习惯是沉思的和悠闲的。他很晚才起床，他在零散的稿纸上写几笔，像一个和时间赛跑的忙碌的人那样，把纸放在膝盖上；他在梦幻中慢慢地构写着自己的话，并且借助于记忆来保留它们；他像休息时擦拭自己武器的士兵一样在空闲之时整理自己的思绪。”这不是一幅能够在动荡和斗争时期赢得辉煌的人的画像：更粗暴的人会赢；一种不祥的命运吞噬了他精细的想像力。他死了，因为他无所事事；他是伟大的，因为他无所事事。拥有如此心智的无所事事只是一种对飞动的想像被动享受的名字。

重复已经说了上百遍的东西只会让我们的读者感到厌倦，如果我们试图解释布鲁汉姆不具备这一点的话。他的优点是，他一生从没闲着。如果这也成了他的缺点的话，那么他也没什么可抱怨的。他是他那个伟大的时代中最富有效力的演讲者，这一点是没有疑问的。他的冷嘲热讽的能力、他那令人吃惊的敏捷、他的语言活力使他成为了一个最难以对付的——如果不说是一个非常具
410 有说服力的——演讲者。他无穷的活力必定在他的听众中产生甚至过分的效果。但是，当他出版他的讲演录时，此举对他的声誉来说并不明智。这些讲演中存在着所有错误中最不可原谅的错误——枯燥。几乎难以卒读。无疑，当时它们的影响是巨大的；它们甚至令人欢快过，像人们喜欢观看一匹野马的杂耍一样。但现在，由于听不到讲演者的声音——人们看不到他生动的面部和闪光的眼睛，以致即便是其中最俏皮的话语也失去了魅力。挖苦不尖锐，谴责没分量。其中充斥着这样的一种细节，它可能在当时有——尽管敏锐的观察家们认为没有——吸引力，但现在没人能够忍受。

你不仅感到乏味，而且肯定没有受到教益。一个鼓动者的细节很少受到信任。他讲的事实可能是正确的，但你必须变成历史学家才能验证这些事实；要想知道它们的真实性，你必须过上埋头于官方文件和旧文献的日子。也许人类的想像力能够给予人类生活中任何有分量的行为以兴趣。一只强力拉人的手臂可能知道我们在叙述中行进，一种亢奋的笔触可能使细节变得生动；但是要在斗争性的生活中用有争议的事实来实现这一点是一种罕见的能力所能实施的罕见的行为。想像力所承担的任务很少有如此艰巨的。对布鲁汉姆勋爵来说，要想通过事务细节和晚年让人难以承受的寻衅行为来吸引人是绝无可能的。他的声调太刺耳。他击败了他同时代的人，但他不会对后人有吸引力。

布鲁汉姆勋爵一直希望不仅作为一个演讲者而闻名，而且作
为一个演讲术的作者而闻名。他写过一本关于古代雄辩术的论 411
著，并推荐那些如今想在这门艺术中有所造诣的人研究它——这是恰如其分的；而且不可否认，他是与伟大的希腊雄辩家并驾齐驱的，至少就他的一种典型的精彩之处而言是如此。世上没有比《布鲁汉姆讲演录》更阳刚的书；他总是“实事求是”，粗犷的能量引人注意；我们看不到那些差劲的雄辩者所表现出的花哨俗气的隐喻，或者半真半假的精致；看不到一个理智人所不应拥有的一种直喻。不过我们倾向于质问，他的关于古代雄辩术的研究，特别对伟大的德莫斯提尼的公众演讲的研究，是否对他是完全有益的。众所周知，这些大师级的作品是一个认真的人对一些最有趣味的问题所作的热烈的表述；它们因此具有了激越的个性。说到那些他认为事关他的国家的生存本身的话题时，人们不能指望他讲起

来非常克制;他不承认也不能承认存在着不同观点的理由、一个同样爱国的人在进行适当的思考后,可能得出相反的结论。而我们国家的这位议会制雄辩家的景况则颇有不同;一个人不能讨论皇家公主的嫁妆、银行章程的条件,好像他们是现存的问题——现在出现的所有问题展现的是成堆的事实、绿皮书中的先例和表格化的数据。而关于这些,不可能没有必要进行详尽的调查,不可能不
412 应在进行了这种调查后进行判断的区分。那种德莫斯提尼式的激越是不适当的。几乎接近于讲课者的那种冷静的教学法式的说明比热情的演讲者的那种强烈的呼吁更有效。“金雀花顾问(Counsellor Broom)暴跳如雷”是盛产这种事情的时代里最荒诞的诗篇之一的其中一句;在细节问题上富于激情是荒唐的;在事务问题上富于热情是没有说服力的;即便在不太技术性的话题上,希腊雄辩术很少是足以精确模仿的典范。某种冷漠的闲情逸致贯穿了我们的现代生活——我们形成了一种我们很少察觉的冷漠;我们的言谈是轻飘的,几近于做作;我们最好的著作也一样;我们惯于提出建议,而不是详加说明,暗示而不是巧辩。古代世界的精神是迥异的——交谈的倾向从某种修辞格式上说可能是一种高谈阔论的能力;它肯定是它的书面风格的那种倾向。穆尔上校说:“在对产生雅典散文杰作的时代里的那些特殊天才进行充分估量后,——一种在文学判断中必定总有某种分量的考虑——公正的现代批评家依然不能不在此种流行的修辞调门中发现一种缺陷,一种也许是古典希腊风格的惟一缺陷……历史学家或大众散文家用那种与一个当事人的辩护人或者一个政敌的斥责者对公共会议讲话相同的口吻对他的读者讲话肯定是不自然的。”一般世界和受众发生了

巨大的变化，这就要求演讲者进行变通。帕麦斯顿勋爵的那种轻 413 松的语调比正经的修辞学家的最刻意的语句更有效。对前人来说，当口头和书面的东西都是半演讲式的东西时，雄辩术可能是极富雄辩色彩的；现在言谈很口语化了，雄辩术必须带些口语色彩。在实际生活中，布鲁汉姆勋爵有足够的演讲才能，而不致对此没有一知半解；但他在进行教导的时候忘了这个。

布鲁汉姆勋爵应该在雄辩术中采用一种不提倡激越的理论，这是那些认为一个人的信条构成其倾向的基础的人所引述的一个例证。他生性太富于激情，而且更糟的是，还不是最好的那种激情；其中有某种尖叫的成分在内。他曾向贵族们跪求，这颇受人们嘲笑。没有人在他所阅读和听到的东西中真正感到存在真实的感情，就像一台机器的运行一样。科克伯恩勋爵讲了一件奇怪的逸事。一位喜欢闲逸的年迈法官憎恨布鲁汉姆的那种“没有章法的品性”。他通过嘲笑布鲁汉姆的口才，称它或他是**高谈阔论**的方式进行了报复。“得了，先生们，那个高谈阔论者下一步要说什么呢？它为什么要说这个（说错了这个）；不过，注意，先生们，这位高谈阔论者说错了，而且不可理喻。”我们和这位老法官有某种同感。如果你拿起一篇布鲁汉姆的演讲，并撇开他的声音读它，你不禁会有一种他在打锣的感觉，一种机械的辩才，一种不停地言说的东西。

我们对这样一种容易激动的不友善的本性是如何使布鲁汉姆勋爵完全不能胜任高深的哲学思考已经讲的够多的，这一点无需指出。他这方面的著作多得不计其数，但我们不知道即便是他的 414 最热烈的追慕者们是否曾把它们当作过真正一流的作品。从那本《政治哲学》——可能是其中最好的一部——中我们不难找出极

不连贯和混乱的例子。错误在于他的撰写中:会跑的人就会读,但似乎不可能就会思考。沉思的气质兼进一步调查的智慧对连续的推理和精致的哲学是必要的。

不过同样品质适合于一个人对一般信息的获取。一个老是冲上街头的人会熟悉街道。一个不停地从一个课题变向另一个课题的人不会因为苦心而对其中任何一个变得熟悉,但他会知道它们全部的外表,以及从一个通向其他的路径。相应地,所有关于布鲁汉姆的描述,即便在他早期的职业生涯中,说明了他巨大的信息量。威尔伯福斯先生在也许是最早关注他的书面文章中,建议皮特先生讲他用于某种外交职位,理由是他熟悉语言和其他类型的必要知识。他以写希腊几何学中的系论开始;就在前几天他在法国巴黎宣读了一篇关于微积分方面的某些谬误的论文。要列举出所有他有所了解的学科会是最枯燥无味的事情。当然,人们不能指望他极其正确。“欧洲学得最不准确的人”是一句挖苦话;但这种挖苦也表露了对他的某种恭维。

不妨提及一下布鲁汉姆对物理学的特别兴趣,像他那个时代
415 多数有影响的人一样。他出世时恰值我们理解物质世界的那些伟大发现要么刚刚作出,要么处在即将作出的前夜。这些实际上已经在物质文明方面取得的重大进步多半是曾被人们预见过的。科学中有一种朦胧的希望。人们希望宇宙的边界会移动。活跃而热心的心智被强力吸引到了新动力的研究上;对科学的稍许了解在当时比现在不可比拟地更不寻常,但它控制了更大的区域,并影响了更高级别的天才。它是新的,而人们是乐观自信的。当今的年轻人或许被逼到了另一个极端。我们生活在科学的新奇之中,但

我们知道它对我们的改变是多么少。生活的基础依然如故。我们乘火车行走,但在旅途的终点我们却没有得到改善。我们有铁路、运河和制造业——无疑是极好的东西,但它们并没有触及灵魂。相反,它们似乎使生产变得更加表面化。一些现代人半推半就地从物理学转向了实物。"我们尝试过这些,但没成功,"是常人的感觉。"电机和水压对人心有什么好处呢？让我们与古老的诗歌和古老的哲学待在一起吧;至少还存在着生活和心灵。"这是追求愉悦的时代。[1] 我们不喜欢它的雅致;我们有点讨厌它的奢侈:听到人们称赞它我们感到惊奇。一个世纪前过着积极生活的人们是那些应邀出席宴会的宾客;他们不知道将会发生什么,但他们听说 416
它是某种豪华而伟大的东西;他们带着希望和渴求期待它。这种感觉的影响在实用知识学会里被奇怪地发现,而该学会是那场以布鲁汉姆为最热心的领头人的教育运动的第一个伟大产物。没有人否认他们的劳动是重要的,他们的心愿是极好的,他们所创造的心灵碰撞是极有益的。还有,看看他们有名的出版物,他们特别希望传播的知识无疑是——用德国人的话说——"讲求事实的"。赫兹利特说:"他们将一种有用事物的知识和有用的知识混合了起来。"一种意念不经意地贯穿其中,这种意念是,对实质性知识细节的了解,甚至对外在历史的日期和框架的了解,对于芸芸众生来说是极其重要的;当我们有一个爱好天文的庄稼汉和一群了解流体静力学的民众时,一切都会好的。我们永远不会有这些的;但即便我们有,我们也不应过的更好。人们的心灵和情感是受事物

① 在 1857 年时是如此,但时代变了;到 1875 年时世道正好相反。——原注

更内在的成就推动的;基本个性的激励来自基本生活,来自实际存在的爱、希望和性情,来自吸取它的精神以及某种意义上构成它未经提炼的本质的真实文学。三十年前宣传这个如今众所周知的理论的人当时不为人知;他们一时宣讲的东西也不是或许是最时尚
417 的那种。存在一种更广为人知的关于物质世界的知识是好的;存在一些偏爱物体、相信分子、热衷于生物组织的人是好的,这些人为了让更多的人可以学习更多的东西而乐于承受任何憎恶和辛劳。一个不停地活动的人应如何轻易地接受这种信条是显而易见的。他会分辨出露骨的无知。那种不太明显的论点——它表明,这种很大程度上是不可避免的无知远不如人们起初所认为的那样重要——是一个如此频繁变动的人所永远不能察觉的。

现在我们已经通过某种急切的方式讲述了被布鲁汉姆勋爵的同时代人关注他涉猎过的诸方面。还有一个后人将特别关心他的另一种特性。他是一位伟大的回忆录撰写者。他的《乔治三世时代的政治家》包含了世界所拥有的或者将拥有的他那个时代政治家的最好素描。他是一位人类本性外表的优秀画手。它的本质的某部分需要更深刻的个性,另一部分需要更精致的感受;而关于在法庭和议会里给他留下了印象的那些人的大致表情,那些据理力争的伟大辩论家,那些悄悄地逐渐获得听众信任的宣传家,那些定分止争并通过巧妙权衡的言辞和理不清的疑问作出裁决的伟大法官——关于这样一些从事这样一些事务的人,也许没有比布鲁汉姆更伟大的描画者。他易于表露的好寻衅的个性使他与要人们发
418 生冲突。他在人性显处方面的技巧使他了解这些显处。一个用头撞过墙的人——如果有人冒险一试的话——会对这堵墙的本性有

所了解。那些在对世人的管理中度过了五十年的人是会了解世人的外在本性的;而如果他们拥有足够的文学功力,他们会描画出这种个性的。不过一般来说,布鲁汉姆勋爵对人物的精彩描画局限于他亲身而恳切地遇到过的那些人。那些对18世纪哲学家们和法国政治家们的描画是苍白无力的。他显然需要那种用以进行观察的粗略的行动必需品。不过有一处难得的例外。他保留了一段对他青年时代教师的极其生动的回忆。在描写这些教师时,他表现得在任何其他地方都不曾表现出的和蔼可亲。无疑他太过偏袒,但一个老人可以被允许尊敬——如果他能够尊敬的话——他的校长。

这就是我们有限的知识所允许我们讲述的关于布鲁汉姆勋爵的事情:关于这样一个如此丰富多彩的一生,至少是一个有着如此多样化追求的一生,人们可以写出任何长篇幅的东西。正规的传记作者在今后的年月中会产生的。对于一个仅仅是随笔作者而言,给这样一个人的个性进行或者试图进行粗线条的描画,足矣。

罗伯特·皮尔爵士的个性

419 许多人浏览过旧文献。这样的一些东西给他们留下了印象:生活的变化、对那些如今人们深信不疑的事情的怀疑、对那些如今不可思议的东西的信仰、对那些如今显得最重要的东西的遗忘、对过去细节的忽略——这些都是朽叶的特征。我们阅读罗伯特·皮尔爵士的回忆录时,就有某种这样的感觉。谁还会怀疑那个天主教会问题呢?它不再是一个“问题”。年轻一代已经开始了一种生气勃勃的、或许是傲慢无礼的生活,他们正视那些从前被人们认为是荒唐、有害、虚妄的受到怀疑的东西。重新引起争论是错误的。对一个公知人物在他所处的时代所提起的责难很少在后世能得到回响。后人要么看到了更少,要么看到了更多。清晰得不可
420 辩驳的几点显现了出来;没有人想到他们活着的时候被缠绕其中的那些数不清的积累、行动的碰撞和人类感觉的纠缠。时代发生了巨变。争论的要点显得清晰明白,所设定的前提变得不肯定。难处在于如何理解“那种难处”。罗伯特·皮尔爵士将不得不向后人负责的,不是他通过了天主教解放令,而是为何他此前对此持了反对态度;不是因为沉寂,而是因为缓慢;不是为爱尔兰新教教会采取了“不足够的安全措施”,而是设法为一个不公正的以致得不到法律和法律创制者们支持的机构采取了安全措施。

不过,这本回忆录还有更深的目标。其目的是个人的,而不是国家的。它旨在表明的不是罗伯特爵士做了一些外在看来是方便的事情这一点——这一点再明显不过——而是他自己真的相信他所做的是正确的这一点。场景不是设在爱尔兰、克莱尔郡,不是设在奥康内尔的大获全胜中,或愤怒的蒂珀雷里沼泽中,而是在内政部,在档案和文件堆中,在被最准确地归档的备忘录中;而它旁边的记录显示,法官 A 应该被解雇,而坏蛋不该受到斥责。它贴着"我的良心"的标签,且旨在表明我的"行为"是真诚的。

严肃而不开玩笑地讲,这决不是一个小问题。不仅罗伯特·皮尔爵士在这个国家历史的多年时间内所占据的巨大空间需要历史评论家对其个性给予迫切的关注,而且这种个性本身,它的特点和优缺点与我们时代和政府的趋向是如此类似,以致如果我们对他不公平的话,那就意味着对所有可能的政治家的不公平。我们 421
想简要地说明一下这是怎么回事。

一个宪政下的政治家一般来说是一个拥有寻常的观念和非常的能力的人。理由是明显的。当我们说到自由政府时,我们指的是这样一种政府,其最高权力是分立的,单个人的决定不是绝对的,而存在着辩论的空间。就像皇帝尼古拉斯所言,辩论型政府的本质是你必须说服很多的人。有吸引力的不是单个政治家的孤立决定,而是有着不同追求、不同利益和不同习惯的芸芸众生。如人们所说,公共舆论统治着一切。福克斯曾说,"伯克是个聪明人,但他聪明太过。"普通人不会理会这个的。他是一个冷静而普通的人,有着慎重的神态,心中有数,有着自己的事情要照应以及有着来自并适应日常生活的日常见解。他不能忍受新奇和创造性。

他说："先生，我平生从没听说过这种事。"他认为这是一种逻辑上的归谬法。从他所认同的读物，你可以看出他的趣味。还有比《泰晤士报》更辉煌的作为才能和勤奋的界碑吗？难怪人们相信它。如卡莱尔所言："让那种能够书写诗史的最高智慧为这个早
422 报写篇关于这样一位领袖的文章，它会失败的。"但是从那里你看到过任何你以前从未见过的东西吗？在每个人读到过的千百万篇文章中，有人能从某篇单独的文章中寻找出某个单独的与众不同的观念吗？深奥的理论、睿智的格言和持久的感念，这些世界上最有影响的出版物一直最先向一个无知的族类传播的东西在哪里？这些作者太过精明。他们出版的两百万份——或者不管多少份——被人们购买不是因为购买者希望了解新的真相。购买者们喜欢的是那种可以一目了然的文章；对这种文章，他可以摊开说："精彩，非常精彩；恰如**我自己**的感受。"有创见的文章反而会遇到麻烦；更何况，一个在煤炭交易问题上认真的人不想成为一个当代燃料交易商们新奇理论的提倡者；——他想看到的是一些他现时可以说出的不会被认为是不属于他自己的话语，不太深奥的话语，他认为报纸只提醒他的话语。同理，恰恰由于那些最受欢迎的政报不是那种从深度上说是最好的或最富有教益的，而是在发现了人们的心思后准确反映了这种心思，抓住了社会的浮动情感，并用一种方式——这种方式使社会可以认为会说服另一个不相信它的社会——表述出来的那种政报，——因此最有影响的立宪制下的政治家是一个最贴切地表达当时信念的人，一个将这种信念付诸实施的人，一个将它包含在法律和制度中的人，一个赋予他可能的
423 最高生命力的人，一个促使普通人进行思考的人："我自己不会做

得更好,即便我自己有时间去做。”

人们会说这只不过是那种似乎伴随文明出现的普通人专制的一种结果。你可以谈及尼禄和提比略的专制,但真正的专制来自你的隔壁的邻居。什么法律比他据以行事的法律更残酷的呢?什么枷锁比必须像他那样行事更可恶呢?你隔壁人的眼睛盯着你,还有什么专制的监控比这更有效呢?公共舆论是一种有着穿透一切的影响力的东西,他要求人们对它自身的服从;它要求我们想他人所想,言他人所言,遵循他人的习惯。当然,如果我们不这样做的话,不会有正式的禁令,不会对违犯者施加肉体上的痛苦——那种野蛮社会的粗暴惩罚。但我们会被叫做“偏执”;“最不幸的观念”,“奇怪的年轻人”,“好心,但我敢说靠不住,先生,很靠不住。”当然,谨小慎微的人就跟着走。几乎每个人的位置依赖于其他每个人的意见。这完全不像斯威福特那种为获得理智人的名声而提出的告诫:“你所持的观点要与正在与你谈话的人相同。”这个世界是属于那些这个世界可以信任的人的。我们的谈话本身也受到感染。从前的那种无所顾忌的幽默、不加遮掩的陈述和恰中肯綮的独断现在抛到哪里去了?它们已经远去了;而你在正统著作中读到的是那些令人厌烦的关于谈话的**艺术**已经不复存在的遗憾。期待行走的艺术远离我们也可能是合理的。当人们知道他们谈话的对象时,他们会有得体的谈话。我们甚至可以说,谈话的艺术由 424
于适应了新情况而得到了提高。“藏起你的智慧,使用通常词语,说些人们期望你说的话,你就会心安理得。普通生活中腾达的秘诀在于在原则问题上持中庸立场。”

不管这些俏皮话中包含多少真理,人们期望这种真理在政治

世界会更特别地显示它自身。当人们在被认为处于安全状态中过日子时,害怕不相称地被认为处于不安全状态中。“文人学士,”人们说,“是些异类。”不过他们在某种程度上是杰出的。“他们可以说一些他们那个时代的大话;因为没人指望他们按这些大话身体力行。”他们是一种被假释的疯人犯,没人期望他们当时会做出害人的事情;他们显得平静,但实际的公众必须警惕他们的反复无常。对政治家们来说情况就不同——他们必定被人们看成是有决断的人。当迪斯雷利先生被任命为财政大臣时,那些最病态的农业郡怨声载道。它们不能相信他是一个牢靠的人;它们不能理解《科宁斯比》的作者提出的税案,或高加索方案的坚持者提出的数额。瓦尔特·斯克特说:“有某种行为上的虚伪,不管这种虚伪多么被那些有内涵的人所鄙视,但都将被那些渴望好名声的人习染。”政治家们,如人们所说的那样,是生活在通俗的名声之中的。

425 他们可能顾及后代,但后代有什么用呢?当这种制约来临数年以前,你的生命会到了尽头。就像飞蛾飞进了档案馆一样。那些渴望得到公职的人必须顾及活着的公众的看法。一种邻近的外围影响构成他们施展才干的基础。他人的信任就是你的**支点**。你不能——像许多人希望你所能够的那样——走进议会去代表你自己。你必须迎合选民的意见:而他们,相信我,是不会有原创精神的。一言以蔽之,像人们已经很精彩地说过的那样,“在自由制度下,有时有必要服从他人的意志;而由于他人显然是错的,因此这就构成我们政治体制改良和我们人类进步的障碍。”

严肃地讲,如此情形是一种灾难。会出现这样一些场合,在这种场合里,要求出现一种不同类型的政治家。一两年前我们就有过这么一次场合。如果某位政治家出现在了这个国家，而他在战争的问题上有着胸有成竹的智慧、明晰的意见、坚强的意志和主宰一切的控制力，那么就会给急切的智者带来扶助，并给千家万户带来慰藉。但没有出现这么一种人。我们的人们宁愿拥有像他们那样思考、像他们那样信仰和像他们那样行动的政治家。他们希望他们自己的意愿被人付诸实施。出现了一个他们没有明确的意愿和确定的意见的时刻。由于他们选择的是一个行政性工具，那么当然他最终就不会被证明是一位英雄般的领袖。 426

如果我们想在全世界选择这么一个例证的话，那可能就是罗伯特·皮尔爵士了。没人像他那样如此精确地具备一个宪政制度下政治家的素质——一流人物的能力和二流人物的信念。由于某种智慧和运气的特性，他从不走在他的时代的前面。就几乎所有与他的名字联系在一起的重大举措而言，他在作为这些举措的提倡者而取得更大成就之前，作为这些举措的反对者他已取得了巨大的成就。在诸如谷物法、币制、刑法的改良、天主教会的改革等问题上　　这些就是回忆录所摆在我们面前的话题　　他都不是最早的开拓者，也不是最快的皈依者。他没有担负起时代的担子和喧嚣，其他的人苦心经营，而他再接着干。只要这些问题仍是一流智者的专利，只要它们局限于慈善家或投机分子，只要它们仅仅受到道貌岸然的看不见的辉格派人士的提倡，罗伯特·皮尔爵士就会反对它们。一旦随着时间的推移、理智的精进和接受性心灵的转换，这些相同的措施变成了二流智者的财产，罗伯特·皮尔爵士也会认同它们。他是在普通人转化的时候转化过来的。他的信念是，一直是，普普通通。但是他出色的能力从未得到如此出色的

体现。后来他讲他的名字写在了这些问题中的每个问题上,因而,只要这些问题不被人们遗忘,他的名字也不会被人们遗忘。

也不是仅仅在这几个举措上罗伯特·皮尔爵士的观念确定无
427 疑地经历了一次转变。很少有哪个英国人的一生如此精确地与公共舆论的转变相称——一次政治思想的完全革命。四十几年前,英国处在博斯瓦尔先生的统治之下,历史上几乎没有什么事实比这个更不可思议。它形同被《记闻报》所统治。他有着同样贫瘠的思想、同样猥琐的保守主义意识和同样阴暗而狭隘的迷信。他那支支吾吾的演讲方式似乎从未使他的朋友们感到惬意;他在政治投机方面的无能引起了众怒——使如今最沉静的读者也失去耐心。其他大臣背靠着大集团或大地产商以补偿他们心灵的萎缩,而博斯瓦尔先生只不过是一个民事诉讼律师,而且对于总体托利性格而言,没有什么人会如此不适和诙谐。他不配得到任何我们战争胜迹的光荣。相反,通过让威灵顿公爵忍饥挨饿和用小手腕困扰他,他不遗余力地获致了失败。他的宗教见解倾向于一种严守安息日教徒式的迷信;而在所有的信念中,这一个是最疏离于镇定而和蔼的英国人的本性的。人们能够忍受这样一位首相,这个事实本身就说明当时全部的民族精神和情趣是多么深地沉浸在与拿破仑的战争中了,说明当时人们对这种竟然调控战争行为的人多么缺乏了解——“在欧洲危机期间,”如悉尼·史密斯所说,“他轻易地将牧师工资改善法案提交到了听证会上”——它还说明了所有创新的恐怖,而新近法国事件给我们富裕和舒适阶层留下印象的就是这种恐怖。他们害怕赶上革命,就像老妪害怕患上感冒
428 一样。阿奇波尔德·亚利逊爵士至今仍认为革命是一种传染病。

你不知道它从何处来,也不知道它会向何处去。逃避的办法只有一个,这位伟大的史家解释说,“待在原地不动;做你习惯做的事,并且做任何事都要与你祖母商量。”1812 年的英国人都在接受这种理论的劝告。博斯瓦尔先生是他们所能找到的最心胸狭隘和顽固不化的人,他代表了这种精神,因而他被推上了国家的前台。

这就是当时政治问题的状况。当时人们对我们现在称之为社会问题的东西是多么无所用心在博斯瓦尔先生被杀这一事件中能够得到较好的说明。凶手贝灵汉姆不管是否该受惩罚,当时显然像一个违犯了国家法律的疯子一样是神志不清的。他并没有特别想杀博斯瓦尔先生的念头。他惟一的念头是,他在俄国失去了一些财产,而英国政府永远也不会赔偿他在俄国的损失。于是,他想杀掉某个内阁大臣作为一种补偿。艾尔顿勋爵活着的时候相信,他自己差点成了牺牲品,并讲述过某个关于一顶借来的帽子和一件助手的大衣——他认为是这些东西保住了他的性命——的故事。整个事件是一种偏执的狂想。贝灵汉姆没有理由期望得到任何补偿。将他的经济破产归咎于当时的政府就像归咎于今天的政府一样是没道理的。诚然,如果他现在还活着,人们会认定他是一个特别有研究价值的人物。医学绅士们会就“不可抗冲动”、“道 429
德昏厥”和“本能性开枪手”等理论进行数天的检验,并给予这样一位如此奇特的犯法者各种可贵的同情。他是否可以给予惩罚可能是一个问题;但这不是一个可处以死刑的案子,这一点现在是所有的人都同意的。在当时,他无疑应该被绞死,就像现在他无论如何也不应该被绞死一样。真正的理由——上面引述的科学理论不过是这些理由的夸大的外表,这些理由显示了对那些没有意识到

他们做了些什么的人所施加的极度痛苦刑罚的令人毛骨悚然的残忍性，而这种刑罚本是为那些罪大恶极者准备的——这些年人们是不陌生的，以致我们无法设想它们不为人所知。而托利派史家不得不对这一点感到遗憾，即一项被他的辩护人如此恳切地坚持的动议——将审判延迟几天，以便获取能够证明他神志不清的证据——没有得到同意；一场特别需要最冷静和详尽思考的司法程序竟然在匆忙间陡然完结，这如果说不是非法的，至少是不同寻常的；而一位贵族又对暗杀事件“火上加油”——他对那些反对派贵族们惊呼道：“我的大人们，你们看到了你们所鼓动的**教会解放**问题的后果了吧”。那些现在对英国已经有所了解的人来说这件事竟然不过是发生在四十四年前，这似乎是不可能的。就是在这样
430 一个世道，罗伯特·皮尔爵士开始了他的生涯。当博斯瓦尔先生被刺时，他任殖民事务部副部长。

不过我们不能相信，即便博斯瓦尔先生不死，他的权力会长期被人们忍受。权力会转到更温和更沉静的人手里。它会转到像利物浦勋爵和皮尔先生这样的人手里。当时英国的统治力量像许多年以前的情形和在某种程度上甚至如现在的情形——尽管远不如前——一样，是贵族乡绅阶级。我们并不是专指贵族院，而是指那个世袭大地产阶级。他们在主要问题上同情上院，但却呼吸着某种更自由的空气，更容易受到大众舆论的影响，更容易与底层人发生矛盾，更难通过精深而节制的教育免除其偏见。从革命时代以来，这个阶级或多或少就是这个社会的统治阶级；衰败选区制度和郡制度主要给予了他们对下院的控制，而一般来说，他们的感受实际上是一种介于上流贵族和贸易阶层之间对当时屈指可数的几个

大城镇的感受的卑鄙词汇。贵族院的统治是间接的,而不是直接
的。通过一个富裕而有教养的贵族集团所熟悉的各种影响途径、
社会资助和强迫力量,其最高成员当然对所有处于他们下面的人
施加了一种肯定而持久的影响。在一般问题上和平静的时候,它
默默地起着普通的作用;而在战争和动乱时期,当疾风暴雨式的激
情爆发时,它可能被更严厉和粗鲁的力量所压倒。行政权力的最 431
大部分的确很少掌握在最高级贵族的手里,而且在很大程度上是
出于一种奇特的原因:贵族集团很少愿意做事,也很少能够做事。
一个忙碌而复杂的社会的治理者面临的与日俱增的事务所带来的
巨大压力对于最高阶层在其生命过程中形成的优雅气质、精致的
鉴别力和令人担忧的判断力而言是不堪承受的,这些特质也养成
了那些可以享受这个世界的人们的散漫天性。必要劳动的真正压
力通常由低层阶级的人承担着,这些人经受过一种早期的抱负、本
土的适应性和艰苦的竞争的锤炼,以完成繁重的任务。这样的人
是两种利益的分享者。他们性情粗鲁但却现成可用,能够完成大
量的日常粗活:他们与高层绅士们生活得够久了,因而了解和感受
得到这类人的所思所需。罗伯特·沃尔波爵士就是这个阶级的典
型。他是诺福克郡乡绅,而不是一名贵族;他天生是一个绅士,但
又是一个粗得能做任何事务的人。他的事业是人们所能够期望的
那种。他像贵族们所希望的那样多年来管理着政府。他们可以说
是被称为英国的这家公司的董事;他们开开会,聊聊天;而罗伯特
爵士则是经理,他知道所有的事实,每天都到,监督每个人,而且主
宰着一切。

掠过利物浦勋爵时代——现在不是说他的地方——某种像这

432 样的命运似乎在他第一次政治生命中可能成为罗伯特·皮尔爵士的命运。如果一位敏锐的赌博大师被问及谁是那个时代有可能行使治权的“最受欢迎”的政治家,他无疑会选择罗伯特先生。他富贵、端庄、勤勉,并一直按部就班地从事这个职业。这种人绝无仅有。至少在那些外在的观察家们看来,他的名字有可能将作为一个新时代的“罗伯特爵士”而传给后代——一个确与沃尔波的时代不同但就其期望而言又有些类似的时代:它期望由一个伟大的行政者统治。这位行政者精于各种事务和交易,而又与贵族集团相关联;由一个观念不出众但才能出众的人统治。不过,命运为皮尔设定了非常不同的角色,而对于一个真正仔细的观察家来说,他的星占天宫图中存在着早就清楚地揭示出来了的迹象。罗伯特爵士的父亲和祖父是开拓了兰开夏的几个人中的两个。机器刚从发明者的头脑里冒出来就被几个精明、大胆而有准备的商人抓住了。他们架起了它,使用了它,设计了工厂制度,联起了一种产业人口。当然我们不能说是这些开工厂的人创造了中产阶级。英国历史也许表明,数个世纪以来它一直拥有相当数量的占有舒适而适度财
433 富的人。不过尽管这个阶级可以在我们中间找到,并且比在任何其他相似的国家要活跃得多,但是在很大程度上它是分散的、群龙无首的、静止的。其间偏僻的农村小镇和乡村工厂里,隐藏和分散着这种巨大而混合的财产和才智群体。巨大的产业财富的堆积是难以掩藏的。它们很快就走到了国内最高等级的水平上——在消费开支问题上以及在那些无数的依赖消费开支的社会关系上——从人群中跃起,准确无误地讲着自己的语言,不可避免地按自己的思维方式思考的人们。诚然,最先的制造商不是民主的。罗伯特·皮

尔爵士这个政治家之父——这个阶级的典型——是一个坚定、诚实而踧踖的保守党人；不过，不管他们在这些问题上可能如何思考，不管他们在其他问题上可能如何设法用他们所升至的那个阶级的语言说话，中产阶级的特性将肯定会在那些已经从这个阶级升上来的人身上表现出来。如果科布登先生去了敌对阵营，如果他提出要取代仓皇失措的迪斯雷利而为德比勋爵服务，他要想像世袭性土地所有者那样讲话是不可能的。并不是世袭性土地所有者知道更多——诚然，无论是书本知识还是经验知识，无论是对应然事务还是对实然事务抑或是未然事务的了解，收取地租的人并不比收取利润的人占优势，但他们的语言风格是不一样的——一个说的是终年劳作者的语言，而另一个说的则是终年闲散者的语言。一个的特点是沉郁的劳累，另一个的特点是愉悦的娴静。勤 434
劳的习惯是那些靠它发家的人固有的本质；它修饰着每一个词汇和每一个理念。因此，最先的制造商们拼命想成为保守党人，成为伯爵，成为贵族，但都是徒劳的。他们可以得到这些爵位，他们可以改变他们外表，某种程度上他们也可以改变他们自身；但是一股更为确定的力量在把他们以及与他们相似的人拖向另一个领域，让他们充满另类思想，使他们表达中产阶级的人们一直明显感觉到的东西，在旧的贵族阶层旁边或面前推出一个新的产业阶级阶层。的确，新的阶层自身并没有表现出共和倾向。他们并不特别注重影响政府机器。他们的特点是希望看到人们按照他们在商务生活中所习惯的观念来管理政府。他们不相信神秘和魔幻的东西；也许他们从不欣赏政治想像力的影响，而希望平实的理智应用于实际生活最主要的部分中。在他后期生涯中，第二个罗伯特·皮尔爵

士是一个最完整、最彻底表达了这个新王朝的理念的政治家——他不是一个贵族的代理人，而成了一个交换和贸易大众的代表。

不过，这两个阶级都同样带有我们开篇时评论过的那种弊行或倾向。它们中每一个都渴望政府完全按照它们自己的意愿运
435 行。有一种观念——我们再次求得伟大政治家的惟一机会似乎有赖于这种观念，一种将最深的崇敬性信任放在展示了明白无误的综合性智慧证据的人手里的观念——它们都没弄明白。一般人已经分化了，而不再属于同一阶层，而属于一个低级阶层。但他们并不更大度和温和。也许他们更刻薄、更专横，因为懒散的绅士比活跃的事务人更宽容、更随和。不管那时怎么回事，罗伯特·皮尔爵士在它两个阶段的生涯中的命运是带头将这些观念付诸实施，将这种信念付诸实行——先是这个，然后是另一个。

也许在我们对皮尔进行习惯化评价时并没有记住这一点。我们记得的是他作为这个国家所曾看到过的最富有智慧的保守党政府的领袖。我们记得的是那些伟大的立法行为，我们认为这些行为是他训练有素的能力的结果，其每一个细节都带着他实践的印记。我们知道，他的名字在商业货栈和工业区会得到人们的喝彩；而在看不见的乡绅和教区牧师的居处，他的名字会受到责难。我们忘了，他的名字曾是新教利益的动能，是乡绅和教区牧师们赖以区分所爱所憎的口令。我们记得，皮尔是一个中庸、明智和半商业化社会的合适头领；而忘了他曾是一个未受过干大事的训练、沉浸
436 于一场大战、仅仅刚从一场大革命中缓过神来的缙绅阶层的当选代表。

实际上，罗伯特·皮尔爵士的性格令人欣慰地既适合于做一

个庄严地致力于自己观念的社群的当选头领，也适合于做该社群转换时期的头领。罗伯特爵士在哈罗曾与拜伦勋爵过从，拜伦留下了典型的回忆如下：“我总在折腾，而皮尔则从不。”他们作为孩子和成人虽然在财富方面有别，但他们至少在心灵的习惯和活动类型方面也同样是不同的。拜伦勋爵的心灵通过一次激烈而显著的努力能够获得他想获得的每一种东西。通过一次想像力的激荡，他发出了能照亮每一个问题的闪亮火花，仅此而已。而这一点他永远不会丢失。思维活动的烈度似乎将它熔进了记忆中，就停留在那里。但他再也不作进一步的努力，也不再获取什么。他总是声言不能连续活动：他说，他不能学习任何语言中的语法。在后来的生活中，他表现出了非凡的行动才干，但一些不得不与他一起行动的人说，尽管他的才能是多方面的，而且他的信念似乎总是多变的，但实际上他是一个最固执的人。你要说的，他听，他赞同；而第二天早上他又回到了他原来的立场上。实际情况是，他不能保有任何这样的东西，这些东西是他不管怎么说似乎不是通过他无 437
助的单一心灵冲动而得到的。这种心思通常不是新的，经常几乎不具备严格意义上的原创性；它们其实很大程度上是在外在建议下形成的，并保留在记忆的某个看不见的偏僻而未知的角落里；但它们的特点仍是，它们似乎来自思考者自身心灵深处，是其潜在力量的结果。有一种来自潜意识世界的观念爆发。整个心理活动是火山式的；熔岩流在《柴尔德·哈罗尔德》闪闪发光；全部思绪是剧烈的，喷薄而出，并栩栩如生。爆发的第二天，心灵就沉静了下来；它似乎不能再做出同样的事情。而皮尔的心灵恰恰与此相反。他的观念很像一块肥沃冲积土壤无意识的日积月累。时间的大潮

汹涌向前,而所有的东西都在表面;而慢慢地、点点滴滴地,一种睿智的经验模型不经意地留在了平静的心灵深处。你想不到这种心灵会是活跃的,它似乎总是受动的。没有喷涌、超强度本能冲动的痕迹。一切都似乎是受之于人的。思维是平静的。在拜伦勋爵那里,那种风格本身——冲击式的、自由的、尖刻的——表明了它那种一贯的大胆冲动。皮尔不动声色积累起来的话语似乎像一种具有外在倾向的剩余物一样,它可以带来这些东西,同时也可以带来别的东西。这些观念中也没有特别的标志。它们属于那种可以在
438 文明世界找到的广泛分布的经验库藏。它们并不为个别人所专有,也不为“天生有风度的人”所独有。像一门科学一样,它们对所有的人都同样可信或不可信。这个我们可以称之为智慧的第二性格的东西显然对一个宪政族的政治家——如我们已经这么描画他的那样——来说是极为有用的。他不可避免地由此采纳和吸收他周围人的观念。如果将他置于真空中,他不会有任何观念。形成自身信仰的主要劳心阶级在这里会完全出错。它会需要某种其他人所拥有的东西;它会发现某种其他人难以理解的东西。罗伯特·皮尔爵士当了四十年的政治家;而在我们的宪法下面,拜伦勋爵,尽管其对人性的审视具有独到的眼光,尽管他与人打交道的能力至少在短时间内是出色的,但却做不了四十天的政治家。

很有可能许多人认为罗伯特·皮尔爵士的心性不如拜伦爵士的有趣。他们可能喜欢那种创造和保有自己思想的自生性智慧,而不喜欢那种从外部获得其信仰的平静的接受性智慧。答案在我们已经说过的东西中——一个宪政下的政治家必须认同多数人的想法。当这个多数发生变化时,如果他能设法随着他们发生改变的

话,那就是他的好运了。政治家不能生活在密封的印鉴中。像其他人一样,他们必须受他人观念的影响。那些已经试图从他们周围不同的观点中形成观点的人最清楚地知道这种影响是多么有力。 439

从另一个观点上说,罗伯特·皮尔爵士的性格也恰恰适合于我们已经详述过的那个位置。他是一个伟大的行政者。文明需要这个。在一个简单的时代,工作可能是困难的,但它不好找。人口稀少,而且每个人所需的东西不多。文明的工具本身似乎在某种程度上增加了工作。在早期时代,当一位君主想统治一个边远地区时,他就向该地区派去一个骑着一匹大马的总督,带着一些骑着小马的人;而没有人能打听到这个总督的多少消息,除非他遣送回几个小人物来报告他正在做的事情。任何煞费苦心的监督都是不可能的。一般的留言和寻常的抱怨是消息的来源。如果该地区似乎的确处于混乱状态,那么第一位总督就会被招回,而派第二位总督取而代之。在文明社会里,程序是不同的。你会在你要统治的地区设置一个局;你要求它写信或者抄信;它每天向圣彼得斯堡的总局发回八份报告。该地区每算一笔账,首都也会有某个人在算同样的账,以便"制约它",并确保它算对。这样做的结果是给这些部门的头领增添了一定量的披阅和苦差,他们只有拥有最大的天赋、经过最有效的训练和最坚定而持久的勤奋才能完成这些事情。在一个自由政府下面,情况绝不更好些,在某些方面更糟。诚然,许多在法国专制制度下要涉及巴黎的事情,在英国能在事情该做的当地就得到解决,而根本无需涉及伦敦。作为一种陪衬物,一个立宪制下的行政者不得不总在与他人协商,思忖这个人那个人 440
的思想倾向;了解哪种形式错误是B勋爵所相信的,哪种是C勋

爵相信的;将字母表上的全部错误加起来,就会明白他认为他应该做的那一部分是他们所有的人会让他去做的。同样,尽管自由政府允许他的臣民所享有的那种个人自由和个体裁量权初看来似乎可能减少这些政府所不得不做的事情,但情形最终是否真的如此让人怀疑。个体裁量会推出如此众多的追求,因而必须对这些追求中的每一种都实施某种监控。没有任何一个专制政府会认为伦敦的警察力量足以控制、看管和监守这样的人群;不过话说回来,也没有任何一个专制政府会拥有伦敦这样需要控制的城市。生长的自由导致了生长的可能性;而且尽管自由政府相对它们而言管的事情少得多,但公民自由的不断行使使行动的规模急剧扩大了,以致实际的工作量也许最终同样巨大。专制政府在调控十个人活动的百分之十的时候,自由政府不得不调控一百个人活动的百分之一。难度也加大了。任何人都能理解一个大致专制的社会——

一个弱小的购买性贵族阶级、一个弱小的销售性贸易阶级、一个庞大的生产性农夫阶级,在全球范围内都大致一样;但一个自由的智
441 识性社会则是一个复杂的网络系统,其关系盘根错节,彼与此、新与旧犬牙交错——有的属于从事纺织业的良好城市,另一些则从事粗俗的农业生产。你永远无法肯定任何力量和变化可能对这样一个如此精致和如此复杂的组织有何种影响。你可以进行统治,但这将是一项极其困难、辛苦而责任重大的工作;而一个如此忙碌的人在睡觉之前总会自省,在他当天艰苦的工作中,他可能做了更多的恶事而不是善事。关于这种责任,罗伯特·皮尔爵士本人告诉了我们他的看法:

“就拿首相来说。你必定以为他会阅览从各外国宫廷传来的

重要信函。除非他精通了外交部门中各种具有真正重要性的事务,否则他就不能与外交大臣进行商谈,并在外交事务的执行方面施加他应当施加的影响。其他部门的情形也是一样。比如说印度事务,如果首相不了解所有这方面的重要信息的话,他怎么能就印度事务的过程进行判断呢?爱尔兰事务和内务部的事务也是一样。他还有国王授权他履行的任命权,这个权力人们会说,并且是正当地说,是非常重要和非常具有价值的。他得就那些候选人的任职资格进行调查;他得与国王进行全程的联络;他得写信——或许写亲笔信——回复所有向他述职的人;他得接见公共事务代表 442
团;在议会开会期间——一周内开四五天的会——他得每天参加六七个小时的会议,如果他缺席的话,他至少会受到指责。”

所有这些艰辛的必然结果是,经受这种艰辛的人没有观点。形成观点需要大量的时间。信仰的形成是一个缓慢的过程。诗人们所说的那种为成善成智所须的悠闲对于一种更低贱的事务来说也是必须的。这些事务让一些可敬的格言体面地生根。华兹华斯先生的那种“睿智的被动状态”在所有日常事务中都是必要的。如果你将一个人的头拴在账簿上,并让他不停地算账,而且他每停一次就扣他一英镑工资,你就不能期望他在天主教的解放、什一税等问题上有着健全的信念,以及在外高加索省问题上有着独创的见解。诚然,我们的体制似乎有明确的规定使这种情形不可能出现。最容易使智慧麻木的东西是日常事务;最让人困惑的东西是那些让人分心的东西。而我们的体制就是一种让人分心的按部就班的东西。在刚才的描述中你已经看到了这一点,而这种描述还是不完全的。罗伯特·皮尔爵士曾请求将一些人们在下院一天内

连续向他提出的一系列的问题仔细地记录下来。这些问题似乎是可能出现在大英帝国的、或者说出现在一位国会议员脑子里的所有事情的一份清单。首相的全部生活就是一系列这样的穷于应付
443 的忙活。我们的公职人员竟然还有多余的心思,而不是满身思绪的飘忽不定,这已经是让人啧啧称奇的事情了。

我们还可以进一步谈论这个话题。一个伟大的执政者不是一个可以期望拥有固定看法的人。他的自然倾向是立即采取行动。现存的某件事情的紧急情况占据了他全部的心思。要回复的信函、要归档的文件、要制作的备忘录,吸引了他的注意力。如果你让他分心他会发火。如果一个人斗胆建议一个原则事项、一种思想困境或者一种在“委员会面前的”这个个案中似乎不可能出现的抽象结果,你们会被他斥之为一个投机者、纸上谈兵者、实际生活的搅扰者。指望从这些人身上听取关于未来政策的高深见解和关于长远行动的翔实计划是对他们天赋的完全误解。那就恰如询问一位证券交易所里的掮客从今天起六个月后基金的价格一样。他全部的心思放在了考虑十分钟内的价格形势上。一次眼前的第八天的变化对他来说比一次遥远的第一百八十天的变化要重要得多。因此,一个伟大的执政者的头脑自然装满了当日事务、人们正在经历的尘俗的细节。他不好高骛远的秉性使他远离那些他不感兴趣的遥不可及的含混思想及长远规划。当然,不是说一个伟大的执政者绝对没有任何一般观念;有的人必定有。一个人要是没有调整事务细节的计划就无法处理这些事务。关于他正在行进的方向和游动的目的,他不禁会有某种想法,无论是模糊的还是精确的,是朦胧的还是清晰的。不过这种计划很少是他自己头脑的产

物,而是别的某个人的计划。上天一般赋予了一个操作型调适性 444
人物一种沉静的调适性个性。他很自然的收到他人提出的建议,他洗耳恭听这些建议,他以平和的信仰接受这些建议。这种人有一种内在的默认的信任情结。他们不禁相信所有人都说的东西就是对的;大众的意见就是他们自然的信仰。皮尔竟然是博斯瓦尔先生和西德莫斯勋爵的信徒,这一直是一件令人吃惊的事情。或许,我们现存的心理学将无法解释一个彬彬有礼的年轻人接受他的时代的信条的过程。他认同他的信条,就像认同他的服饰一样。他模仿可敬的阶级,而避免创见,就像避免奇装异服一样;避免新思想,就像不打新领带一样。还有,在那些与他切实相关的事情上他也是如此。他默认正统代理人的信条。他很少自己思考;他承认尊贵经验的无可辩驳的权威。他知道,他是一个企业的小合伙人;他从不怀疑那些在他前面进行了多年经营管理的人是对的。用这种方式他获取了一种那些更具独立性和创造性的人所缺少的经验。在改革法出台而辉格党开始上台执政的时候,有一种声音说他们不是些事务中人。当然,在长期远离执政岗位以后,他们不可能在技术上熟悉官场的礼仪以及在官场活动中训练有素地驾轻 445
就熟。而这一点罗伯特·皮尔爵士在跟着博斯瓦尔先生干的时候就学会了。他早期与狭隘的保守党的关系曾被认为是他的一个弱项;但是我们大可怀疑他独特的心智是否没因这种行政训练而得到了提高,而是因与偏私思想的接触而受到影响。他从来不可能成为一位伟大的思想家;本性使然,他成为了一位伟大的代理人。

在第三个方面罗伯特·皮尔爵士也符合一位立宪政治家的类型;而这个方面也似乎自然导致了一种确定原则的缺乏和明显的

观念摇摆。他是一位伟大的辩论家;而在所有人类发明的用以区分辩论的能力和信仰的能力的追求中,辩论的艺术也许是最有效的。马考莱先生告诉我们说,在他看来,这是“那些足以抵消大众政府许多福瘴的弊端中最严重的弊端。每一代人的最敏锐、最强力的心思,通常最适合于追求真理的心思被习惯性地用在了辩论上;这种东西是任何理性人都不会愿意准备刊行于论文中的——这些辩论恰到好处,却只是在流利的表达和尖锐的言辞的辅助下使用一次。用这种方法讨论问题的习惯自然在我们最能干的人的智力上得到了反应,这些人在一个很年轻时就进入了议会,而此时
446 他们的心智还没有完全成熟。辩才在这些人身上发展到了这样一种地步,以致对于大多数人而言,似乎像意大利即兴诗人的表演一样精彩。如果他们还完好无损地保留着精密推理和思辨所需的能力的话,那么他们的确就是幸运的。诚然,我们宁愿期望出现一部政治科学方面富有原创性的著作——如像《国富论》这样的著作——由一个乡镇里的药剂师或者赫布里底群岛的一位部长所写,而不是由一位政治家所写,而这位政治家自从他二十一岁以来就一直是下院的一位出色的辩士。”不过,人们完全可以怀疑在此种同样的追求中是否不存在某种更深层的难以消除并倾向于腐蚀和摧毁那些受其影响的人的心智的弊端。立宪制下的政治家们不仅得使用那些他们并不认为是结论性的辩词,而且得为那些他们并不相信其真实性的意见辩护。不管我们是认同它还是憎恶它,毫无疑问我们现存政治生活已经深深地留下了鼓动习惯的印记。也许在一届由十五个人组成的内阁中,平均每年可能提出十五项措施。要想让所有的人都同意所有的这些措施是不可能的,但是

他们都为这些措施辩护，并对其负责。完全可能的是，一位在下院不遗余力地为一项法案争辩的阁臣可能在内阁中恰恰使用了现在议会中反对派正在使用的辩词。他的意见可能是被否决了，但他并没有被说服；他可能仍然认为他所反对的意见比他现在要进行 447
灌输的结论要好。说他应该退出是无益的；至少那就等于说内阁制政府是不可能的。这样一种委员会的目标是要议定出某个结论；如果会后每个委员都根据个人意向或偏向而自行其是的话，那么先前议定的东西就成了儿戏。当然，由几个人联合主张的实际措施与其中任何一个人本人所想望的东西是不同的。它是一种他们之间妥协的产物。或许每个人都作出了某种让步，每个人都放弃了某种东西。在实际的建议中，每个人都看到了某种他强烈反对的东西，也为某种他非常渴望的东西的缺失而遗憾。但是总体来说，或许他觉得这个措施比没有措施要好；或者说，至少如果他退出的话，会使政府分裂。他认为，政府的维持比某个特定措施的被拒绝重要得多。他在个人判断上作了让步。关于这一点，没有人比罗伯特·皮尔爵士表述得再清楚不过："假如一个人在餐桌上就一个党派——在公共生活中他是与这个党派连在一起的——所提出的一项措施表明他个人的观点，如果他出于对这个党派的尊重而放弃了他个人的观点，那么他会受到几乎形同不诚实的指责吗？这种想法是荒唐的。政府的日常行为本身是什么呢？本院内有什么人竟然会天真地认为那些对他们同僚的决定作出了让步 448
的内阁大臣们会以一种与他们在内阁中所表达的观点严格一致的方式在议会讲话和行事吗？如果大臣们每次在内阁持有的观点与他们在本院持有的观点不同时就会受到责骂，而如果本院成了这

样一个责骂的场所，那么我相信我这么说也不过分：本院将没有时间处理其他的事情。这是所有政府的通例，而一个碰巧持有与他的大多数同僚们不同观点的政府成员不是将自己与他们分隔开来，而是屈从于他们的意见，而且，即便他不完全认同他们的政策，但还是支持他们作为一届政府所实施的措施，如果说这种做法包含着任何污点的话，我会感到遗憾。我可以向议会举出一个这方面的例证。近有一件事被广为报道，即在向葡萄牙派遣军队的问题上，内阁出现了强烈的意见分歧。我要问，现在呼吁在内阁的讨论中已经发表了赞成派出军队以帮助丹娜·玛利亚言论的人下台，并在议会宣传那种反对他们同僚的决定，这样做公正或者公平吗？没有人会想这么做。”它也许不包含什么污点，但却是一个令人不舒服的想法。

显然它还会导致观点的巨大而显著的改变——导致一个政治
449 家此一时宣称的信念与似乎是彼一时的信念绝然不同。当一届政府成立时，A、B、C、D 四个问题是当时最紧要的问题，也是公众所理解的问题。X、Y、Z 三个问题处在背景中，人们很少想到它们，不显眼。根据公认的道德观念，任何政治家都会毫不犹豫地牺牲后者而不是前者。他可能在 X 问题上有强烈的个人看法，但他会在这个问题上向他的同僚让步，作为与他在 A 或 B 问题上合作的代价。几年以后，时过境迁。问题 A 已付诸实施，B 自行解决，C 被人们遗忘，而 X 成了当时最重要的话题。以前在 X 问题上作过让步的这位政治家现在觉得他不能再在这个问题上让步了。前后显然不同。实际上他从未改变过他的观点，但是他得为了支持他以前曾竭力反对的那些措施而进行争辩。所有人都以为他变了，而如果不深入细节——这些细节的秘密被认为是信任合作的基础——他不可能表现出前后的连贯性。没有人怀疑这是一种严重的弊端，而且它显然是一个大众的辩论型政府的结果，并因而得到了夸大。一个认真的人在官僚型政府下很可能与政府中其余的人在一些措施的讨论和执行中合作，尽管其中许多措施是他所认为不便的。没有人问他的看法，他无需争论、辩解或者说服他人。而自由政府则声称它是在光天化日之下运作的。它的原则是讨论，
它的习惯是辩论。结果是，那些指导它的人不得不维护那些他们 450
不赞同的措施，反对那些他们赞同的措施，在那些他们实在是没有任何观点的问题上表现出持有明确的观点。宪政政治家的职责很大程度上像政治宣传者：随着每一天情况的不断变化，他会收到一份新的简报。这样很容易拥有一种冷嘲热讽的能力，出于鄙夷而在此种生活中翻来覆去，将那种他人部分用以欺骗他们自身的真假各半的伪装丢在一边，作出任何一番陈述，对真理保留一种理性的偏爱，但将任何为它进行特别辩护的努力视为力争他们所难以得到的东西的愚人的浅薄目标，——做到这些是不难的。林德赫斯特勋爵向我们表明过：过上林德赫斯特勋爵的生活是可能的。人们也可以形成一种冷冰而有些狭隘的知识，能够在任何未经搅扰的场景中形成一种准确而明白的信念，但又没有多少力量进入他人不同的观点中；对多样化的辩论毫不在行；只理解它自身的观点，而不理解他人的观点；——人们可以想像这样一个劳心者因试图过上一种外表上赞同他人观点却将其冷静不变的本质半藏半掩的生活而痛苦、撕裂和粉身碎骨。关于约翰·罗素勋爵个性和职位之间的差异，后人会进行适当考量的。

罗伯特·皮尔爵士恰恰适合于这种生活。可以准确地描述他的讲演风格的字眼是似是而非。他很少说些让你在一时间认为是真的话语;他从不说一句让任何人一时间否认其合理性的话。有一次,当他们在一个铁路法案上遭到反对时,德比勋爵轻易动怒的
451 脾气刺激他说:"没有人像这位可敬的男爵那样知道如何在议会将某个情况说得冠冕堂皇。"陈述的艺术,细节的力量,对对手弱点的观察,一种均衡的既适合于演讲者所相信的也适合于他所不相信的风格,一种事务气象,一种对便于讲明的东西的启发式的精确性,以及一种对便于隐藏的东西的深沉的责任感——一种了不起的能力——使罗伯特·皮尔爵士成为了一个几乎无与伦比的政治鼓动艺术大师。在他那个时代,他也许是无与伦比的。他可能会在深沉倾注爱国激情的时代失败;因为他没有足够的表达这种激情的本性。他可能会在一个无所事事、而优雅的人格和艺术表达的恰当性成了首要事情的时代失败。但在一个重要事务的时代,当存在着非同寻常数量的大话题有待讨论,而又没有任何话题大到了将人们从其事务习惯中驱走,或者将那种最热烈的情怀或最高的想像唤醒的时候,没有什么东西比得上皮尔的演讲术——能干而不奢望、坚定而不忘形、从不伟大但永远适合于伟大的事务。耐人寻味的是,他是被刻意训练做这个行当的。

皮尔出生后不久,他的父亲,也就是第一位男爵,由于发现自己在财富和分量上日渐上升,并相信金钱在那些特殊的时候能够保证在议会中拥有一席之地,因此就将他儿子直接带进下院。当
452 这个孩子还完全是个小不点时,罗伯特先生经常将他放在桌子上,并且说:"罗宾,作一次演讲,我就把这樱桃给你吃。"小家伙不管

说出几个什么字都得到了喝彩；而喝彩又激励着他努力，而且产生了这样的效果，以致当罗宾到了十岁时，竟能真的在对同伙演讲时表现出某种程度的口才。当他长大成人时，他父亲经常在星期天将他带进他的私室，让他尽量重述教堂里宣布过的布道词。开始这么做时进步很慢，而且期望不高；但由于坚持不懈，净心关注的习惯变得很有分量，而布道词竟被背得一字不差。当很久以后他当上了议员，他准确地记得对手的演说词，并按正确的顺序回答他的辩词时，很少有人知道他如此行事的本领最初是在德雷顿教堂学到的。

一个不怀好意的观察者可能会说，罗伯特·皮尔爵士还保留着这些布道词中的另外某种东西。他的声调有点像布道。也许在只有约翰·罗素勋爵成功的地方——在确信的演讲术中，他却失败了。

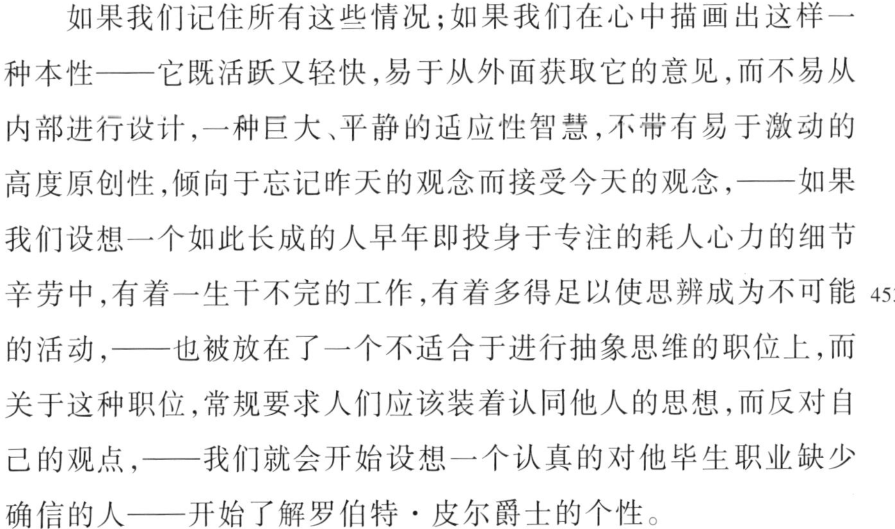

如果我们记住所有这些情况；如果我们在心中描画出这样一种本性——它既活跃又轻快，易于从外面获取它的意见，而不易从内部进行设计，一种巨大、平静的适应性智慧，不带有易于激动的高度原创性，倾向于忘记昨天的观念而接受今天的观念，——如果我们设想一个如此长成的人早年即投身于专注的耗人心力的细节辛劳中，有着一生干不完的工作，有着多得足以使思辨成为不可能 453
的活动，——也被放在了一个不适合于进行抽象思维的职位上，而关于这种职位，常规要求人们应该装着认同他人的思想，而反对自己的观点，——我们就会开始设想一个认真的对他毕生职业缺少确信的人——开始了解罗伯特·皮尔爵士的个性。

罗伯特爵士是一位非常认真的人，这一点是没有疑问的。他甚至可能有一种病态的行政责任感。我并不是说他像利物浦勋爵那样谨小慎微,据称,他每次打开信件时都会心跳地预感到某个地方某个东西出了差错;但所有的证据都表明,罗伯特爵士有一种急切的细节责任感。维尔斯莱勋爵在我们面前的回忆录中提到,在一种至少同样自然地提及行政能力和有效合作的场合的“那种人的善良和个性将其固定在心中的真实印象”。他所述说的情况自然产生了一连串纪念他的赞誉,而其中任何一种情况都没有遗漏他行动中深刻的责任感。这些回忆有些方面可能让人失望,但它们显然更能证明他的这种特质。它们读起来像一位普通的务实的人所写的一些认真诚实的信件;这位伟大的政治家所想的不过是:
454 做好他的事务是他的职责。令当时有些人感到很奇怪的是,威灵顿公爵选择了皮尔的真实性作为他的显著优点:“在我与他交往的全部过程中,我从未发现一次他没表现出对真理最诚挚热爱的情形。他所说的任何事情都是他坚信是事实的东西,这一点我在毕生的经历中从来没有丝毫的怀疑。经过深交以后,我不禁要说出我认为是他最显著特点的东西。”国中头脑简单的人听到对一个不说谎的人如此高度的赞颂感到有些吃惊。他们的印象是人们一般不撒谎。但是那些思考过一个政治家的追求所具有的诱惑性、机关的秘密以及他的私人关系不可避免的复杂性的人对这一点不会感到吃惊:许多政客竟不具备真实性,因而一个具备真实性的人应该受到称颂。不过应该指出,一种对如此优点有所减损的事实是,罗伯特爵士很少处于“逆境之中”,而正是在这种景况中,真实性的美德最容易受到严格的检验。同样的话也适合于公爵本人广受称颂的真实性问题。

与这位伟大的军人一起,罗伯特·皮尔爵士有资格获得一项能体现行政良心的壮举所应获得的荣誉。他净化了托利党。没人否认,在本世纪开始时托利党所享有的长期而稳定的统治期间,出现了不少一个大党所自然附带发生的腐败现象。这个党派要供养
大批拥护者,又没有受到一个有效反对派的制约,没有受到伟大国 455
民的监督。当然,从上个世纪开始的任何政府都不可避免地带有那个奇特时代的各种腐败现象。当时大行其道的是各种闲职和复归储金(reversions),其中有的仍然是不能享受这些东西的一代人所惊奇和羡慕的。当时的下院并不难管理。相传有一位上世纪著名的财政官员——一位非常能干的人——在谈到任何坏得无可救药和不可避免的事情时曾说:"哎呀,我们必须让我的多数人来解决这个问题。"而没有什么言论比一个非理性政党机械而可计算的票数更有效。无疑,托利党内有许多优秀人才,即便在它最不景气的时候也是这样;但是该党的纯洁化居功至伟的两个人却是威灵顿公爵和罗伯特·皮尔爵士。从他们开始负责管理一个保守党政府的时候起,无疑在官场和国中,公共资金和赞助款是由这样一些人管理的,这些人不会因任何考虑而被诱以为了他们的私利而动用其中任何一项;而且就他们的权力所及,他们也反对和禁止其他人不正当地利用其中任何一项。他们得以成功地给人们留下如此印象的过程在约克教长《皮尔回忆录》一书中的一章中得到了
揭示。在这一章中,这位著名高僧讲述了考验他的亲戚的政治纯 456
洁性的诸多诱惑:

"当皮尔任爱尔兰事务大臣时,我请求他将一个很不起眼的职位——这个职位的授予权在他手里——封给我感兴趣的一个能

胜任的人。他写信给我回话说,他真想在这件事情上帮我一个忙,但是,一个怀有议会利益且支持政府的贵族坚持认为他有权消除所有在他自身周围封官授爵的现象。皮尔很急切地表达了他对我的善意,并说请代理大臣请求上面所说的那个贵族帮个忙,将这个职位封给我的关系人;但是这位侯爵回答说这个职位一钱不值,但为防止开启一个危险的先例起见,他必须拒绝这个请求。

在此后很长的时间内,当罗伯特·皮尔爵士当上了首相以后,我经常请求他给我的儿子们封个一官半职,这些官职当时是空缺且属于他可以立即封授的。关于这个问题他给我回了三封信,这些信是经过了很长间隔并在不同时期写的,但其所用语言是一致的。现在我把这三封信添加上:

'12月20日(没写明年份),白厅

我亲爱的约克教长:你提到我在公共服务中作了你认为是无以回报的牺牲,对此我谨表谢意。不过请允许我说,我主要的安慰和回报就是这样一种意识,即我的作为是无私的——我一直将官职的封授看作是一种用以鼓励和回报公共服务的公众信托,或者用于不太值得称赞但也是必须的促进政府一般利益的目的。你要
457 求的授职完全不切合于满足公共性质的公平要求,而这种要求是我每天都要考虑的,并构成机关里最考验人的东西。因此,我只能用最大限度地克制从中获取任何个人利益的方式来克服与封官授职相关的困难。如果我对你所热衷的授职事项有绝对的控制权,我也应用以满足一些我组建政府时所确定的目标,这些目标(由于绝对手段的缺乏)尚未完成。我已经告知无数个就这项任命事情提出过申请的当事方,我觉得我的职责是,考虑到该委员会的现

状及其要履行的职能，我要挑选一个在海军职业相关的事务上有经验的人，或者一个该行业中优秀的人。

相信我，亲爱的教长，你的真诚的

罗伯特·皮尔'

我又请求了另一个次要的职位，答复与前次没什么不同。

'白厅，1843，4 月 5 日

我亲爱的约克教长：对于你提到的这次任命，我必须按照我一贯处理每一个同类性质的任命时所遵循的相同原则加以处理。

我并不认为这种授官（而且的确可以恳切地说关于所有的授官）是一种用以满足任何人私欲的工具。我总以为，那些在地方 458
上为他们所信仰的政治事业的维持作出了极大牺牲和努力的人完全有权在这种地方官职安排的问题上参与协商，而且，如果我为了我自己亲戚的利益不顾及他们的引荐的话，他们就有可以正当地抱怨。这将让我陷入极大的个人尴尬，也完全不符合我一直坚持的行为规范。

各种形式的授官，不仅不能给一位大臣带来丝毫的好处，而且只能陷他于尴尬之中。

永远爱你的

罗伯特·皮尔'

我还要公开一封同一类型的信件，因为所有这些信件都展现了作者的个性，并包含着一些与某种公共利益相关的东西。我儿子居所地的邮票发行官去世了，在那里，我和他都对协助政府成员展现过极大的兴趣。我以为或许这一次可能会出现一般规则以外的例外情形，于是我自信地推荐了我的长子补这个缺。下面是答复：

‘白厅，5 月 1 日

我亲爱的教长：不管关于邮票发行官一职——此职不久前是由×××担任的——会作如何安排，我觉得我没有任何理由擅用
459 一个郡地方官员的任命权，因为我与该郡连最疏的关系都没有，也没有其他任何地方联系。

×××郡有三个人支持政府；而且，除了他们肯定会向我递交申请以外，我已经收到了来自×××公爵和×××子爵的推荐，其中任何一个都肯定比我本人更有资格进行×××郡地方官员的任命。

我觉得，要如此偏离我始终行之不渝的原则——拿×××郡职以谋我自己的私利——是不可能的。

你的很忠实的，

罗伯特·皮尔’

这些信件展示了罗伯特·皮尔爵士的公共生活建基于其上的高尚原则。我毫不怀疑他极其关心我的孩子们。他邀请他们去他的猎场，乐于为他们找乐子，并送他们许多漂亮的礼物。但是他始终拒绝用公共财力让他们致富，仅仅因为他们是他的侄辈。许多首相并没有这么多的顾忌。”

而且很明显，这个神职人员是多么不希望罗伯特·皮尔爵士如此行事。

罗伯特·皮尔爵士所经历过的观念的变化常被人们引为缺乏严肃性的象征。当然，这些变化如果限于上述的言词，那么实际上
460 是他严肃认真的证据。我们并不是指在明显的意义上它们与他看

得见的兴趣相对立,并在两个重大的场合摧毁了一个政治时代里曾由一位政治家统治的最有服务能力的政党组织;而是在一种更精致的意义上,他的变化的适时性如果不过劳伤力的话可以被认为是其**诚信**的标志。如果他受到过自私算计的引导,那么他的变化就不会呈现出如此巧妙的精确性。那些问题太大太泛。当然,曾经有几个人——塔利兰或塞拉门尼是例证——似乎通过一种政治感觉抓住过适当的时机离开了即将垮台的一方,而联合了即将上台的一方。但人们通常会发现这些人属于一些其个性与皮尔迥然不同的人。人的心态是分成开放与封闭两种类型的。有的人对外在印象很敏感,能轻易地从一个人走到另一个人身边,巧妙地领会每个人思想的调子,娴熟地利用社会为事务目的提供的机会,以致他们实际上由于习惯和通例而成了舆论的检测器。罗伯特·皮尔爵士无论是先天还是后天的个性正好与此相反。他是一个内敛而专注的事务人。在社交艺术中,在轻易从一个人转到另一个人身边,从一种腔调转到另一种腔调方面,他是很不在行的。如果人们让他仅仅通过社会感觉和观察选择他的行为规则的话,他的生活会成为一种失算的生活;我们不会对他转换的适时性感到纳闷,而应该对他转变的执着性感到惊奇。事情是新近发生的。在古时 461
候,在一个显要的时刻,在两个自私的天才的身上,开放的心态显得与封闭的心态不同。尤利乌斯·恺撒通过一种连续动作的配合从毁灭上升到了全权在握;社会的被惯坏了的孩子——敏感于每一种观点的气息——总是生活在至少是享受的外表中——总是用一种举止的和善保住他分别利用的、来自于各个阶层的朋友。通过一种神圣的迷惑——庸俗的人如果有如此看法是可以原谅的,

庞培失去了上好的政治地位，丢掉了每一次卷土重来的机会，而死于流放之中。作为一个内敛且凶恶的人，他从未能估计时代的感受。“如时世需要，我只需跺跺脚就能从意大利土地上起兵！”这就是一个在他最急难的时刻无法召集一支部队为意大利本国出击一次的人说的话。庞培的命运会成为皮尔的命运，如果他也玩过自私算计的游戏的话。如已经解释的那样，他的变化应作另样解释。他总渴望做正确的事。作为一个专注的事务人，他在这个国家的其他事务人转变了立场的时候也转变了立场。

不过，不容否认的是，像皮尔的那种镇静而温和的性格是特别易于陷于自我幻觉之中的。很多人认为，那些富于激情和想像力的人最自欺；而且他们当然更受诱惑——一种更生动的想像和更
462 有力的冲动让他们迷失了自我。“你相信鬼神吗，科尔里奇先生？”某位女士这么问过。“不，夫人，我见过太多。”这是回答。一种沉静镇定的性格当受到自身欲望的引诱时是难以察觉它是在受引诱之中的。这些欲望很温和、平静，如人们会说的，很“合理”，以致它不会察觉它们会将它快速诱入错误之中。也不存在任何快速。它们悄悄地、温和地和不断地发作。这样的人会极度相信他的所愿。许多富于想像力的弃儿——没有人会拿六便士去信任他们——实际上是在那些通过某种更为知识化的程序吸引他的问题上形成他们的看法的——至少是比那种杰出而受人尊重的事务人拥有更纯粹的知性观念，而这种事务人是每个人都信任的，他们被认为是一种拥有干涩的判断和清晰而平和的镇定的典型。无疑，罗伯特·皮尔爵士一直认为谷物法是有益的，尽管在那些不受信任的阶层中没有人哪怕是想像过它们是如此。

人们对罗伯特·皮尔爵士的一种尖锐看法是,他是一个“内心激进的人”。科布顿先生,也许是由于怀着这种心思,曾经在一次联盟会议上说,“我并不想完全放弃皮尔。你知道,他是一个兰开夏人。”有一点是没有疑问的,即,罗伯特·皮尔爵士尽管反对改革法,他其实是更适合于改革以后而不是改革以前的下院的。改革后下院的辩论风格被一个有很多机会进行观察的人詹姆斯·麦金托什爵士描述为“不停地富于激情的晚餐后的讨论”。该院主要由在两所大学受过训练的人组成,他们接受了一种特别形式的教育,不具备真正深厚的古典知识,但其残存的记忆中充满了许 463
多维吉尔和贺拉斯的诗句。这些绅士们需要的不是教导,而是娱乐;于是就有了从他们职业的情况来说可以称之为谈论型的政治家一族。坎宁先生就是他们的典型。他是一个有着雅致的才华、流利的口才、能使任何东西变得珠圆玉润的人。用一种微妙的机智,他可以快速掠过最精巧的话题,像那种餐桌上讲故事的人一样从一个话题转到另一个话题,轻易地将它们全部点到,又同样轻易地让这些话题结束;让你不知道他到底是一无所知还是万事皆通。坎宁先生一生引起的独特愤怒至少部分属于那种当你听到一个老练的谈客不断地变换话题海阔天空地谈论所引起的愤怒;这种谈客永不讲述任何能显示真实知识的东西,永不讲述任何就在当时能够表明属于大错的东西;永远浮在表面上,永远与表面上的东西自相迎合。当坎宁先生活着的时候,各种政治派别中像样的人——威灵顿公爵、葛雷勋爵——从不喜欢他。人们至今可以听到一些老自由派宣称他是历史上最大的骗子,一想到他的灵魂还在他们就不舒服。而当你自己阅读他的演讲时,你既会意识到某

种跳跃在贴切表述本身之中的灵巧的华而不实，也会因其措辞本身的精美感到心旷神怡。像职业的谈论者一样，他似乎非常精于
464 表达的贴切性，倾向于字斟句酌，以致你难以想像他那精致的心思会想些粗俗的东西，会真实作用于，会实际处理一个伟大课题的粗略实质。当然，如果这是对坎宁先生的地位所作的评价的话，会存在某种限制，而且必须为所有这些提供不少借口。他早就投身于我们可以称之为贵族性辩论社群的环境里，习惯于展现魅力，乐于古典辩论术。指望这种位子上的人成为大思考者或者讲原则的政治家就像指望一个巴黎人成为德国人，或者一个外交家成为坦率人一样。他生活在那种他被投身于其中的土壤中，而要想将这种土壤造成的过错和他造成的过错分开是很难的，也许是不可能的。他和它都不复存在。旧的脆弱的议会不在了，它所喜欢的论辩也一样。事物的进步和作为这种进步结果的改革法已经并正在将国民的代表权从大学阶层拿走，而赋予给了那些务实的阶层。解释、运算、细节和改革，这些就是我们现代辩才的特性。那些派送年轻学者的旧选区已经不复存在，而即便这些学者进了议会，议题也不再需要古典的表达技巧。非常平实的口吻适合于“通过税案”、“股份公司的注册”、金融、邮政。对文明细节的微调——它有幸成了我们政府的日常事务——不再需要，也不再适合一种研究性
465 趣味或者一种雕琢的辩才。言谈是这样，人也不例外。罗伯特·皮尔爵士在旧议会中不如坎宁，但在新议会里却比他有无限的优势。旧时代那种贵族式的精致和微妙的修饰对他来说是陌生的，就像新时代的细节和枯燥对他来说是合适的一样。他令人羡慕地适合于改革法将他放置的那种位置。他既不会献媚也不会取悦于

人。

这种口才和政治家品格就其准确的形式而言是现代甚至当代所特有的。在古代,奴隶制的存在使一种中产阶级式的口才的存在成为不可能。拥有贸易家的那种腔调和自信的那个克来奥是一个庸俗、粗鄙、述说一个见识狭隘、言语卑贱的阶级情感的人。如此众多的行当限于由奴隶们去做,以致很少有缺口由我们如今看到的那种敏感、温和、理性的人去填补。当然,总有可能对贸易中人的情感和偏见进行表达。它是这个时代的新现象,它似乎生来就是为了让罗伯特·皮尔爵士用一种雅致——但也不太过雅致——的方式表达这些情感;这种方式不会与有高度教养的人发生冲突,它会显得适合于有着普通关怀和重要事务的人的胃口。

从另外一个方面说,罗伯特爵士是一个幸运的人。他那个时代所需要的措施是"废除"。从变化的角度说,旧的立法不再适应一个改变了的社会;而社会要求废除一个接一个的重要法规。这是适合皮尔天赋的发挥的。他不能创制任何东西。他的智慧应付日常行政事务绰绰有余,但从不足以提出细节方面的建议,因而不 466
属于那种创造或者甚至乐意地相信某种绝对新的观念的一族。像人们一直常说的那样,他是他那个时代务实智慧的典型。像人们所揭示的那样,他倾向于接受非理性变换观念的日常积累,但不能忍受任何令人惊奇的东西;他的言行中找不到任何大胆、有创意、有个性的东西。没有什么结果能像这样一个信念——一项既存的法律是错误的——更适合于这样一位劳心者。不停歇的意见的逐渐变化指向了一个明晰而绝对的结果。当问题涉及的不是简单的废除而是广泛而复杂的重建——像改革法的情形那样——时,他

就“迷失了方向”。他可以相信反天主教会法是错的,货币法是错的,商业法是错的;他特别认定自由放任制度是对的,而真实的事情就是无所事事。但是进行更广泛、更高层次的政治建设他却无能为力。应付新建设的后果和一种看不见的未来的结构需要一种更富有想像力的天才。

这么说需要一种限制。大量人们称之为立法的这个东西实际上属于行政规制。它并不解决将要做些什么的问题,而是解决将怎么做的问题。它并不设定我们的制度将会是什么模样,而是就我们现存制度将以何种方式运作提供指引。就立法的这一部分而
467 言,罗伯特·皮尔爵士是一位令人羡慕的大师。在对一个设定的目标进行微妙的调整方面,很少有人更适合进行这种行政规制。1844年的货币法就是这样一个例子。如果你查阅一下他向议会提出和解释这个法案时的发言,你肯定不会发现任何非常严格政治经济学上的说明,或者枯燥的抽象原则说教。不管该法案支持者们的抽象理论是否合理,没有任何对这种理论的揭示出自皮尔之口。他接受了该理论的结果,但没有人更快地看清了所需的行政机制的性质。英格兰银行诸部门的分立,乡村发行的限制,尽管这两项都不是罗伯特爵士的原创性思想,但也不是——像他的其他多数重要政治举动一样——并不是外界强加于他身上的。在人们认同的权威中,存在着一种赞同某种货币理论的普遍一致的看法;这位行政政治家先于很多人看出了将它付诸实行和规制其行为的最合法和最有效的方法。

我们只是将罗伯特·皮尔爵士当作一个公共人物来讲述。如果你希望写一些关于他的典型性东西的话,要的就是这个方法。

作为一个从事政治事务以外事务的人，他是需要人们费心思量的。迪斯雷利告诉我们说，有人说皮尔除非在议会里，或者在做某些与在那里要做的某事有某些关系的事情，否则他从不会感到快活。在日常生活中，我们常看到一些人的生活难以与他们的工作分开：
他们与其他人没什么两样，但其可见的性格似乎沉浸于某种可见 468
的职业中。当我们谈及这些人的时候，我们不仅要谈及它。罗伯特·皮尔爵士的情形就是这样。只要立宪政治艺术是今天这个样子，只要其作用是记录一个复杂国家的观点，只要其成功局限于那些富于弹性、变化和行政性的心智，我们就不必期望更好的人。你已经排除了深刻的思想家，你就必须满足于你所能得到的人——
事务性绅士。 469

图书在版编目(CIP)数据

英国宪法/(英)沃尔特·白芝浩著;夏彦才译.—北京:商务印书馆,2017
(汉译世界学术名著丛书:120年纪念版:珍藏本)
ISBN 978-7-100-14525-1

Ⅰ.①英… Ⅱ.①沃… ②夏… Ⅲ.①宪法—研究—英国 Ⅳ.①D956.11

中国版本图书馆CIP数据核字(2017)第152337号

权利保留,侵权必究。

汉译世界学术名著丛书
(120年纪念版·珍藏本)
英 国 宪 法
〔英〕沃尔特·白芝浩 著
夏彦才 译

商 务 印 书 馆 出 版
(北京王府井大街36号 邮政编码100710)
商 务 印 书 馆 发 行
北京市十月印刷有限公司印刷
ISBN 978-7-100-14525-1

2017年12月第1版 开本710×1000 1/16
2017年12月北京第1次印刷 印张24
定价:120.00元